info3

Waltraud Clara Jeiler-Heitmann

# Der Weg des Lichts

## Das 1. Buch

Neues heiliges Wissen aus der geistigen Welt

über die Zusammenhänge des Lebens

zu Beginn des Wassermannzeitalters

info3

1. Auflage April 2010

Info3-Verlagsgesellschaft Brüll & Heisterkamp KG, Frankfurt am Main
Gestaltung und Umschlagsfoto: Frank Schubert, Frankfurt am Main, www.knarfswerk.de

Gedruckt auf FSC-zertifiziertem Munken print Werkdruck-Papier durch Lindendruck, Hannover

ISBN: 978-3-924391-46-1

*www.info3.de*

# Der Weg des Lichts

## Das 1. Buch

Liebe Leserinnen und Leser dieses Buches,

sieben Jahre bedurfte es, bis sich die Texte von „Der Weg des Lichts" nun auch vor Ihnen entfalten dürfen.

Gedacht als bewusstseinsbildendes, Wissen vermittelndes Buch, wurden mir, als medialer Autorin, die Inhalte von 2002 bis 2009 durch geistige Führung übergeben.

Seit 1999 besitze ich die Gabe, medial sprechen und schreiben zu können. Diese Fähigkeit und die enorme Bereicherung durch das empfangene Wissen kamen von Anfang an anderen Menschen, aber auch meiner großen Familie und mir selbst zugute. 2003 veränderte sich das insofern, als ich Texte niederschrieb, die nicht mit dem Schicksal einzelner Menschen (auch in vorherigen Leben) zu tun hatten, sondern sich allgemein mit der Auswirkung von Gedanken, Gefühlen und Handlungen beschäftigten.

Erst nach und nach wurde mir klar, dass ich über meine geistigen Führungen  ein bis dahin okkultes Wissen zum Leben und Sterben, zu den Lichtprozessen im Universum, dem morphogenetischen Feld des Lebens und zu Zukunftsimpulsen für die Menschheit durchgegeben bekam. Es waren verschiedene allwissende geistige Wesenheiten, die mir dieses heilige Wissen anvertrauten und vermittelten. Seit geraumer Zeit sind es die Kräfte des Erzengels Raphael, die mich impulsieren, so dass ich überhaupt fähig war, dieses Buch schreiben zu können. Seit kurzem werde ich auch unterstützt von der kraftvollen, klärenden, bewusstseinsbildenden Kraft des Erzengels Michael.

Bevor jedoch der größte Teil des Buches durchgegeben wurde, erhielt ich Wissen zu Sphinx und Pyramiden, das als Grundlage erforderlich war, um die Inhalte und Zusammenhänge besser verstehen zu können. So ist der Vorspann über Sphinx und Pyramiden als notwendiger Einstieg anzusehen, um in das Wissen über das morphogenetische Feld des Lebens eintauchen zu können.

Wichtige und häufig verwendete Begriffe sind in einem Glossar am Ende des Buches noch einmal erläutert.

Die Texte zum morphogenetischen Feld des Lebens sind darauf angelegt, das Leben in seinen tieferen Zusammenhängen – auch womöglich im Sinne einer Heilung – zu erläutern. Deshalb bildet eine kleine Auswahl von Durchsagen zum Thema Heilung und Heilmethoden einen vorläufigen Abschluss dieses Buches und weist damit schon auf Fortsetzungen hin, die in einem zweiten Buch die Themen des ersten vertiefen und erweitern werden.

Aus eigener Erfahrung weiß ich, dass die hier niedergelegten Texte nicht immer leicht zu lesen und zu „verdauen" sind. Es steht mir fern, Ihnen Empfehlungen geben zu wollen, doch möchte ich Sie ermuntern, sich selbst und den Inhalten ihre eigene Zeit zu lassen, sich den „Weg des Lichts" zu Ihnen zu bahnen.

Ich wünsche Ihnen beim Lesen alle nur denkbare Freude, einen Zugewinn an Staunen im Erkennen von Unbekanntem und Bekanntem und womöglich ein tiefes, wissendes Erinnern an vergangene und zukünftige Zeiten.

*Waltraud Clara Jeiler-Heitmann, 21. Januar 2010*

# Inhalt

## Die Erde als lebender Organismus

# Inhalt

## Heilung und Heilmethoden



## Kranheitsbilder

# Vorwort

In dem nachfolgenden Text über Ursprung, Wesen und Entwicklung von Sphinx und Pyramiden sowie der Entwicklung der Menschheit wird in sehr komprimierter Form ein heiliges Wissen auf die Erde transformiert, das erst jetzt diesen Weg aus höchsten himmlischen Höhen zu Euch Menschen nehmen darf.

Ihr, die Menschen der Jetztzeit, lebt in einer größten Umbruchphase. Einer Umbruchphase, die seit 10.000 Jahren nicht ihresgleichen hatte. Ihr lebt jetzt wie am Nullpunkt der geometrischen Kurve und begebt Euch langsam aus diesem Nullpunkt heraus in eine neue Lebensphase. Nach 10.000 Jahren vorherigen Abstiegs in Materie und Schein beginnt jetzt ein neues Zeitalter. Der Sphinx steht als Symbol für die menschliche Entwicklung aus der unstrukturierten, androgynen, körperlosen Form in eine langsame Entwicklung von Struktur, Geschlechtlichkeit, Körper, Ich, Hohem Selbst und Bewusstsein der Jetztzeit. Ihr Menschen habt in diesem Zeitraum eine grandiose Entwicklung gemacht, die jetzt, genau zur rechten Zeit, impulsiert werden soll durch die Offenlegung der nachfolgenden Inhalte.

Ein wichtiger Meilenstein in Eurer Entwicklung war der Untergang von Atlantis. Ursprünglich waren die Atlantier feinstoffliche Wesenheiten, eng verbunden mit den göttlichen Kräften und Energien.

Einige von ihnen lösten sich aus dieser symbiotischen Einheit mit Re, ihrem Sonnengott, und bereiteten so die Prozesse vor, die für die Evolution der Menschheit, der Erde und des Kosmos erforderlich waren. Sie fielen in die Polarität von Gut und Böse, so wie Ihr Menschen der Jetztzeit sie bis ins Detail kennengelernt habt. Nun tragt ihr den Wunsch und die Sehnsucht in Euch, diese Polarität zu überwinden und mehr und mehr in die Einheit zu gehen.

Diese in die Polarität gefallenen Atlantier waren also die vorbereitenden Vollstrecker einer neuen Zeit. Sie waren bereits individualisierter als alle anderen Atlantier und hatten nicht nur die Aufgabe, das neue menschliche Geschlecht im heutigen Ägypten zu gründen, sondern auch dem alten Atlantis den erforderlichen und unumgänglichen „Todesstoß“ zu geben.

Sie waren in geheimer Mission tätig und setzten eine Art Fanal für die sich entwickeln wollende Menschheit.

Ihr Auftrag erfüllte sich, als Atlantis unterging und neues Leben im heutigen Ägypten, am Fuße des Sphinx, entstand.

Sie hatten ihre Kräfte nicht missbraucht, sondern durch ihr Tun alles möglich gemacht, was für das Neue erforderlich war.

Durch das Schreiben dieses Buches ist weltweit die Schwingung im Bereich von Transformation angehoben.
Wir segnen die Menschheit, die Erde, den Kosmos.

AMEN

# 1. Teil

## Atlantis, Sphinx und Pyramiden

*Keiner nimmt ein Licht,*
*um es an einen verborgenen Platz*
*oder unter ein Gefäß zu stellen.*
*Er wird es auf den Leuchter stellen,*
*damit alle, die hereinkommen,*
*das Licht sehen.*

*Lukas 11*

## Der Sphinx und die Atlantier

Der Sphinx wurde vor circa 10.000 Jahren dort errichtet, wo er heute steht. Er ist männlicher Qualität und verkörperte den alten Sonnenkult von Atlantis. Atlantis war untergegangen. Eine relativ kleine Gruppe von Menschen hatte sich retten können. Es waren dies Menschen, die im alten Atlantis eine hohe Entwicklungsstufe erreicht hatten. Die Atlantier verkörperten vor ihrem Untergang die entwickeltste Menschenform auf der Erde und verehrten in ihren Ritualen den Sonnengott Re, so wie dies auch später die Ägypter taten. Der Sonnengott hatte seine spirituelle und tatsächliche Heimat in der Sonne, die täglich mit unermüdlicher Kraft die Menschen belebte und die Früchte reifen ließ. Dieses weit entfernte, strahlende und brennende Gestirn wurde in der Personifikation von Re verehrt.

Es war eine Zeit, die vollkommen anders war als die heutige. Insofern ist es für uns Engel schwierig, in Worte zu fassen, was vor ewigen Zeiten Realität war und dann auch noch so, dass ihr Menschen des 21. Jahrhunderts es überhaupt versteht.

Die Menschen des alten Atlantis waren sehr viel feinstofflicher als der heutige Mensch. Sie waren in der Lage, durch geistige Konzentration an zwei Orten gleichzeitig zu sein und die Gedanken der anderen Menschen zu lesen. Sie waren feinfühlig, hellhörig und sehend. Sie waren sehr verbunden mit der Natur, liebten die Tiere, die Pflanzen und die anderen Menschen. Sie hatten einen natürlichen Zugang zu Edelsteinen und benutzten sie, um zu heilen oder Energietransformationen durchzuführen. Da ihre Körperlichkeit viel feinstofflicher war als die der heutigen Menschen, konnten sie sich auch dematerialisieren oder materialisieren. Die Menschen lebten in vollkommener Harmonie mit der Natur und der von ihnen verehrten Gottheit. Sie verehrten ausschließlich den Sonnengott Re und verbanden sich täglich mehrmals mit dessen sie belebenden Energien. Sie verschmolzen dann mit Re und entwickelten das Gefühl der Einheit und der unbegrenzten Liebe. Durch diese Verbundenheit zur Göttlichkeit hatten die Menschen eine relativ hohe Schwingung und keine Ängste, keinen Neid, keine Gier, keine Habsuchts- oder gar Hassgefühle. Sobald sie diese Gefühle anfänglich spürten, sehnten sie sich nach der Gottheit, verbanden sich mit ihr und heilten in dieser naturgemäßen Verbundenheit.

Ihre Zuwendung zur Gottheit war natürlich. Sie war nicht von Bewusstsein geprägt oder ihnen durch Lehre vermittelt worden. Es war ihr Leben zu der damaligen Zeit, das diese regelmäßige Verbundenheit mit den Sonnenkräften forderte und erfüllte. Das Leben gestaltete sich wie eine schlafende, ich-kraftlose Hinwendung, die niemand hinterfragte, die von allen praktiziert wurde und die auch dazu führte, dass sich alle Menschen einer Familie, einer Sippe, eines Stammes und eben dieses Volkes wie blutsverwandt fühlten und eine große Gemeinschaft bildeten.

Ihre Seelenkräfte waren in einer Gruppenseele gebündelt. Diese Menschen waren also noch keine Individuen. Eine Individualisierung sollte erst sehr viel später eintreten.

Es gab auch noch keine Geschlechtertrennung. Diese entstand erst nach dem Untergang von Atlantis, in den darauf folgenden Bevölkerungsperioden der menschlichen Entwicklung.

Die Zeugung neuen Lebens war ein geistiger Akt und wurde in der Verschmelzung mit der Gottheit vollzogen. Durch die Konzentration auf neues Leben, das Erbitten dieser Kräfte und das huldvolle Ja von Re, entstand feinstofflich, aber bereits vermaterialisiert, neues Leben. Pflanzen teilten sich, um sich zu vermehren, Tiere wurden geschöpft, so wie es dem göttlichen Willen entsprach.

Ihr seht, es war die Zeit vor Adam und Eva, vor Kain und Abel, vor Moses, Buddha, Christus und Mohammed. Und doch haben alle wichtigen nachfolgenden Menschheitslehrer ihre Wurzeln in dieser Zeit.

Atlantis, das in der Region des heutigen atlantischen Ozeans lag, ging unter, weil diese Lebensform keine Weiterentwicklung zuließ, ohne den Tod, als größten Transformator von Leben, einzubeziehen.

Einige eingeweihte, weiterentwickelte Menschen wussten bereits lange vor dem Untergang von Atlantis, dass sich ein ganzer Kontinent im Strudel riesiger Wassermassen krachend teilen und alles Leben mit sich wegreißen würde.

Diese Menschen mussten ihr Wissen für sich behalten und wurden parallel dazu aus der geistigen Welt vorbereitet auf ihr neues Leben auf einem anderen Kontinent, unter anderen Lebensbedingungen und mit einer neuen körperlichen Stofflichkeit. Diese Menschen beherrschten noch weitergehender als es den Bewohnern von Atlantis eigen war, die Kunst der Materialisierung und Dematerialisierung. Sie wurden gezielt auf ihre große neue Aufgabe, das Leben in der Region des heutigen Ägypten, vorbereitet.

Bereits damals stand fest, dass ein paar tausend Jahre später genau dort eine Hochkultur ihre Entstehung finden sollte. Diese Hochkultur war dafür vorgesehen, die Geburt des Christus und die Ich-Entwicklung des Menschen vorzubereiten.

Aus dem Ich-losen Zustand der Atlantier sollte über erste und nachfolgende Inkarnationen, in der heutigen Region der Sahara, die Wiege des Bewusstsein entwickelnden Menschen entstehen. Diese Weiterentwicklung war im göttlichen Plan schon seit langem vorgesehen.

So wurde Atlantis durch ein riesiges Wasser- und Landbeben zerstört. Die wenigen, auf dieses Ereignis entsprechend vorbereiteten Menschen hatten sich schwingungsmäßig so angehoben, dass sie ihre feinstoffliche Körperlichkeit auflösten und sie in die Region der Sahara fokussierend materialisierten. Es waren dies Menschen, die grobstofflicher waren als ihre Schwestern und Brüder in Atlantis und als sie selbst, während sie dort noch lebten.

Ihre Körper waren aber längst nicht so grobstofflich wie die des heutigen Menschen. Sie hatten ihre besonderen Fähigkeiten wie Hellsichtigkeit und Feinfühligkeit behalten und auch ihre schlafende, naturgebundene Verbundenheit mit dem Sonnengott Re. Neues Leben zeugten sie weiterhin durch die bittende Hinwendung zum Sonnengott.

Aus Dankbarkeit für dieses neue, ihnen geschenkte Leben, errichteten sie den Sphinx. Der Sphinx entsprach in seiner Urform von Löwenkörper und menschlichem Kopf mit kultischer Kopfbedeckung ihrem inneren Bild der von ihnen in der Sonne verehrten Kraft.

Die Sonne als Gott, als Schöpfer allen Lebens, erhielt den Körper des von ihnen am meisten verehrten Tieres, des Löwen, und den Kopf eines Menschen in vermaterialisierter Form, der aber durch die kultische Kopfbedeckung seine hingebungsvolle und wissende Verbundenheit mit Re symbolisierte.

In der Urform des Sphinx, die durch Witterungseinflüsse, Wüstensand und Menschenhand später Schaden nahm, war das Reich der Pflanzen durch in Steine geritzte Bäume und Pflanzen vertreten. Diese Steine sind allesamt verschwunden oder von ihrer Gravur befreit.

Ihr Menschen könnt Euch nicht vorstellen, welche Kräfte über Jahrtausende auf den Sphinx eingewirkt haben. Eure Ägyptologen sind sehr intelligent, ihr Wissen ist sehr umfangreich, aber die tatsächlichen Zusammenhänge, Lebensbedingungen und Kraftbewegungen sind ihnen weitgehend unbekannt.

Als sich androgyne, feingliedrige Wesen im heutigen Ägypten aufmachten, die Menscheitsgeschichte durch ganz neue, weitergehende Kräfte zu impulsieren, war in den anderen Regionen der Erde die Geschlechtertrennung bereits vollzogen.

Die Wiege der zivilisierten, spirituellen, denkenden, Ich-Begabten und Bewusstsein entwickelnden Menschheit steht also in Ägypten, am Fuße des Sphinx. Es bedurfte sehr besonderer Umstände, um alle Kräfte, vor allem die Zukünftigen, so entwickeln zu können, wie es seit ewigen Zeiten im Weltenplan vorgesehen war.

Aus geistiger Sicht sollte am Fuße des Sphinx ein Volk entstehen, welches das alte Wissen der Atlantier weiter entwickelte und mit seiner Bewusstseins- und Ich-Entwicklung die Zeit bis in das beginnende Wassermannzeitalter prägt, vorantreibt und inhaltlich impulsiert. Die Impulse wurden bereits vor vielen Jahrtausenden gegeben, in der geistigen Welt gespeichert und dort weiter entwickelt.

Durch das Niederschreiben und Veröffentlichen dieses Textes, kommen diese Impulse jetzt, in der Umbruchphase zum dritten Jahrtausend, voll zum Tragen und können verstärkt wirksam werden.

Ihr könnt es verstandesgemäß nicht erfassen.

Öffnet Eurer Herz und Eure Intuition. Sie sagen Euch die heilige Wahrheit.

## LEBEN UND STERBEN IN DER ZEIT, ALS DER SPHINX GEBAUT WURDE

Die Menschen, die in der Zeit der Entstehung des Sphinx im heutigen Ägypten lebten, waren durch ihre Wurzeln noch mit dem alten Atlantis verbunden.

Es waren zarte, feingliedrige Menschen, die anfangs eine androgyne Ausstrahlung und Lebensführung hatten. Sie beherrschten die Kunst des Gedankenlesens und konnten Materie erzeugen und auflösen. Sie standen ständig in Kontakt mit ihrer Gottheit Re und fühlten sich eins mit ihr. Sie waren feinfühlig, hellsichtig und medial. Ihre Fähigkeit, sich selber zu materialisieren und zu dematerialisieren, zog sich aber langsam zurück, d.h. die bevorstehende Entwicklung in eine körperlichere und strukturiertere Existenz wurde eingeleitet.

Auch wenn die neuen Kräfte für sie bereits spürbar waren, konnten sie sie damals noch nicht zuordnen und verifizieren.

Diese Menschen hatten sich also in eine Umbruchzeit hinein inkarniert, die den Beginn einer neuen Zeit darstellte.

In gewisser Weise war die damalige Zeit mit der heutigen vergleichbar.

Auch damals waren die Menschen noch so sehr mit den alten in ihnen lebenden Kräften verbunden, dass sie sich das Neue nicht vorstellen konnten.

Sie waren Menschen ihrer Zeit, so wie Ihr Menschen Eurer Zeit seid. Auch jetzt sind es sehr wenige Menschen, die sich die Zukunft in feinstofflicher Körperlichkeit mit herausgehobenen geistigen und bewusstseinsmäßigen Fähigkeiten überhaupt vorstellen können. Damals begann der Weg in die Tiefe. Jetzt führt er heraus aus der Tiefe von Materie und Schein.

Die Menschen der damaligen Zeit lebten in Familien und Gruppen zusammen. Sie hatten kein Ich-Bewusstsein, sondern waren ihre Familie, ihre Sippe, ihr Stamm. Ihr Bewusstsein war traumähnlich, nicht entwickelt. In der ersten Zeit ihres Lebens in Ägypten erfolgte die Fortpflanzung weiter durch geistiges Erbitten eines Kindes, das huldvolle Ja der Gottheit und das Inkarnieren in eine Körperlichkeit. Doch mit der Zeit veränderten sich diese feinstofflichen, höchst spirituellen Menschen. Weil es evolutionsmäßig erforderlich war, entstand durch göttlichen Ratschluss die Schöpfung von Mann und Frau, die Schöpfung der Geschlechter.

In der Bibel ist dies bildhaft in der Schöpfungsgeschichte geschildert. Diese Inhalte, die Vertreibung aus dem Paradies, sind symbolisch zu sehen und ohne jegliche Bewertung zu betrachten.

Die Geschlechtertrennung war unter anderem erforderlich, weil sonst die menschliche Entwicklung nicht weiter gegangen wäre. Die Menschheit wäre stumpf, traumhaft und nicht Ich-bewusst geworden. Auch für die Inkarnation der Christuswesenheit war die Geschlechtertrennung Voraussetzung.

In unserer heutigen Zeit findet auch eine Art Christusinkarnation auf der Erde statt. Der Ätherische Christus inkarniert sich über die Lebensenergie in die Menschen, weil sie durch jahrtausendelange Prozesse körperlich so vollkommen sind, wie es für diesen Akt Voraussetzung ist. Die Seelenkräfte, die Ich-Kräfte, das Bewusstsein, sie sollen und wollen noch wachsen, der Geist will sich in höchste Regionen erheben. Dies ist aber nur in einem Körper möglich, der die Tiefen der Materie erfahren und begriffen hat und sich jetzt zum Licht hinwenden will.

Damals inkarnierten sich Schöpferkräfte, die die Geschlechtertrennung herbeiführten und den Menschen als Mann und Frau in die Tiefe von Materie, Gottferne und Egoismus schickten.

Heute inkarnieren sich Kräfte, die den Menschen bei vollem Ich-Bewusstsein in die Verbundenheit mit der göttlichen Welt führen möchten.

Es ist die gegenläufige Bewegung, die den heutigen Menschen in die lichten Höhen einer veränderten Existenz führen soll.

Ihr Menschen habt wichtigste Erfahrungen gesammelt, die es Euch jetzt möglich machen, erneut in einen größten transformativen Prozess einzutauchen und so die Intention des Wassermannzeitalters aufzugreifen und in die Wirklichkeit zu führen.

Die Gedankenwelt, der vor und zur Zeit des Sphinx in Ägypten lebenden Menschen, war also nicht scharf und präzise wie die von Euch Menschen heute, sondern traumhaft und von Bildern geprägt. Sie hatten auch kein Bewusstsein von sich oder ihrem Leben. Ihr Leben war Gebet und Hingabe und floss in einem Strom der Liebe dahin. Durch den Beschluss der *Geschlechtertrennung* trat diesbezüglich eine entscheidende Veränderung ein.

Männliches und Weibliches entwickelten sich in das androgyne Leben hinein. Es entstanden langsam der weibliche und der männliche Genitalbereich und eine noch schlafende Form des geschlechtlichen Beieinanderseins. Die geschlechtsspezifischen Kräfte wurden nach und nach stärker und bewirkten ein *Erwachen der Denkfähigkeit*, aber immer noch bildhaft, und ein Erwachen von Aggressionen. Zuvor waren die Menschen in sich so gerundet, dass sowohl Aggressionen als auch Neid, Missgunst, Angst, Gier und Geiz, gar Hassgefühle nicht gegeben waren. Sie lebten in einer Symbiose mit Gott und daher wie in einem paradiesischen Zustand.

In diese Zeit der allmählichen Geschlechtertrennung fiel auch die Erschaffung des Sphinx. Die Löwezeit ging zu Ende und die aus Atlantis übergesiedelten Menschen erschufen einen Löwen aus Stein mit dem Gesicht von Re als vermenschlichter Form, ausgerüstet mit der kultischen Kopfbedeckung, die ein Bild für die damalige Hellsichtigkeit, Hellhörigkeit und Feinfühligkeit war.

Der Stein des Sphinx stammte nicht aus der Region wo er sich noch jetzt befindet. Er gehörte zu einem Gebirgsplateau weiter im Süden.

Ihrer inneren Stimme folgend, waren die Menschen dorthin gegangen, hatten das Gesteinsmassiv in Augenschein genommen und beschlossen, aus ihm den Sphinx zu errichten.

Dieser Beschluss wurde in die Tat umgesetzt, indem sich die am meisten entwickelten Menschen zusammensetzten, den Ton OM anstimmten, den Stein visualisierten und in einer Fontäne von Licht nach Gizeh „transportierten". Da dies so im Weltenplan vorgesehen war, geschah es mit Leichtigkeit und großer Freude. Über mehrere

Jahrhunderte wurde an dem Sphinx gearbeitet und immer wieder um die huldvolle Nähe von Re gebetet.

Es war keine Baustelle, es war ein heiliger Platz, an dem ein Heiligtum errichtet wurde. Große kultische Feste umrahmten das Tun der Menschen und um den Sphinx herum fand das Leben der Familien statt. Die Erschaffung des Sphinx war ihr Leben, ihre Erfüllung und ihr ganzes Sein drängte danach, hierbei mitzuhelfen. Es war eine heilige Handlung, die sie über die Maßen erfüllte. Es waren dies sehr friedvolle, ruhige Menschen, deren Tun Kontemplation, Gebet und Hingabe an den Gott war. Sie verschmolzen mit ihrem Tun und der Göttlichkeit.

Wenn Menschen starben, wurde auch das als huldvoller Akt von Re angesehen, ebenso wie das Erschaffen von Kindern. Der Tod war der selbstverständliche Gegenimpuls zum Leben und fest integriert in das damalige Lebensgefüge.

Menschen, welche die Erschaffung von Leben sowie das Sterben und den Übertritt in die geistige Welt begleiteten, sangen dabei den heiligen Laut „OM". OM ist höchste Schöpferkraft, es ist der Atem Gottes, es ist Liebe, Freude, Dankbarkeit und das Wissen um ein von Schöpferkräften geführtes Leben, es ist Gott. Intuitiv sangen die Menschen dieser Zeit OM und öffneten sich so den Kräften, die für sie und das Leben und Sterben vorgesehen waren. Sie waren dadurch unablässig in ihrer Lebensmitte, d.h. sehr trag- und liebesfähig und sozial kompetent.

OM ist und bleibt der Schöpfungston des Universums und hat auch heute nichts von seiner Kraft verloren.

Deshalb empfehlen wir auch allen Menschen das häufige Singen von OM. Auch und gerade in der heutigen Zeit.

Die Geschlechtertrennung brachte neben dem bildhaften Denken, dem Entstehen von Gefühlen wie Neid, Gier, Geiz etc. auch die Möglichkeit, Liebe, Freude und Dankbarkeit zu fühlen. Durch diese Schritte hin zu einem Leben als Individuum verließen die Menschen also ihre Symbiose mit Gott. Sie erlebten dadurch eine anfängliche, sie verunsichernde Trennung von der göttlichen Welt. Dieses Gefühl der Trennung, mag es auch noch so schwach gewesen sein, erweckte in ihnen den Wunsch, das von ihnen verehrte Gottesbild in Form eines steinernen Re zu kreieren und so im Außen eine Möglichkeit zu haben, die schmerzhafte Trennung wieder aufzulösen.

Dies sind die ersten Anfänge eines Kultus, dies ist die Urform von Kirche. Hier entstand *Religio,* Rückbindung an das geistige Bild Gottes. Hier ist die Wiege der zivilisierten, Gott suchenden Menschheit. Hier am Nil entstand zu einer Zeit, als diese Region bewässert, bewaldet und begrünt war, das erste von Menschen nach Außen orientierte Tun um ihrer Göttlichkeit zu dienen und zu huldigen.

Der Sphinx ist daher das erste auf Erden errichtete Bild Gottes und dort an seinem Fuße entstand der erste Kultus der Erdgeschichte.

Der Sphinx hat in den 10.000 Jahren seines Bestehens größte Veränderungen auf der Erde erlebt und diese durch die in ihm ruhenden Lichtkräfte begleitet.

Die Menschen waren also durch ihre geistigen Kräfte in der Lage, Gestein zu durchdringen und es zu verfeinstofflichen. Durch diese Gabe, das Visualisieren und OM-singen, konnte der Sphinx in einer riesigen Lichtfontäne nach Gizeh transportiert werden. Es war dies ein größter Zeugungsakt, der auch später von anderen Menschen zu anderen Zeiten wiederholt wurde. Diese „Transportaktion" war nur möglich, weil das Gestein eine andere spezifische Dichte und Härte erhielt. Ohne diesen physikalischen Vorgang, der auch als Dematerialisation bezeichnet werden kann, wäre eine Materialisation an einem anderen Platz nicht möglich gewesen. Dieser größte schöpferische Akt bedurfte entwickeltster Menschen, er bedurfte der richtigen Zeitqualität und der absoluten Verbundenheit mit Gott.

Um diese Voraussetzungen zu erfüllen, bedurfte es langer Vorbereitungen. Die Menschen erwählten das Gestein, nachdem sie intuitiv erspürt hatten, dass es an einem kraftvollen Ort entstanden war, wo gute und kosmische Kräfte sich verbanden. Genauso war es mit dem Platz, der heute den Sphinx beherbergt. Auch er war extrem hoch schwingend, irdisch-kosmisch und seit ewigen Zeiten für den Platz des Sphinx vorgesehen. Das gesamte Areal um Sphinx und Pyramiden hat höchste irdisch-kosmische Bedeutung und verfügt über ein Wirrwarr von energetischen Punkten und Linien.

Noch bevor der Sphinx durch einen höchsten Schöpferakt im Spirituellen dort als grober Steinblock errichtet wurde, entstand in einem ebenso intensiven und heiligen Akt eine *Lichtkammer,* die noch immer ihr Licht strahlenförmig in alle Welt ausstrahlt. Bevor dieses Heiligtum errichtet werden konnte, hatten die gleichen höchst spirituellen Menschen, die den Stein aus dem Süden des Landes dorthin visualisierten, OM singend und Gotteslicht bündelnd, den Erdbereich gereinigt und gesegnet. Ihre liebende, symbiotische Verbundenheit mit der Gotteskraft von Re war das Fundament für das Heiligtum der Heiligtümer. Über Leylines ist der Sphinx mit allen Heiligtümern der Erde verbunden und in ein Energiesystem ohnegleichen involviert. Der Sphinx ist auch mit allen planetaren Kräften verbunden, wird durch sie aufgeladen und gereinigt.

Betendes, spirituelles, meditatives Tun an jedem anderen heiligen Platz der Erde strömt energetisch zu der Lichtkammer des Sphinx. Desgleichen strömt entsprechendes Tun am Fuße des Sphinx energetisch zu allen anderen Heiligtümern der Erde. Der Sphinx ist energetisch auch mit den hoch schwingenden Naturplätzen der Erde verbunden und partizipiert an diesen Kräften.

So ist der Sphinx das älteste spirituelle Heiligtum und über seine Lichtkräfte, die ihn erst entstehen ließen, ein multikosmisches Heiligtum, das Erde-, Menschen- und Planetenkräfte vereint. *Im Lichtzentrum dieser immateriellen Kammer befindet sich ein größter, strahlendster Kristall, der alle Lichtqualitäten aufnimmt, harmonisiert und wieder in alle Welt, aber auch ins Erdzentrum, den Kumarakristall, leitet und so Licht in kristallines Licht transformiert.*

Der Sphinx ist aufgrund seiner Geschichte und Substanz so etwas wie das vermaterialisierte Gewissen der Erde und somit ein höchst schicksalhafter Kraftplatz. Hier finden stärkste Transformationen, d.h. Umwandlungen, statt, um das gebündelte Leid, den Schmerz, die Angst etc. in Licht des Lebens und in Licht der Liebe zu verwandeln. Dies alles geschieht natürlich feinstofflich und entzieht sich normaler menschlicher Wahrnehmungsfähigkeit.

Es war nicht immer sicher, ob die Lichtkräfte des Sphinx gemeinsam mit allen anderen Lichtkräften ausreichen würden, um die neue Zeit Gegenwart werden zu lassen. Jetzt ist sicher: der Quantensprung ist vollzogen, die Zukunft in einer 5. Dimension gewiss.

So leistet und leistete der Sphinx größte Liebeslichtarbeit und ist ein wichtigster Impulsator der welt- und kosmosweiten Veränderungen.

Der Sphinx ist wie ein lichtvoller Wächter, der die Jahrtausende alten Prozesse auf Erden begleitet. Auch wenn er Jahrhunderte unter Sand schlummerte, so wirkten seine Lichtkräfte doch immer.

## Der Sphinx und die Akashachronik

Das Leben am Fuße des Sphinx und in seinem weiten Umfeld hat sich jeweils so verändert, wie es die Evolution von Mensch, Tier, Pflanze, Gestein, Planeten und Sonnen erforderlich machte. Ein größter, kraftvollster Weltenenergiestrom floss und fließt unablässig durch den Sphinx hindurch und um ihn herum. Dieser Strom gleicht dem vermaterialisierten Weltengewissen und ist auf Erden der vermaterialisierte Aspekt der Akashachronik. Die Akashachronik trägt wie die Festplatte eines Computers alle Geschehnisse auf Erden in sich, aber im Gegensatz zum Computer auch das, was der Mensch hätte tun müssen, aber nicht tat. Für jeden Menschen ist in der Akashachronik ein „Blatt" reserviert, auf das sein Leben „eingeritzt" wird, die Höhen und Tiefen, charakterliche Züge sowie das individuelle Schicksal. Größte Geheimnisse sind dort gespeichert und werden dem einen oder anderen Menschen preisgegeben.

Immer gab es Menschen, die so entwickelt waren, dass sie Zugang zur Akashachronik erhielten. Es waren dies Heiler, Weise und auch Forscher. Sie hatten Zugang zu bestimmten Sektionen der Akashachronik und mussten ihre menschliche, soziale Reife immer wieder unter Beweis stellen. Das heißt, der geistige Zugang zu den geheimen Korridoren der Akashachronik konnte ihnen bei Fehlverhalten auch wieder entzogen werden. Dies wurde immer als sehr schmerzlicher Verlust empfunden. Auch wenn die Menschen größte Sehnsucht nach dem Licht und der Liebe ihres vorherigen Status der Einweihung hatten, erzwingen konnten sie nichts. Sie mussten wieder die Fäden des alltäglichen Lebens aufnehmen und um Weiterentwicklung bitten. Dem Spruch gemäß „Wo viel Licht ist, ist viel Schatten" stürzten diese Menschen wie aus lichten Höhen in den dunklen Keller menschlicher Existenz. Die Entwicklungen vollzogen sich über mehrere Inkarnationen und drückten sich im jeweiligen Seelenbeschluss aus.

Meistens waren es Heiler, die Zugang zu weit verzweigten Bereichen der Akashachronik hatten. Sie waren und sind größte Eingeweihte und dürfen dieses Wissen zur Weiterentwicklung der Menschheit erbitten, erhalten und weitergeben. Wird dieses alte Wissen, dieses große Geheimwissen offenbart, so erhöht sich sofort das Schwingungsniveau in diesem Bereich. Es ist eine größte Gnade für den eingeweihten Menschen und für die Menschen, die auf diese Weise von dem tiefen Gehalt ihres Lebens erfahren dürfen. Ein tiefes Berührtsein ist Merkmal dieses Vorganges. Die uralte Seele berührt die Weltenseele und erhält neue Möglichkeiten der Heilung und Bewusstwerdung.

Dies war früher nicht so. Aber jetzt, zu Beginn des Wassermannzeitalters, sind diese Möglichkeiten gegeben und sie sind es, die neue Formen der Heilung darstellen. Bei jedem Offenbarungsakt dieser Art, strömen die Kräfte des Ätherischen Christus zu dem Heil und Segen suchenden Menschen und zu dem Menschen, der diesen Prozess ermöglicht.

## Der Sphinx und die Individualisierung des Menschen

Der Sphinx wurde vor circa 10.000 Jahren von Menschen errichtet, die eine symbiotische Beziehung zur Gottheit hatten. Sie fühlten sich nicht mehr ganz eins mit diesen Kräften wie noch ihre Vorfahren im alten Atlantis, aber sie waren noch engstens verbunden, verfügten über eine astrale Frömmigkeit, die sich aber im Laufe der Jahre immer mehr zurückzog.

So ist der Sphinx einerseits ein Bild für die Loslösung aus der vollkommenen Symbiose mit der Gottheit Re und andererseits ein Bild dafür, dass der Mensch erstmalig beschenkt wird mit der Kraft des Hohen Selbst in sich.

Das Hohe Selbst eines Menschen ist mit seiner Geistseele verbunden und eine Art Blaupause der Seeleninformation.

Das bedeutet, die göttliche Energie strömt nicht mehr unstrukturiert, ohne Anfang und Ende durch die körperlose Gestalt des alten Atlantiers, sondern sie strömt nun strukturiert mit einem Anfang und einem Ende im Rückenmarkskanal des feinstofflichen, aber vermaterialisierten Menschen.

Diese Kräfte strömen nun nach und nach in den sich entwickeln wollenden Menschen und verwandeln ihn von Grund auf.

So fallen die Menschen dieser Anfangszeit nicht nur aus der Symbiose mit Gott, sie gehen auch erste, zarteste Schritte als Mann oder Frau und noch zartere Schritte als individualisierte Menschen einer neuen Zeit.

Nach und nach verändert sich durch das Infiltrieren dieser Kräfte natürlich auch die Fortpflanzung. Je weiter die Trennung in Geschlechter von männlich oder weiblich voranschreitet, desto mehr erfolgt die Zeugung neuen Lebens durch einen schlafähnlichen Beischlaf, ohne Bewusstseinskräfte.

Diese vielfältigen Prozesse laufen fortwährend unbewusst ab, fast träumend, obwohl feinstofflich bereits alles angelegt ist, um Bewusstsein, Klarheit und Denken zu entwickeln.

*Der Sphinx ist also ein frühester, anfänglichster, zartester und dennoch unübersehbar monumentaler Ausdruck der Jahrtausende dauernden Individualisierung des Menschen.*

Es wurde bereits ausgeführt, dass der Sphinx errichtet wurde, um das Bild des Sonnengottes auf Erden vor Augen zu haben und verehren zu können. Der Sphinx ist somit die erste Projektionsfläche Gottes auf Erden und die erste Möglichkeit einer Devotion in Bezug zu einem monumentalen Bauwerk und Heiligtum.

Diesem Vorbild, das sich in die Weltenseele, die Akashachronik, einschrieb, folgten nun, über die ganze Erde verteilt, nach und nach andere Völker, Stämme und Sippen und errichteten, ihrem Gottesbild entsprechend, Heiligtümer.

Der Sphinx unterscheidet sich aber von allen nachfolgenden Heiligtümern durch seine Entstehungsgeschichte und seine archaisch-monumentale, Gott zugewandte Grandiosität. Der Sphinx als vermaterialisiertes Gewissen der Menschheit hatte und hat eine Art Richterfunktion in der Seele jedes einzelnen Menschen, ob dieser es will oder nicht. Er ist, gleich welcher Religion er sich zugehörig fühlt, als Christ, Moslem, Jude, Buddhist usw. angeschlossen an diese Kräfte. Er wird vom Licht des Sphinx genährt und führt ihm auf feinstofflicher Ebene sein Licht zu.

Wie bereits erwähnt, hat jeder Mensch ein Hohes Selbst, das sich mit seiner Geist-Seele verbindet und in ihr spiegelt. Diese Beziehungsfrequenz zwischen Hohem Selbst und Geistseele wird ständig über feinste Lichtstränge zum Sphinx gestrahlt, in den immateriellen Kristall geleitet und dort aufgespalten in die verschiedenen Qualitäten von Liebe, Freude, Glück, Neid, Hass, Missgunst etc.

Dieses unterschiedlich frequentierte Licht wird, wenn es hoch schwingt (also z.B. Liebe, Freude, Dankbarkeit ausdrückt), direkt in den Kosmos gestrahlt und von dort wieder zurück zum Menschen und seinem Energiemuster zugeführt. Über das von diesem Energiemuster auf die Erde strahlende Licht, wird sein Lebensweg bestimmt. Erhält er viel „hohes Licht“, Licht, das durch die Kräfte des Sphinx geleitet wurde, so geht es ihm gut. Er ist gesund, befindet sich zur rechten Zeit am rechten Platz und ist mit den richtigen Menschen zusammen. Er ist authentisch und erfüllt die von ihm erwünschte Arbeit. Er ist glücklich, zufrieden und zieht positivste Umstände an.

Ist der Mensch voller Neid, Angst, Missgunst, gar Hass, strömt eine „zähflüssige" Lichtkraft zum Kristall unter dem Sphinx. Diese Energien dürfen nicht sofort zum Menschen zurückstrahlen. Sie müssen zuvor gereinigt werden. So „fließt" dieses niedrig frequentierte Licht in den Kumarakristall, das Zentrum der Erde. Es wird dort aufgespalten und in höher frequentiertes Licht transformiert. Dieses Licht strömt in die Erde und durchlichtet sie.

Dem Menschen strömt also kein durchlichtetes Licht zu, stattdessen empfängt er Gedankenimpulse, die ihn spüren lassen, dass er falsch denkt, redet, handelt.

Wenn ein Mensch sehr mit seiner inneren Stimme in Kontakt ist, spürt er dies sofort als Unbehagen, Unzufriedenheit, Belastung, Sorgen, Leid und Not.

An ihm selbst liegt es jetzt, aus diesen Impulsen Schlüsse zu ziehen.

Ist er jedoch voller Stress und Hektik und spürt sich kaum noch, bleibt er verhaftet mit den negativen Lebensmustern. Über das von ihm kreierte Energiemuster strömt nun entsprechend niedrig frequentiertes Licht und erschafft Lebensbedingungen wie Leid, Not, Sorge usw.

Positives Denken, Sprechen, Handeln zieht also positive Umstände an.

Negatives Denken, Sprechen, Handeln zieht negative Umstände an.

Dem Sphinx kommt mit diesen Jahrtausende alten Prozessen, die jetzt erstmals öffentlich gemacht werden, eine Schlüsselfunktion zu.

*Der Sphinx ist im Materiellen ein größtes, heiliges Gottessymbol und im Immateriellen das Gewissen der Menschheit. Er ist zugleich der Ort der Akashachronik und der am höchsten strahlende Lichtplatz auf Erden.*

## Evolution am Fusse des Sphinx

Der Sphinx, mit Kräften ausgerüstet, die ihresgleichen auf der Erde suchen, zog wesentliche Entwicklungsprozesse der Menschheit wie magisch an. Diese Entwicklungsprozesse verbanden sich mit der Erde und bewirkten deren Belebung, Kräftigung und Durchlichtung.

Von Anbeginn an war vorgesehen, dass der Sphinx dort steht, wo er auch heute noch seinen Platz hat. Von Anbeginn an war vorgesehen, dass sich nachfolgend die Hochkultur der Ägypter am Nil und um den Sphinx herum entwickelte. Von Anbeginn an war vorgesehen, dass sich dort in die Wesenheit des Jesus der eingeweihte Christus, der Gottessohn, inkarnierte und der Erde und der Menschheit so den größten Liebes-Lebens-Lichtimpuls zukommen lassen würde.

Gerade die Zeit der großen Pharaonen war die Zeit, in der die Gott Re zugewandten Kräfte extrem aktiviert wurden und Größtes bewirkten. Die verschiedenen Pharaonen hatten ihre besondere, in der Evolutionsgeschichte der Erde vorgesehene Aufgabe und aktivierten durch ihr spezielles Tun entsprechende energetische Gebilde der Erde und des Kosmos, die zwar schon vorbereitet, aber noch nicht durchlebt waren. Das Be- und Durchleben dieser vorbereiteten Energiegebilde kann nur durch adäquates menschliches Verhalten erfolgen und setzt ein entsprechendes Denken voraus.

So entwickelten die alten Ägypter einen speziellen, sehr kraftvollen Totenkult, der genau diese Durchlebung der Erde bewirkte und dazu beitrug, dass sich die Jesus Christus Gottessohnwesenheit zum rechten Zeitpunkt inkarnieren konnte.

Bevor sich Christus zu Beginn des Fischezeitalters auf der Erde inkarnierte, hatte sich die Energie der Erde wie selber durchlebt, was einen neuen, stärksten Belebungsimpuls erforderlich machte. Dieser Belebungsimpuls erfolgte sowohl durch die Inkarnation als auch dreiunddreißigeindrittel Jahre später durch die Exkarnation des Jesus Christus Gottessohnes.

Als Vorbereitung für die Geburt des Jesus Christus Gottessohnes dienten vor allem der Pharao Echnaton sowie der Pharao Cheops.

Echnaton insofern, als er der Zeit weit voraus war, Ich-hafte Züge in seiner Regierungszeit entwickelte und so einen stärksten und kraftvollsten Impuls in das Energiesystem der Erde und der Menschheit gab.

Pharao Cheops wiederum belebte den Erdorganismus durch den Bau der Cheopspyramide und vor allem durch den Bau der Königskammer in der Cheopspyramide.

In der Königskammer der Cheopspyramide fanden von Anbeginn an Einweihungen statt. Nie wurde in ihr ein Pharao beerdigt. Die Schwingung in der Kammer, in der Pyramide und um sie herum war zur Zeit des Pharaos extrem hoch, auch noch Jahrtausende später.

Durch Euren Tourismus, Euer über riesige Landstriche verbreitetes un- spirituelles Leben werden der Cheopspyramide nicht mehr genug spirituelle Energien zugeführt. Durch die Abnahme kraftvoller Erdheilungsplätze, reduziert sich die dorthin geleitete Erdenergie und durch die Abnahme starker spiritueller Plätze (Dome, Tempel etc.) reduziert sich ebenfalls die von dort auch zur Cheopspyramide geleitete spirituelle Kraft der Betenden.

Ein Energiesystem, das den Sphinx und danach auch die Cheopspyramide mit Energie versorgte, bricht nach und nach durch gravierende Lebensveränderungen auf der Erde zusammen und lässt daher nicht genügend Energiepotentiale entstehen, die für den Sphinx und die Cheopspyramide einmal typisch waren.

## Die Cheopspyramide

*Wir Menschen heute fragen uns angesichts dieser faszinierenden monumentalen Bauwerke der damaligen Zeit noch immer: Wie geschah diese Arbeit, für die nach Berechnungen in der Jetztzeit Tausende von Arbeitskräften erforderlich gewesen sein müssen? Wie kamen die riesigen Quader an ihren Platz? Was geschah überhaupt dort, wo jetzt die Pyramiden in größter Schönheit die Wüste zieren und den Sphinx ergänzen?*

Die Cheopspyramide ist der höchstschwingende Einweihungsplatz auf Erden.

Sie wurde circa 2.500 Jahre vor Christi in großer Nähe zum Sphinx errichtet. Es war bekannt, dass der Sphinx die Göttlichkeit Re darstellte und der erste Kultplatz der zivilisierten Menschheit war.

Zu dieser Zeit wollte die ägyptische Kultur erneut einen Höhepunkt spirituellen Schaffens kreieren.

Schon Generationen zuvor war bereits über den Bau einer besonders großen Pyramide am Fuße des Sphinx geweissagt worden.

Die Pharaonen wussten, dass sich dort ein neues Bild äußerlicher Gottesverehrung und ein Platz höchster Einweihungskräfte befinden sollten, in ähnlicher Form wie der Sphinx, doch mit einem anderen Energiepotenzial.

Die Pharaonen verfügten, wenn auch bereits abgeschwächt, über die Fähigkeit der Materialisation. Sie waren zudem in der Lage, große Menschenmengen in ihre OM singende, spirituelle Kraft einzubinden. So ließen sie, gemeinsam mit den Menschen, ein hoch schwingendes Energiefeld entstehen. Dieses Energiefeld wirkte wie ein feinstoffliches Gerüst, wie eine Blaupause, der noch nicht errichteten, aber bereits prophezeiten Pyramide.

So wurde der Platz bereits Generationen zuvor in Lichtarbeit und OM singend vorbereitet für den großen Bau. Die Form der Pyramide stand schon lange fest und verkörpert in ihrer Dreiheit:

| | | |
|---|---|---|
| *Vater* | *Sohn* | *Heiliger Geist* |
| *Körper* | *Seele* | *Geist* |

Geplant und gebaut wurde die Cheopspyramide schließlich von dem Pharao Cheops. Es war ein außergewöhnlicher Pharao, der über besondere Fähigkeiten im Mathematischen verfügte und dieses mathematische Gebäude als Matrix anderer Lebenszusammenhänge anwandte.

### Pharao Cheops – Mathematiker und spirituell-medialer Mensch

So war er der erste Mathematiker, noch vor den alten Griechen, der seine mathematischen Fähigkeiten in den Kosmos projizierte und größte Geheimnisse der Astronomie und der Kräfte im Universum erkannte und erfasste.

Seine Berechnungen, die er aufgrund seiner feinsten, wirklich feinsten medial-astralen Frömmigkeit bewerkstelligen konnte, sagten ihm, wo die Pyramide stehen sollte. Diese medial-astrale Frömmigkeit war mit Re verbunden und gekoppelt mit einem differenzierten mathematischen Wissen, das nach dem Bau der Pyramide wieder wie einschlummern sollte, um sich in erdfernen Zonen weiterzuentwickeln, um dann der Menschheit in noch komplexerer Form zur Verfügung zu stehen.

So haben kluge Mathematiker bei Euch die vielen in der Cheopspyramide schlummernden mathematischen Geheimnisse gelüftet, ohne dabei aber das Wesen und die wirkliche Aufgabe der Cheopspyramide enträtseln zu können oder zu wollen oder beides.

Die Cheopspyramide steht so einerseits für den Beginn höchsten mathematisch-naturwissenschaftlichen Denkens und andererseits für eine höchste gottnahe Spiritualität, die auf der Erde ihresgleichen sucht.

In dem Pharao Cheops konnten sich diese Kräfte verbinden. Er konnte präzise mathematisch denken und war gleichzeitig hingebend spirituell-intuitiv. Ihm gelang damals erstmalig auf der Erde die Verbindung dieser Kräfte. Die weitere Entwicklung sah vor, dass diese Kräfte immer mehr in die Polarität von Denken und Glauben gehen sollten. Jetzt, zu Beginn des Wassermannzeitalters, haben sie ihren Höhepunkt in den Menschen gefunden, die naturwissenschaftlich präzise denken können, aber eine Schöpfungsentität ablehnen.

Genau dahin sollte die Entwicklung gehen. In die Polarisierung von Denken und Glauben und in die größte gottesferne Einsamkeit des Individuums.

Ihr habt jetzt den „tiefsten Punkt" von naturwissenschaftlich orientiertem Denken gepaart mit größter Individualisierung und Einsamkeit erreicht. Parallel dazu wird der starke Strom des Wassermannzeitalters erkennbar und die Menschen werden mit ihrem an Egoismus, Habgier und Macht orientierten Denken, Sprechen und Handeln davon erfasst und in größte Not, größtes Leid und größte Verzweiflung getrieben.

So ist jetzt die Zeit reif für die Entschlüsselung ältester Geheimnisse, um einerseits die Schwingung auf der Erde anzuheben und anderseits die Menschen durch Bewusstwerdung ihrer Gottesferne und denkerischen Einsamkeit an die Grandiosität und Verbundenheit von Denken und Glauben heranzuführen. So kann der Mensch heute neue, ihm gemäße Schlüsse aus allem ziehen und sich neu finden in der Verbundenheit von Denken und Glauben.

## Der Bau der Pyramide

Als dann Pharao Cheops alle Kenntnisse bezüglich des Baus der Pyramide in sich „gespeichert" hatte, berief er die höchsten, ihm untergeordneten spirituellen Würdenträger und verfügte in seiner Eigenschaft als in höchste kosmische Geheimnisse eingeweihter Pharao den Bau der Pyramide. Das Wichtigste der Pyramide war die Königskammer. Sie war Anfang und Ende, Sinn und Erfüllung. Sie war das Kernstück und der Grund der riesigen Cheopspyramide.

Von der Königskammer aus wurde die Pyramide visualisiert und sodann in einem größten spirituellen Lichtakt errichtet.

Cheops Berufung in dieser Inkarnation war also:

- die Errichtung der Pyramide als Blaupause in der geistigen Welt
- die mathematische Errichtung der Pyramide in ihm selbst und in seinem Energiesystem in der geistigen Welt
- die Verbindung dieser Werte über seine höchste spirituelle Reife und Anbindung an die göttliche Welt, an Re.

Diese gebündelten Geschehnisse bewirkten einen größten Lichtimpuls, eine hochfrequente Lichtenergie, die weit größer ist als das, was Ihr heute an Lasertechnologie kennt.

Dieser Lichtimpuls bewirkte eine Loslösung der Steinquader aus ihrer Ursprungsqualität im Gebirgsbereich, sodann ihren feinstofflichen Transport und das feinstoffliche Ineinanderfügen der Quader an ihrem Bestimmungsort.

Als dies geschah, blieb auf der Erde „die Uhr stehen". Es war energetisch ähnlich dem Karfreitagsgeschehen bei der Kreuzigung des Christus auf Golgatha und doch ganz anders. Es war die Geburt einer neuen Energie. Ein höchster Einweihungskultus wurde materiell geboren, um sodann in der Königskammer praktiziert zu werden.

## Der Einweihungskultus

Der Einweihungskult im alten Ägypten war ein alter Kult, der seit Beginn der Lebensphase im dortigen Raum praktiziert wurde. Eingeweiht wurden in erster Linie Pharaonen. Sie wurden als zukünftige Repräsentanten von Gott Re geehrt und ihre Einweihungen fanden in der Königskammer der Cheopspyramide statt. Im alten Ägypten wurden Männer und Frauen eingeweiht. Neben den Einweihungsritualen für Pharaonen und Pharaoninnen gab es auch Einweihungsrituale für Priester, Priesterinnen, Astrologen, Astrologinnen, Heiler, Heilerinnen und alchemistische Forscher und Forscherinnen. Ihre Einweihungen fanden allerdings nicht in der Königskammer, sondern an anderen heiligen Plätzen statt.

Neben den Einweihungen wurde die Königskammer der Cheopspyramide regelmäßig von heiligen Männern und Frauen genutzt, die, in der Kammer sitzend oder die Lemniskate gehend, OM sangen. Sie luden damit das Schwingungsniveau der Pyramide und des um sie liegenden Bereiches auf und nährten so auch die Kräfte des Sphinx.

Die Einweihungskammer ist energetisch mit dem Sphinx verbunden und damit zugleich auch mit allen anderen Chakren der Erde, sowie mit deren großen und kleinen heiligen und natürlichen Plätzen.

Feinste Energiebahnen durchziehen die Cheopspyramide und finden in der Königskammer ihren Knotenpunkt. In dieser Kammer pulsierte immer das höchstfrequentierte Licht auf Erden. Hier ist das Scheitelchakra der Erde.

Hier strömt stärkstes Licht in den Kosmos und nimmt kraftvollstes Licht von allen Planeten auf. Dieses Licht wird gebündelt und wie durch das Prisma eines Kristalls in alle Welt gestrahlt. Dieses Licht ist Liebes-Lebens-Friedenslicht und nährt die Erde, den Kosmos und die Menschen.

Es gab unterschiedliche Stufen der Einweihung, die dem Stand des Einzuweihenden entsprachen. Mit „Stand“ waren sowohl seine spätere Tätigkeit als auch der persönliche Entwicklungsstand gemeint. Gerade im Bereich der Einweihungen durften keine Fehleinschätzungen passieren. Das heißt, der für die Einweihung vorgesehene Mensch musste der Einweihungsstufe entsprechend entwickelt sein.

Der Schüler wurde zuvor mit anderen Schülern in der Kunst unterwiesen, die seine spätere Tätigkeit sein sollte. Nur für spätere Pharaonen war ein weitergehendes und komplexeres, über Jahre gehendes Einweihungsszenarium vorgesehen.

So gab es am Hofe der Pharaonen immer auch eine Schule der Einweihungen, die dem Pharao direkt unterstand.

Da ein Pharao viele Kinder zu zeugen pflegte, wurde unmittelbar nach der Geburt eines Kindes geprüft, ob es gegebenenfalls für hohe und höchste Würden geeignet war. Diese Prüfung wurde durch hellsichtige Menschen vollzogen. So war es sehr früh möglich, die geeigneten Kinder entsprechend ihrer Anlagen und Fähigkeiten zu unterweisen.

Dieser vorbereitende Prozess war auf höchster Ebene angesiedelt und nur hervorragenden Lehrern wurde die Verantwortung übertragen, zu unterrichten. Neben ihrem Fachwissen verfügten sie über komplexestes spirituelles Wissen, da die Spiritualität, der Weg zur Verehrung Res, das Zentrum bildete. Wichtige Begleiter und Lehrer waren die sogenannten Hierophanten.

Nach Beginn der Pubertät durfte die erste Weihe vorgenommen werden. Es war dies immer eine Prüfung in sowohl fachlichem Wissen als auch eine Mutprobe zur Stärkung des Charakters und der Persönlichkeit.

Der Schüler durchlief also einen Kanon von Prüfungen, die seine speziellen Fähigkeiten, aber auch seine spirituelle beziehungsweise soziale Reife prüften. Im Schüler und um ihn herum bildeten sich

Energiestrukturen, die dem hellsichtigen Hierophanten zeigten, wo der Schüler stand.

Hatte er bestanden, durfte er sich für weitergehende Aufgaben und Ziele auf den Weg machen.

Die über Jahre vorbereiteten Einweihungsschüler wurden zu einem bestimmten Zeitpunkt kosmischer Koinzidenz für das Ritual der Einweihung vorbereitet.

Ein sehr klares Ja zur Einweihung und ein Ja zum Eintauchen in das jenseitige Reich, in das Reich von Dämonen und Toten, musste bei vollem Bewusstsein gegeben werden. Mit vollem Bewusstsein ist nicht die geistige Klarheit der jetzigen Zeit gemeint. Sehr wohl musste der Einweihungsschüler aber über die Gefahren der Einweihung und die Gefahren nach der Einweihung Bescheid wissen.

In dieser Phase war der Hierophant ein wichtiger Partner des Einweihungsschülers. Da zwischen beiden bereits eine lange von Liebe und Respekt getragene Beziehung bestand, konnte sich der Schüler dem Lehrer anvertrauen. Dieser machte ihm u.a. die Gefahr deutlich, aus der jenseitigen Welt gegebenenfalls nicht mehr zurückkommen zu können, da sich trotz bester Vorbereitung und Begleitung immer auch unwägbare Störungen einstellen konnten.

## Der Fest-Tag der Einweihung

Sollte nun eine Einweihung stattfinden, so wurde der Bevölkerung der Einweihungstag mitgeteilt.

Bei einer großen Einweihung wurde immer nur ein Einweihungsschüler eingeweiht. Er wusste lange vorher, was ihm bevorstand und hatte vor der öffentlichen Ankündigung seine Zustimmung und seinen ausdrücklichen Willen kundgetan.

Die Feierlichkeiten begannen mit den ersten Strahlen der aufgehenden Sonne.

Ein großer Zug festlich gekleideter Menschen machte sich vom Sphinx aus auf den Weg zur Cheopspyramide. Der gesamte Hofstaat des Pharao oder der Pharaonin war anwesend und bereit, dieses hohe Fest mitzufeiern und den jungen Neophyten geistig-seelisch auf seinem Weg zu begleiten.

Der Pharao oder die Pharaonin führten den heiligen Zug an. Dann folgte der Hierophant und hinter ihm schritt der Einweihungsschüler. Der Pharao oder die Pharaonin trugen als Ausdruck ihrer Pharaonenwürde und als Ausdruck ihrer Gott-Re-Vertreterkraft auf Erden Kobra und Phönix auf der Stirn. Kostbarste Gewänder verhüllten ihre Körper und Gold und Lapislazuli waren ihr bevorzugter Schmuck.

Hinter dem Einweihungsschüler schritten Priester, Priesterinnen und Lehrer der Einweihungsschule. Sie trugen weiße Gewänder.

Begleitet wurde der Zug von unablässigem OM-Singen.

Vor dem Eingang der Cheopspyramide hielt der Zug an. Alles Singen verstummte. Pharao oder Pharaonin samt Hofstaat sowie die Lehrer und einige Priester formierten sich vor der Pyramide. Sitzend oder stehend, ehrfurchtsvoll und in Liebe das weitere Geschehen abwartend.

Als erster stellte sich der Hierophant vor die Tür der Cheopspyramide. Er und alle nachfolgenden Personen, also der Einweihungsschüler und einige höchste Priester, erhielten kostbare Schalen mit Öl und einen brennenden Docht.

Zu ihrem weißen Gewand trugen sie ein strahlendes goldenes Stirnband.

So schritt der kleine Zug von Menschen in die Pyramide hinein.

Wenn er sich in Bewegung setzte, vibrierte ein von allen Anwesenden gesungenes OM durch die Luft und verband Kosmos, Mensch und Erde. Es war ein urgewaltiger Ton, der die Kraft hatte, Tote ins Leben zu holen und Kranke zu heilen. Er war von Liebe und Ehrfurcht getragen und eine stärkste Kraft für den einzuweihenden Schüler und den Hierophanten. Beide fühlten sich durch das OM getragen und erhoben und hatten dadurch eine potenziertere Kraft zur Verfügung. Als dann der schachtartige Gang beschritten wurde, sangen die Teilnehmer der Einweihung weiterhin OM und stärkten sich so für das vor ihnen liegende Ritual.

Ein Ehrfurcht gebietender Zug von Menschen stieg die Stufen hinauf. Zwölf Priester und Priesterinnen, der Einweihungsschüler und der Hierophant.

In der Einweihungskammer angekommen, brandete das OM auf und die beteiligten Menschen gingen dabei die Lemniskate in der Königskammer. Dann verteilten sich die zwölf Priester und Priesterinnen im Kreis um den Sarkophag und der Hierophant fragte den Schüler noch einmal nachdrücklich, ob er die Einweihung wolle. Ein nochmaliges, eindeutiges Ja musste folgen, ansonsten wäre das Ritual abgebrochen worden.

Sodann stieg der Einweihungsschüler in den Steinsarg und legte sich dort hinein. Der Hierophant nahm Kontakt auf zur geistig-seelischen Substanz des Schülers und begleitete ihn in die jenseitige Welt. War die Verbindung störungsfrei hergestellt, „legte" der Hierophant eine Lichtschranke auf den Sarkophag, so dass der Einweihungsschüler geschützt war vor weltlicher Unbill.

Langsam formierte sich der Zug zurück. Vorweg der Hierophant, gefolgt von den Priestern und Priesterinnen. Leise summend verließen sie die Königskammer und schritten durch den hohen Schacht nach draußen.

Voller Ruhe hatte die zurückgebliebene Menschenmenge vor der Einweihungskammer gewartet und fiel nun in den OM-Gesang der Priester ein. Der Hierophant hatte jetzt ständig Kontakt zu dem Einweihungsschüler und begleitete ihn in den Welten des Jenseits.

Während der gesamte Hofstaat und die Priester aufbrachen, blieb der Hierophant am Fuße der Cheopspyramide zurück und verharrte dort drei Tage und drei Nächte.

Nach dieser Zeit kehrte der Hofstaat zurück, wiederum angeführt von Pharao oder Pharaonin und von den Priestern. In Sammlung und Ehrfurcht vor dem Leben und der göttlichen Kraft Res nahmen alle Beteiligten Platz vor der Pyramide.

Erneut formierte sich ein heiliger Zug zum Betreten der Königskammer.

Voran ging der Hierophant, weißgewandet, mit goldenem Stirnband und kostbarer Ölschale in den Händen. Ihm folgten zwölf Priester und Priesterinnen.

Als der Zug aufbrach, summten und sangen alle Menschen, sie dankten Gott Re und dem amtierenden Pharao oder der Pharaonin für dieses große Ritual. Die Priester schritten sodann würdevoll in den langen hohen Schacht, der zur Königskammer führte und versammelten sich um den Sarkophag.

Während der Hierophant seine Position vor dem Sarkophag einnahm, verstummte der OM-Gesang allmählich. Alle Priester stimmten sich energetisch auf die Erlösung aus dem Einweihungsschlaf ein und stärkten so das energetische Band zwischen Hierophant und Einweihungsschüler.

Dann entfernte der Hierophant die Lichtschranke über dem Sarkophag und forderte den Schüler auf, sich aus der geistigen Welt zurückzuziehen und in das gegenständliche Leben zurückzukehren.

Langsam, sehr langsam kehrten die Lebensprozesse in den Einzuweihenden zurück und er tauchte in sein neues Leben ein. Die geglückte Einweihung war ein solch tiefer, den Menschen berührender, ihn immens aufwühlender Prozess, dass danach immer ein neues Leben begann, ja beginnen musste.

Nach der dreitägigen Einweihungsphase verfügte der Schüler über neue Erkenntnisse und Fähigkeiten und war nun qualifiziert, den weiteren Weg zum Pharao, zur Pharaonin zu gehen.

War der jetzt Eingeweihte wieder ganz in seinem irdischen Körper angekommen, so formierte sich der heilige Zug OM singend zum Abstieg durch den Schacht, aus dem Dunkel hinein in das Sonnenlicht der Wüste.

## Das Ende der Hochkultur im alten Ägypten

Es wurden immer mehr Einweihungen in die Pharaonenwürde durchgeführt, als später Pharaonen und Pharaoninnen in ihrer Eigenschaft als spirituelle und politische Würdenträger tätig waren. Dies hatte zur Folge, dass am Sitz von Pharao oder Pharaonin mehrere Menschen leben konnten, die für den weiteren Weg des Pharao geeignet waren. Da eine symbiotische Verbundenheit mit dem Sonnengott Re zu dieser Zeit nicht mehr bestand, waren Machtkämpfe unter den bereits qualifizierten, für eine zukünftige Pharaonenschaft geeigneten Männern und Frauen üblich. Auch Pharaonenschüler wurden in diese Kämpfe und in das Schmieden von Ränken einbezogen. Von den Hierophanten, die eine extrem hohe Schwingung hatten und auf der feinstofflichen Ebene sehen konnten, in welcher Gefühls- und Gedankenwelt sich der Schüler und eingeweihte potentielle zukünftige Pharao befand, konnten wichtige Schlüsse aus diesem Szenario gezogen werden. Sie berieten sich sodann und ließen den amtierenden Pharao oder die amtierende Pharaonin nicht im Ungewissen über die charakterlichen Schwächen und Stärken ihrer Nachfolger.

Im Idealfall wurde der edelste Pharaonenschüler nach dem Tod des Pharaos oder der Pharaonin Nachfolger in der Sonnengott-Re-Vertreterschaft auf Erden. Im Idealfall. Aber auch im alten Ägypten gab es charakterliche Schwächen unter den Pharaonen und Pharaoninnen, den Hierophanten, den bereits eingeweihten und nicht eingeweihten Schülern und Menschen außerhalb dieses Kreises, die spezielle andere Ziele hatten. Und so lebten neben den höchst entwickelten Menschen auch solche, die macht-, geld- und anerkennungsgierig waren und die Pharaonenwürde und ihr Amt für sich und ihre Interessen missbrauchten.

Das war auch einer der Gründe, weshalb die Hochkultur der Ägypter verfiel und von anderen Völkern in transformierter Form mit den unterschiedlichsten evolutionsmäßigen Zielen übernommen wurde.

So geschah es auch, dass noch minderjährige, den vorgeschriebenen

Einweihungsweg nicht durchlaufen habende Mitglieder des Pharaonengeschlechts Pharao wurden. Sie verfügten nicht über die erforderliche Reife und auch nicht über die speziellen Kräfte, die in der Regel einem Pharao eigen sind. Dadurch entstanden energetische Löcher, die dunklen Machenschaften Tür und Tor öffneten.

So kam es, dass der Einweihungskult, der über Jahrhunderte, ja Jahrtausende das Leben in der Cheopspyramide prägte, der größte Lichtkräfte entstehen ließ und freisetzte, seine Bedeutung verlor.

Die zwei weiteren Pyramiden auf dem großen heiligen Areal von Sphinx und Cheopspyramide dienten von Anfang an der Verschleierung dessen, was tatsächlich in der Pyramide geschah. Einweihungsplätze und Einweihungswissen wurden immer geheim gehalten. Nur wenige Menschen durften wissen, wo und wann sich an welchem heiligen Platz was ereignete.

In der Cheopspyramide befand sich viele Jahrhunderte ein höchst energetisierter Stab, die Bundeslade. Mit diesem Stab konnte materialisiert und dematerialisiert werden. Es bedurfte dieses Hilfsinstrumentes, da die Fähigkeit zur Materialisation/Dematerialisation sich von den einzelnen Menschen immer mehr zurückzog. Allerdings konnten nur höchstentwickelte Pharaonen mit diesem Stab arbeiten. Die Bundeslade befand sich in einem geheim gehaltenen Steinverlies in der Königskammer. Dieses Verlies haben Eure Ägyptologen nicht gefunden. Sie werden es auch nicht finden, da der letzte tätige Pharao die Bundeslade dematerialisierte und den Zugang zum Verlies entodete. Er wusste, dass die Zeit der großen Pharaonen und die Zeit der großen Einweihungen in der Cheopspyramide vorbei war und sicherte so die Insignien der Macht.

## Die Einweihung von Jesus in der Cheopspyramide

Nach der Blüte der ägyptischen Hochkultur stellte die Vorbereitungszeit des Jesus zur Wesenheit des Christus eine Belebung dieses Ortes dar. Um seine Aufgabe und seinen Weg wissend, war Jesus während seiner Wanderjahre, noch vor der Taufe im Jordan, bei und in der Cheopspyramide.

In einer geheimen Zeremonie mit eingeweihten Menschen, die sich göttlich geführt dort trafen, fand eine Einweihung der Jesuswesenheit statt. Es war dies die Voraussetzung für die spätere Taufe am Jordan, wo sich die Christuswesenheit in den Jesus inkarnierte. Der Weg des Jesus Christus Gottessohnes über Geburt, Tod und Auferstehung war auch die Voraussetzung für die jetzt stattfindende Geburt des Christus im Ätherischen.

Mit der Einweihung wurde bereits zu jenem Zeitpunkt die Erde belebt und in eine anfängliche Durchlichtung geführt.

Die blank polierten Quader, die die Pyramide im hellen Sonnen-, Mondes- oder Sternenlicht erglitzern ließen, nahmen dieses kosmische Licht auf und führten es zentriert in die Königskammer. Das war der wesentliche Grund für das glatte Äußere der Pyramide. Gleichzeitig konnte sie so über viele Meilen von den Menschen wahrgenommen werden und ein Feuerwerk des Lichtes inszenieren.

Hinter der ganzen Entwicklung vom Sphinx über die großartigen Heiligtümer am Nil bis zum Untergang dieser Hochkultur am Fuße der Cheopspyramide steht der alle Lebensprozesse auf Erden steuernde göttliche Wille, der über die alle Lebewesen durchdringende Lebenskraft Anfang und Ende, Hochzeit und Zusammenbruch steuert.

Ihr, die Menschen der Jetztzeit, steht am Beginn einer neuen, großen Zeitepoche und dürft an dem zur Zeit auf Erden herrschenden Leid, an dem Egoismus, der Habgier und Lieblosigkeit, der Einsamkeit und der spirituellen Dummheit und Kälte lernen, wie es nicht sein soll, wie es aber ist, wenn der Mensch sich in vorgenannten Kräften verliert und nicht sieht, welch einmaliges, zu großer Liebe und schöpferischem Tun geschaffenes, mit göttlichen Kräften ausgerüstetes Wesen er ist.

Wir höchsten geistigen Kräfte offenbaren Euch Menschen ein bisher geheim gehaltenes Wissen, das weltweit das Bewusstsein anhebt und neuen Formen von Leben und Lieben Raum bietet.

Vergesst nie, wirklich nie, dass Ihr der Schöpfer Eures Lebens seid (über diverse Inkarnationen versteht sich) und Ihr es in der Hand habt, wie erfüllt oder unerfüllt Euer Weg auf Erden verläuft.

Geht OM singend in das neue Zeitalter, lasst das Wunderbare, Absurde und Revolutionäre Realität werden und seid dankbar für alles, was die göttliche Welt Euch zukommen lässt.

Segen über die Erde, den Kosmos, Mensch, Tier und Pflanze.

AMEN
So sei es

## Die jetzige Bedeutung von Sphinx und Cheopspyramide

Die enorme kosmische Bedeutung der Cheopspyramide wird nie verloren gehen. Was sich jedoch vermindert hat, ist ihr Schwingungsniveau. Die Lichtkräfte der Pyramide ernährten und ernähren sich vom spirituellen und sozialen Tun der Menschen und ziehen Energien aus den hoch schwingenden Naturplätzen der Erde.

Alle genannten Bereiche sind nicht so energetisiert, wie es für die Lichtkräfte, die die Pyramide abgibt, erforderlich ist. An der Pyramide und am Fuße des Sphinx strahlte immer das höchstfrequentierte Licht auf Erden. Immer, egal, was die Menschen als Mitgestalter dieses Lichtes taten. Das allgemeine Niveau aber hat sich gesenkt und die Strahlkraft ist reduziert.

Die Lichtkräfte auf diesem heiligen Areal sind Liebes-Lebens-Friedenskräfte. Sie haben gerade mit dieser Disposition dazu geführt, dass immer wieder brodelnde, entzündliche, explosive Zusammenleben in Nordafrika und Südeuropa zu stabilisieren.

Diese Kräfte wirken nicht mehr so stark in ihrer Heil und Segen bringenden Energie. Vielmehr seht ihr gerade jetzt in Nahost, wie ein an Egoismus, Kampfesgeist und Gottlosigkeit nicht zu überbietender Fanatismus die Spirale der Gewalt höher treibt.

Das Unvermögen zum Frieden, gerade in dieser Region, hängt mit der Gottesferne, der Lieblosigkeit und dem Egoismus der Menschen weltweit zusammen. Die Friedlosigkeit der Palästinenser und Israelis steht symbolisch für die Friedlosigkeit in vielen Lebensbereichen der Menschen auf der Erde und kann sich nicht zu mehr Frieden hinentwickeln, weil die gesamte Menschheit diese Qualität zu wenig lebt.

So ist es unser Begehren, zu Beginn des Wassermannzeitalters, durch die Offenlegung ältester Geheimnisse, dieses große, weisheitsvolle Entwicklungsszenarium am Fuße des Sphinx zu entschlüsseln und Euch Menschen zu der Einsicht zu verhelfen, in Liebe, Spiritualität und Frieden Euer Leben zu gestalten. Liebt, teilt und unterstützt, seid dankbar und freudvoll. So, genau so, unterstützt Ihr Eure eigene Entwicklung, Ihr nährt zugleich den heiligsten Friedensplatz der Erde mit Eurer Haltung und Eurem Tun und Ihr leistet damit einen wesentlichen Beitrag zum Frieden auf der Erde.

# 2. Teil

## Das morphogenetische Feld des Lebens

*Im Urbeginne war das Wort, und das Wort war bei Gott,*
*und ein göttliches Wesen war das Wort.*
*Dieses war im Urbeginne bei Gott.*
*Durch es sind alle Dinge geworden,*
*und nichts von allem Entstandenen ist anders als durch das*
*Wort geworden.*
*In ihm war das Leben,*
*und das Leben war das Licht der Menschen.*
*Und das Licht scheint in der Finsternis;*
*Aber die Finsternis hat es nicht aufgenommen.*

*Johannes 1*

## Zum allgemeinen Verständnis

Die geistige Welt übermittelt in diesem 2.Teil des Buches substanzielle Inhalte, die möglicherweise nicht sofort beim ersten Lesen zu erfassen sind. Inhaltliche Wiederholungen sind deshalb beabsichtigt. Dadurch werden uns die komplexen Zusammenhänge eindringlicher vor Augen geführt und können sich vertiefen. In den jeweiligen Kapiteln werden auch immer wieder Verbindungen zu bereits bekannten Phänomenen hergestellt und neue Aspekte hinzugefügt. Auch folgt die Reihenfolge der Kapitel oft der Chronologie der Durchsagen und nicht unseren vertrauten, dramaturgischen und didaktischen Gewohnheiten. Manche Kapitel sind auch aufgrund aktueller Ereignisse entstanden.

Das Buch ist als eine Art Werkbuch gedacht, dessen Inhalt sich bei jedem erneuten Lesen verfestigt und klärt.

Gewünscht ist auch, dass einzelne Kapitel für sich stehen, d.h. unabhängig vom Kontext verstanden werden können. Falls Begriffe im Text unklar sind, hilft ein ausführliches Glossar am Ende des Buches weiter.

Dieses Wissen ist jetzt, in diesem Zeitraum, für uns Menschen zugänglich gemacht worden. Es können immer wieder Inhalte hinzukommen, die dieses Wissen erweitern oder auch in einen andern Kontext stellen. Das Buch erhebt deshalb keinen Anspruch auf eine absolute, unabänderbare Wahrheit, denn die Bedingungen und Tatsachen auf der Erde und im Kosmos können sich verändern.

Es ist gut möglich, dass einige Texte beim ersten Lesen Widerstände auslösen und in ihrer Konsequenz erschütternd wirken, denn die Inhalte sind teilweise völlig neu für uns Menschen des 3. Jahrtausends. Auch da stabilisieren die Wiederholungen den Prozess der Übermittlung, des Verstehens, Verarbeitens und Umsetzens.

Die Dringlichkeit und der sprachliche Gestus, mit denen die geistige Welt zuweilen Tatsachen vor Augen führt und auf die Bedeutung von Veränderung hinweist, mag mancher Leserin und manchem

Leser ungewohnt erscheinen. Während des Empfangs der Texte war aber immer deutlich zu spüren, mit wieviel Empathie und Liebe hier Erkenntnis und Hilfe angeboten, aber immer der freien Entscheidung des Menschen überlassen werden.

# Geheimwissen im Wassermannzeitalter

Ihr Menschen lebt jetzt in einer sehr bedeutungsvollen Zeit, dem Beginn des Wassermannzeitalters.

Das Wassermannzeitalter bedeutet die Verkörperung von Geist auf der Erde. Natürlich standen immer geistige Kräfte hinter den materiellen Erscheinungsformen. Dies war aber nur wenigen, auserwählten Menschen wirklich bekannt. Sie arbeiteten in Geheimgesellschaften und waren Alchemisten, Astrologen, Heiler und teilweise sehr revolutionäre Priester und Künstler. Der normalen Bevölkerung waren diese Zusammenhänge verschlossen und es war evolutionsmäßig noch nicht vorgesehen, altes und neues geheimes Wissen preiszugeben. Dieses Wissen wurde überwiegend mündlich, unter dem Siegel der Verschwiegenheit, weitergegeben. Nicht selten hätte es den Tod bedeutet, wenn der einzelne Mensch seine Kenntnisse offen gelegt hätte. In dieser Form von Geheimhaltung entwickelte sich eine starke Kraft. Die dem Geheimwissen innewohnenden Energien konnten sich so weiter ausdehnen und entwickeln.

Auch das Geheimwissen unterliegt den Gesetzen des Lebens und Sterbens und muss, um in seiner Kraft zu bleiben, transformiert, also erneuert und erweitert werden. Den Schlüssel zu diesen Kräften besaßen auserwählte, eingeweihte Menschen, die in zum Teil sehr unterschiedlicher Art damit umgingen und arbeiteten, um das Lebendige immer wieder zu aktivieren und neues Wissen und neue Erkenntnisse in die Welt zu bringen.

So war es über viele Jahrhunderte, Jahrtausende. Das geheime Wissen blieb in der Obhut weniger Menschen, die es sehr gezielt und kontrolliert durch hohe geistige Kräfte in nur geringem Umfang anderen Menschen zukommen ließen. Bereits zu Beginn des 20. Jahrhunderts traten in diesem Bereich große Veränderungen auf und bis zu diesem Zeitpunkt geheim gehaltenes Wissen wurde interessierten Menschen vermittelt. Die Rosenkreuzer, der Orden des Golden Dawn und Rudolf Steiner sind ein Beweis dafür.

Es war der Beginn einer Offenlegung okkulten Wissens und ging einher mit einem starken Entwicklungsschub im naturwissenschaftlichen Bereich, jedoch verbanden sich diese beiden Strömungen nicht. Vielmehr ist es ein Ausdruck dieser Zeit, dass sich die naturwissenschaftlich orientierten Menschen und die spirituell, am Okkulten interessierten Menschen bekämpften, ignorierten, und nicht verstanden. Nur wenige Menschen waren bereit und in der Lage, beidem einen ihm gebührenden Platz einzuräumen.

Die hohen, kraftvollen Energien des Wassermannzeitalters bringen jetzt eine Veränderung in diesem Bereich. Um dies zu bewirken, ist eine weitere Offenlegung alten Geheimwissens erforderlich. Erforderlich ist auch, dass es Menschen gibt, die bereit sind, dieses Wissen mit den neuen wissenschaftlichen Erkenntnissen zu verbinden und so auf Erden einen Strom von sich ergänzenden Energien erschaffen. Dieses neue Leben soll sich in neuen Lebensbedingungen, neuen Lebenseinstellungen und neuen Lebensimpulsen ausdrücken, die so die seit ewigen Zeiten vorgesehenen Prozesse auf der Erde herbeiführen.

## Grundlegende Zusammenhänge des morphogenetischen Feldes

*Es folgt als Grundlage für alle weiteren Texte eine umfassende Darlegung der Lichtprozesse im morphogenetischen Feld mit ihren komplexen Parametern und Auswirkungen. Dieses Kapitel dient dem Grundverständnis der Zusammenhänge und erschließt sich in seiner Tragweite womöglich erst nach der Lektüre weiterer Texte.*

Als morphogenetisches Feld oder amorphes Umfeld bezeichnen wir die sich immer in Bewegung befindliche Lebensenergie. Diese Lebensenergie mit ihren Verbindungskräften bezieht alle Lebewesen und auch tote Materie mit ein in ein großes Szenarium sich ständig regenerierender Energien. Die morphogenetischen Felder benennen etwas, was flüchtig, strukturlos und feinstofflich ist. Den Naturwissenschaftlern ist diese Kraft bekannt, einige fortschrittliche Männer und Frauen forschen in diesem Bereich. Es ist dies aber auch der Grenzbereich zwischen Materie und feinstofflicher Welt, so dass naturwissenschaftliche Parameter schnell ihre Bedeutung verlieren und ein Naturwissenschaftler, ohne Anbindung an eine spirituelle Welt, alles über die Materie Hinausgehende verneint.

Zunehmend öffnen sich aber immer mehr Menschen einer Welt, die sie nicht anfassen, messen oder wiegen können und lehnen zumindest andere Ansätze der Lebenserfassung nicht mehr kategorisch ab.

Aber auch dem aufgeschlossenen Forscher treten bei dem Unterfangen, die morphogenetischen Felder zu erforschen, schnell größte Schwierigkeiten entgegen, wenn er nicht medial, hellsichtig, hellfühlend oder hellwissend ist.

Die morphogenetischen Felder sind Teil des göttlichen, irdischen und menschlichen Lichtes. Das Licht transportiert die feinstoffliche Lebensenergie überall dorthin, wo sie erforderlich ist. Sie ist Träger von Leben und Tod, Freude und Leid, Glück und Pech. Sie ist universell und überall. Sie trägt in sich die Matrix des Lebens und die Visionen der Zukunft sowie die geistigen Gesetze des Universums.

Die Lebensenergie als Lichtenergie ist feinstofflich, flüchtig, immateriell und spirituell. Sie ist das Verbindungsglied allen Lebens. Es gibt nichts auf der Erde und im Kosmos, das nicht von dieser Energie impulsiert wird. Auf der Erde ist das Licht, die Lebensenergie oder das morphogenetische Feld so komponiert, wie es für Mensch, Tier, Pflanze, Stein, Wasser und Erde genau richtig ist. In anderen Bereichen des Universums verändert sich die Lebensenergie, das morphogenetische Feld, und passt sich den jeweiligen Bedingungen der Planeten, Sonnensysteme, usw. an. Die Lichtsubstanz ist so anpassungsfähig, dass sie sich immer an dem zu ernährenden Feld orientiert.

Alle auf der Erde, im Menschen und im Kosmos wirkenden Energiesysteme sind auf Lichtenergie gegründet. Licht ist die Ursubstanz alles Seins und der Grundstoff allen Lebens. Auch Materie basiert auf Licht, allerdings vergrobstofflicht. Ihr Menschen müsst Euch die Lichtenergie so wie einen Eisberg vorstellen, der einen sehr großen, unsichtbaren, unfassbaren Teil hat. Unter, aber auch über und neben dem Eisberg gibt es Energien, die ihn erschaffen und durchdringen und somit stoffbildend wirken. Wie überall ist auch hier das Feinstoffliche das Wesentliche. Es kann Materie erschaffen. Die Lichtkräfte wirken in unterschiedlicher Frequenz. Ihr kennt die verschiedenen Frequenzen durch das Senden und Empfangen von Informationen bei Radios und Funkstationen. Genauso ist es bei der Erschaffung von Materie und bei der Belebung von Materie. All Eure von Menschenhand erschaffenen Werke verkörpern die wichtigsten materiellen Schwingungen, wobei es auch da noch große Unterschiede gibt. Wenn man z.B. ein Bild von Michelangelo betrachtet oder ein Atomkraftwerk, dann verkörpert beides, abstrakt betrachtet, geniales Denken und Tun und doch ist die Quelle und Gesinnung des Handelnden sehr unterschiedlich ausgerichtet.

Licht ist der Baustein Gottes, um alles Leben zu kreieren. Die Lichtparameter sind unterschiedlich vielfältig und unendlich kreativ in ihrer Ausdruckskraft.

Jetzt, zu Beginn des Wassermannzeitalters, darf dieses Geheimwissen um die morphogenetischen Felder preisgegeben werden, weil die Zeit reif ist und im naturwissenschaftlichen Bereich so viel geforscht wird. Die Forschungen dienen aber in erster Linie naturwissenschaftlichen Gesichtspunkten und sind häufig sehr stark mit an Ruhm, Ehrgeiz und Geldgier orientierten Egokräften der Wissenschaftler verbunden. Die Wissenschaftler forschen unermüdlich und ohne Einbeziehung göttlicher Kräfte, die sich im Schicksal, der Zeitqualität und in einer ehrfurchtsvollen Grundhaltung ausdrücken. Sie forschen, um ihre Egokräfte zu befriedigen und der Erste zu sein. Sie dringen dabei tief in die Bausteine des Lebens ein, sind aber nicht in der Lage, die Ursubstanz in ihrer Komplexität und Göttlichkeit zu erfassen.

Das morphogenetische Feld fasst die gesamten Lebensprozesse und ihre Mechanismen zusammen. Das morphogenetische Feld ist Gott in seiner aus der Einheit gefallenen Vielheit. Es ist Tod und Leben und durchdringt alles Leben und Sterben auf der Erde und im Kosmos.

Einzelne Bereiche des morphogenetischen Feldes sind Euch bekannt, andere noch gänzlich unbekannt und unerforscht. Alles zusammen ist ein komplexer, unvorstellbar vielfältiger Energiekomplex. Wenn ihr Menschen die Zusammenhänge erfahrt, seht ihr wie genial, einmalig und unvorstellbar die göttliche Welt wirkt und im kosmischen Plan vorgesehene Entwicklungen herbeiführt, impulsiert und so Weiterentwicklung erst möglich macht.

Unterschiedliche feinstoffliche, flüchtige Elemente des Lichtes existieren und arbeiten für das Leben. Es sind dies Sonnenimplantate, Lichtstäbe, Lichtsäulen und Lichtscheiben.

Diese vier Elemente, die nur dem höchst hellsichtigen Auge erkennbar sind, sind die Kraftzentren der feinstofflichen Lebensenergie im Licht.

## Sonnenimplantate – Träger der feinstofflichen Lebensenergien

Sonnenimplantate sind die feinstofflichen Energien, die bei den eruptiven Entladungen auf der Sonne neben Licht und Wärme an den Kosmos abgegeben werden. Die Sonnenimplantate sind Träger der feinstofflichen Lebensenergie und Träger der Christuskraft. Die Sonnenimplantate wirken in unserem gesamten Sonnensystem und auch in weiteren Sonnensystemen. Auch da durchdringt die feinstoffliche, ätherische Kraft des Christus alles Leben, auch wenn es ganz anders gestaltet ist als auf der Erde. Es ist die Kraft des Gottessohnes, die so alles Tun impulsiert und auch an den entlegensten „Plätzen" des Universums wirkt. Größte Liebespotentiale befinden sich in den goldgelben, kreisrunden, flüchtigen Implantaten. Damit der hellsichtige Betrachter sie sehen kann, muss eine gewisse Lichtfrequenz erstrahlen. Das heißt, das Sonnenlicht, bzw. die Sonneneinstrahlung muss eine gewisse Kraft erreichen. Ist dies nicht gegeben, flirren in den Bereichen auch feinstoffliche Sonnenimplantate, die nicht so energetisch sind wie die sichtbaren Sonnenimplantate.

Bei zu lange anhaltender minimierter Lichtkraft fehlen dem Menschen die Sonnenkräfte. Das heißt, ihm fehlen Liebes- und vitale Lebenskräfte. Es geht ihm schlecht und bei weiterem Verlauf nimmt der Lebenswille ab und die Bereitschaft dem Leben ein Ende zu setzen nimmt zu.

## Lebenslichtfaden und Lebenslichtpunkt

Über die Kraft der Sonnenimplantate wird das Bewusstsein auf der Erde erhöht und dem Menschen werden neue Visionen, Ideale und Bilder vermittelt. Gleichzeitig sind die Sonnenimplantate Teil des Lebenslichtfadens im einzelnen Menschen.

Dieser Lebenslichtfaden inkarniert sich als Lebenslichtpunkt zu Beginn des Lebens in die Geistseele und somit in jede Zelle des Menschen. Wie eine Art Silberschnur „läuft" der Lebenslichtfaden dann im Laufe des Lebens ab und verbindet den Menschen mit seinem vor der Geburt beschlossenen Lebensprogramm. Inkarnationen alte Beschlüsse treten so meist ohne Bewusstsein im Innen und im Außen des Menschen in Erscheinung, ziehen entsprechende Umstände an und lassen auf diese Weise immer wieder neues Leben entstehen. Das vom Menschen abgestrahlte Licht sucht sich im Außen Resonanzen in dem ihm entsprechenden Lichtbereich, um so Neues und Altes bearbeiten zu können.

Die Sonnenimplantate docken sich an alles Lebende an und durchdringen es. Sie ziehen sich automatisch von toter Materie zurück. Bei Eintritt des Todes zieht sich der silberne Lichtfaden aus dem Körper heraus und mit ihm die Verbindung zu den Sonnenimplantaten. Der Lichtfaden bildet dann im Kosmos einen Lichtpunkt, der die wesentliche geistige Substanz des Menschen in sich trägt.

Über das Lebenstableau am Ende des Lebens und über Prozesse in der geistigen Welt wird dieser Punkt geläutert, gereinigt und später wieder energetisch aufgeladen, wenn eine neue Inkarnation, d.h. ein neues Leben auf der Erde, ansteht.

## Lebenstableau – Licht und Leben nach dem Tode

Das bedeutet im Einzelnen: Der Körper wird nach dem Tod in seinen Status als „nur Materie" zurückgeworfen und alle ihn belebenden Kräfte verflüchtigen sich. In einem größten Liebeslichtakt strahlt der Körper über seinen Lichtfaden und die aufgebauten Lichtstrahlen alles ihm innewohnende Licht ab. Dies geschieht synchron mit dem letzten Atemzug. Zeitgleich löst sich der implantierte Lichtpunkt mit abgespultem Lichtfaden aus dem Körper. Der Lichtfaden ist als Silberschnur hellsichtig erkennbar und löst sich sodann auf. Der Lichtpunkt ist darin implantiert und ist die ewige Lichtsubstanz des Menschen, die als ewige Kraft in die Ewigkeit geht und aus der Ewigkeit kommt. Der Lichtpunkt ist Gott in seiner aus der Einheit gefallenen Vielheit.

Im Moment des Todes läuft ein Lebenstableau ab, das sich der Kontrolle des Menschen entzieht, aber der Aufsicht des Karmischen Rates untersteht. Der Karmische Rat ist energetisch mit der Weißen Bruderschaft und Christus verbunden. Das heißt, der Lichtpunkt beinhaltet einerseits alles vom Menschen gelebte Leben und andererseits eine höchste Kontrollinstanz, die aufgrund der beim Lebenstableau entstehenden Lichtfrequenz weiß, was der Mensch in allen Lebensbereichen leistete und mit welcher Gesinnung er es tat. Energetische Impulse lassen die Geistseele des Verstorbenen spüren, wo er sich verfehlte und was gelang. Die geistig-seelische Lichtsubstanz des Menschen „weiß" in diesem Moment alles und lässt dadurch für das Leben auf der Erde Typisches los. Es ist dies ein erster großer Läuterungs- und energetischer Reinigungsprozess nach dem Tod. Das im versterbenden Menschen befindliche Licht wird also abgestrahlt, der Lichtfaden in Form der Silberschnur löst sich auf und der Lichtpunkt steigt auf in den Kosmos, in das morphogenetische Feld und verbleibt dort bis eine neue Inkarnation ansteht.

## Lichtbänder

Der Lebenslichtpunkt bleibt allerdings über Lichtbänder weiter verbunden mit den Lebenslichtpunkten der Menschen, die für den Verstorbenen wichtig waren. Viele Lichtbänder eines Menschen, die von Anfang an bestanden, werden im Laufe des Lebens impulsiert und, wenn es so vorgesehen ist und gelingt, abschließend bearbeitet. Diese Verbindungen und Beziehungen sind sozusagen Folgen von alten Beschlüssen. Wenn das Leben gut verläuft und ein liebevoller und klarer Umgang gegeben ist, werden die Lichtbänder „durchstrahlt". Das bedeutet, diese Verbindungen werden energetisiert und können liebevoll aufgelöst werden, wenn Altes erledigt ist und nichts Neues, auch Belastendes entsteht. Es ist aber auch denkbar, dass der Mensch seine Beziehungen nicht liebevoll leben und erlösen kann. So hat er auf Erden verstrickte, ihn belastende Beziehungen und nimmt diese belastende Substanz mit in die geistige Welt. Das heißt, der in der geistigen Welt befindliche Lichtpunkt hat eine niedrige Strahlkraft und auch nach dem Tod spröde, glanzlose, unelastische Lichtbänder zu den Lichtpunkten anderer Menschen.

Dieses Verstrickungspotential im Lichtpunkt des Verstorbenen wird seinen höchsten gottgleichen Kräften bei Ablauf des Lebenstableaus bewusst, wirklich bewusst, und ein tiefes Bedauern, das während des Erdenlebens nicht gespürt werden konnte, legt sich wie ein Schleier auf die feinstoffliche geistig-seelische Lichtpunktenergie.

Wenn von der Erde beteiligte Menschen Liebeslichtarbeit zum verstorbenen Menschen hin leisten, erstrahlt die Lichtsubstanz in der geistigen Welt und macht die Entlastung des Lichtpunktes möglich.

Findet diese Liebeslichtarbeit von auf der Erde lebenden Menschen nicht statt, bleibt das Verstrickungsmaterial im Lichtpunkt des Verstorbenen bestehen und führt trotz gravierender Läuterungsprozesse in der geistigen Welt dazu, dass in einer späteren Inkarnation diese Potentiale aktiviert und gelebt werden müssen. Bei besonders stark verstrickten Beziehungen werden die auf der Erde zu lebenden Verhältnisse so konzipiert, dass ein Ausweichen vor sich selbst und dem Anderen nicht möglich ist und der Mensch mit allen ihm zur Verfügung stehenden Kräften dieses Potential auflösen sollte. Gelingt dies nicht, nimmt er es nach seinem Tod erneut als großen Ballast mit in die geistige Welt. Ihr Menschen könnt daran erkennen, wie wichtig es ist, während Eures Weges auf der Erde die Euch belastenden zwischenmenschlichen Beziehungen anzunehmen, bewusst zu durchleuchten und liebend aufzulösen.

Genauso verhält es sich mit Euren ganz persönlichen Schwächen und Blockaden. In dem Augenblick, wo ihr sie erkennt und annehmt, arbeitet Ihr an der Transformation und Auflösung dieser Wesenszüge. Früher waren diese Möglichkeiten der Auflösung von Verstrickungspotentialen in der Form nicht gegeben, da erst jetzt die bewusstseinsbildenden Kräfte verstärkt auf die Erde strömen. Durch dieses Tun wird Karma aufgelöst und der Mensch leistet so seinen Beitrag zur Durchlichtung der Erde, des Kosmos und der Menschheit. Diese Durchlichtungsarbeit, ja es ist Arbeit, bewirkt ein stärkstes Strömen und Ausbalancieren von Energien im Kosmos. Es entsteht so Licht, wo vorher Dunkelheit war und auch weitestentfernte kosmische, feinstoffliche Potentiale von Angst, Minder, Mangel, Schuld, Hass etc. werden durchlichtet.

Es ist wie bei spielenden Kindern, die eine Reihe Dominosteine aufbauen, den ersten Stein anstoßen und damit eine Kettenreaktion auslösen.

## Lichtstäbe - feinstoffliche planetarische Energien

Neben diesen Sonnenimplantaten gibt es im morphogenetischen Feld auch noch silbrig glänzende Lichtstäbe. Energetisch sind sie mit den Monden- und Sternenkräften verbunden und werden von diesen gebildet und aufgeladen. Während die Sonnenimplantate dem männlichen Energiefeld zuzuordnen sind, verkörpern die Lichtstäbe das weibliche Element.

In den Lichtstäben drücken sich in erster Linie Mond, Venus, Jupiter, Neptun und Merkur als verbindendes Element aus. Sie bestehen aus einer feinstofflichen Lichtenergie, die genauso wie die Sonnenimplantate von extrem wenigen hellsichtigen Menschen gesehen werden können. Während die Sonnenimplantate impulsgebend, anpackend, klärend und bewusstseinsentwickelnd wirken, wenn sie mit dem Menschen in Kontakt kommen, wirken die Lichtstäbe transformierend und ausbalancierend. Die das gesamte Leben tragenden und durchdringenden Kräfte des Männlichen bzw. Weiblichen wirken auch hier und können dort besonders gut ihre positivsten Wirkungen entfalten, wo der Mensch zufrieden und in seiner Mitte ist und wo die Natur in ihrem natürlichen Status lebt, transformiert, regeneriert und ausbalanciert. Sonnenimplantate und Lichtstäbe sind daher besonders stark in gesunden Gebirgszonen, am Meer, im Wald, an Flüssen und Seen sowie in der biologisch-dynamischen Landwirtschaft, in der Nähe heiliger Plätze und Wege und bei Menschen angesiedelt, die sich in diesen Regionen liebend und gottgefällig aufhalten. Solche Menschen können wie von goldenem oder silbrig glitzerndem Licht umgeben sein. Jeder Mensch, jedes noch so wilde Tier, das diesen Menschen begegnet, spürt intuitiv das Goldene, Silberne, Strahlende dieser Menschen und hält inne, ist berührt und will mehr davon. Erinnert Euch an Franz von Assisi. An ihm war es besonders gut erkennbar.

In der Nähe von Atomkraftwerken fehlen diese Kräfte, da der Prozess der künstlichen Atomspaltung menschenverachtend und lebensfeindlich ist. Auf Flughäfen, in Bahnhöfen, an Transformatorenhäusern, bei Stauseen und in vielen Fabriken sind diese Kräfte trotz Sonnen-, Monden- und Sternenscheins sehr rar.

Hasserfüllte, aggressive, kämpfende, tötende Menschen sind abgeschnitten von diesen Kräften und wirken deshalb, auch wenn der Betrachter den auslösenden Umstand nicht kennt, düster, abstoßend, gar Ekel erregend.

Plätze, die traditionsgemäß von betenden, liebenden, teilenden Menschen aufgesucht werden wie Kirchen, Klöster, Tempel, Pagoden, heilige Wege und dergleichen, ziehen diese kosmischen, höchst energetischen Lichtpotentiale an und haben dadurch eine so gute Ausstrahlung. Hier finden enorm wichtige und wirksame Bündelungen kosmischen und irdischen Lichtes statt, die die Plätze, die Menschen und die Erde sowie den Kosmos energetisieren. Leylines, die energetischen Lichtbahnen in der Erde, werden auf diese Weise genährt und führen das Licht über die gesamte Erde.

Das bedeutet: Alle, wirklich alle Lichtquellen auf der Erde sind verbunden und somit auch von einem Frequenzverlust an strahlendem Liebes-, Friedens-, Bewusstseinslicht betroffen.

## Lichtsäulen – Transformation von Energien

Lichtsäulen sind ein weiteres Instrumentarium der göttlichen Welt, welches in den morphogenetischen Feldern wirkt. Lichtsäulen sind Lichtverwirbelungen feinstofflichster Qualität, die, wie die Sonnenimplantate und die Lichtstäbe, nur von einigen wenigen Menschen gesehen werden können. Sonnenimplantate und Lichtstäbe gibt es seit Beginn der Schöpfung, Lichtsäulen wurden erschaffen mit Beginn der Erdabkühlung und während des Weges von Jesus Christus auf Erden. Mit seiner Geburt als größtem kosmischem Ereignis wurde durch die liebende Hinwendung einiger weniger Menschen zum Christuskind und die Huld der göttlichen Welt die erste Lichtsäule kosmosweit erschaffen. Dies ist ein Wissen, das als Geheimwissen preisgegeben wird und das jetzt die Menschheit erfahren darf. Es ist weder in alten heiligen Texten genannt noch später von sensitiven Menschen wahrgenommen worden. Es war höchste Gottesschöpferkraft und nur Christus selbst bekannt. Auch seine Eltern wussten nichts davon.

Bei der Taufe im Jordan durch Johannes den Täufer inkarnierte sich die Gottessohn- und Christuskraft in Jesus und erst von diesem Zeitpunkt an war Jesus-Christus-Gottessohn in der Lage, selbst Lichtsäulen zu errichten. Die ihn begleitenden Jünger, und als einzige Frau Maria Magdalena, wurden in dieses heilige Wissen und Tun eingeweiht und errichteten, als in alle Welt gesandte erste Christen, Lichtsäulen. Die wesentlichen Aufgaben der Jünger waren die Verkündigung des Evangeliums (ohne dass es schon geschrieben war), das Vorleben einer höchsten Liebes-Friedens-Lichtkraft und das Errichten von Lichtsäulen. Diese Aufgaben waren und sind höchst anspruchsvoll und brachten die Menschen häufig genug in Todesnähe. Lichtsäulen sind das einzige Instrumentarium der göttlichen Welt, mit dem der Mensch beziehungsweise nur sehr wenige Menschen bewusst energiewirksam arbeiten dürfen.

Daher gibt es weltweit nur vereinzelt Menschen, die Lichtsäulenarbeit verrichten dürfen. Sie heißen Lichtratsmitglieder und unterstützen die Arbeit der Weißen Bruderschaft auf der Erde und sind in der

Lage, eine Verbindung zu allerhöchsten geistigen Kräften herzustellen.

Lichtsäulen sind der von der Erde aufsteigende Impuls zur göttlichen Welt hin, Liebes-Friedenslicht auf die Erde strömen zu lassen und so Heil und Segen dorthin zu bringen wo Not, Leid, Schmerz, Angst und Qual sind.

Im Laufe der Zeit seit der Geburt des Jesus-Christus-Gottessohnes hat die Zahl der Lichtsäulen also zugenommen. Die Lichtsäulen haben immer Liebes-Friedens-Licht auf die Erde gebracht und dabei abgestandene Energien transformiert. Über das Licht der Lichtsäulen wurden neue Zeitalter ins Leben gerufen, spektakuläre Entdeckungen und Entwicklungen möglich gemacht und individuelle Entwicklungen gesteuert.

In der jetzigen Zeit wird über die Lichtsäulen verstärkt bewusstseinserweckendes Licht auf die Erde gebracht und niedrig schwingende Energie in höher schwingendes Licht transformiert.

Es gibt  Lichtsäulen, die seit Beginn der Erdabkühlung bestehen und Lichtsäulen, die erstmalig mit der Geburt des Jesus-Christus-Gottessohnes entstanden. Erstere werden der Erde zugeordnet, die zweiten dem Kosmos. Beide sind Teil der göttlichen Welt, der Schöpferkraft und haben ähnliche und unterschiedliche Aufgaben.

Die Lichtsäulen, Lichtverwirbelungen, die dem Erdlogos zugeordnet werden, sind uralt und ein Instrumentarium der Gotteswelt, um regelnd, regenerierend und ausbalancierend den Erkaltungsprozess der Erde zu überwachen und durchzuführen. Die Lichtverwirbelungen des Erdlogos, so wollen wir sie richtigerweise nennen, sind mit den Leylines, Energiebahnen, die die Erde durchziehen, verbunden. Diese bildeten sich ebenfalls lange vor der Geburt des Jesus-Christus-Gottessohnes. Die Lichtverwirbelungen sind mit dem Kumarakristall im Zentrum der Erde verbunden.

## Energiescheiben – feinstoffliche Impulsierung von Lebensprozessen

Teil der Lichtverwirbelungen und Lichtsäulen sind auch die sogenannten Energiescheiben. Diese Energiescheiben sind nicht golden wie die Sonnenimplantate oder silbrig glänzend wie die Lichtstäbe, sie sind grün, blaugrün oder blau in ihrer Farbgebung. Wie die Sonnenimplantate und Lichtstäbe sind auch sie flüchtig feinstofflich und nur dem sehr hellsichtigen Auge erkennbar.

Diese Energiescheiben existieren in den Lichtverwirbelungen der Erde seit Anbeginn des Erkaltungsprozesses und in den Lichtsäulen des Kosmos seit Geburt des Jesus-Christus-Gottessohnes.

In ihnen wirkt eine allerhöchste Lebenskraft, die sich kosmisch mit Mars, Saturn, Pluto und Uranus verbindet und die Lebensprozesse feinstofflich für die grobstofflichen Abläufe impulsiert. In Eurer Forschung bezüglich der Fotosynthese bei Bäumen und Pflanzen seid Ihr in Resonanz mit dieser Kraft und könnt sie nachweisen.

Die grünen, blauen und blaugrünen Scheiben sind Träger höchster Lebenskräfte. Sie verschwinden oder müssen sich reduzieren, wenn die Verseuchung, die Verschmutzung eines Lebensbereiches zunimmt. Ziehen sich die Energiescheiben mit ihren innewohnenden Fähigkeiten zurück, so zieht sich das Leben aus diesem Bereich zurück und lässt Tod, Krankheit und Not einziehen. Die Atomenergie zerstört diese feinstofflichen Lichtgebilde. Aber auch Chemikalien, Gifte, Raubbau in der Natur, Stauwerke, Kraftwerke, Flughäfen, Bahnhöfe etc. bewirken ein Reduzieren oder gänzliches Verschwinden der Energiescheiben. Dadurch ziehen sich allerkostbarste Lebenskräfte zurück, die Mensch, Tier und Pflanze für ein gesundes, erfülltes Leben brauchen.

Eure Zivilisation betrieb und betreibt allergrößten Raubbau, was die Zerstörung und Reduzierung der Energiescheiben zur Folge hat. Nur durch die unermüdlichen Kräfte spiritueller, liebender Menschen, durch große Katastrophen, die die Herzen der Menschen erweichen und durch die Bereitschaft einiger weniger Lichtratsmitglieder, immer wieder Lichtsäulen zu errichten, konnte dieses System ausbalanciert und stabilisiert werden. Wäre nicht auf diese Weise unterstützt worden, hätten Krankheit, Leid und Not weltweit zugenommen. Zudem wäre das Liebes-Friedens-Licht so sehr geschwächt worden, dass immer neue Kriegsherde entstanden wären.

## Lichtfrequenzen und Bewusstseinsentwicklung

Wie dem vorangegangenen Text zu entnehmen ist, wird der Mensch von Licht durchstrahlt, er strahlt Licht ab und verwandelt somit kosmisches und irdisches Licht. Alles, wirklich alles, ist Licht und der Mensch hat in seiner herausgehobenen Funktion als Mittler zwischen Himmel und Erde die Möglichkeit, dieses Licht zu verwandeln, sich zu verwandeln und dadurch gottgleich zu wirken.

Alle Gedanken, Gefühle und Wünsche haben eine bestimmte Lichtfrequenz, jedes soziale Tun und Unterlassen. Das Licht ist höchst differenziert frequentiert, so dass die gesamte Palette menschlichen Seins in den jeweiligen Lichtfrequenzen ihre Resonanz findet. Dieses vom Menschen kreierte Licht verbindet sich mit dem Licht des sich abspulenden Lichtfadens, es wird abgeglichen zwischen Anspruch und Wirklichkeit, Vorsatz und Tat, Liebe und Angst und die so entstehende Lichtfrequenz strahlt aus dem Körper nach draußen. Geist und Seele sind die immateriellen „Organe" des Menschen, die bei dieser Lichtfrequenzabgleichung eine größte Rolle spielen. Dieses Licht, diese unablässig entstehende, modulierte Lichtqualität, befindet sich in jeder Zelle des Menschen und setzt dort die jeweiligen Bewusstseins- und Regenerierungsprozesse in Gang. Das heißt, jede menschliche Zelle hat neben dem materiellen Zellkern mit Mitochondrien, RNS etc. auch einen feinstofflichen Anteil, der als Licht gespeichert ist. Dieser Bereich ist den Naturwissenschaftlern teilweise bekannt. Auch in der spirituellen Szene besitzt man Kenntnis davon. Spirituell orientierten Menschen ist klar, dass diese Prozesse ablaufen, man weiß allerdings nicht wie.

In jeder Zelle, in der DNA, ist ein Lichtkern implantiert, der das bereits abgeglichene Lichtniveau in sich trägt, das sich der Mensch in diesem Leben kreiert hat und das er aus ewigen Urzeiten über seinen Lebenslichtpunkt und den ablaufenden Lebenslichtfaden mitbringt. Hieraus ist erkennbar, wie wichtig es ist, dass der Mensch ein spiritualisiertes Leben führt und immer mehr Bewusstsein über sein Tun und Unterlassen entwickelt. Das war nicht immer so. In früheren Zeiten ging es nicht um Bewusstseinsentwicklung, sondern um Entwicklung der Geschlechtlichkeit, der Seelenkräfte und der Ichkräfte. Diese Prozesse laufen auch jetzt weiter. Dazu ist aber als entscheidende Kraft die Bewusstseinsentwicklung hinzu gekommen, die sich über Sonnenkräfte, Sonnenimplantate, Lebenslichtpunkt, Lebenslichtfaden und die persönliche Entwicklung des Menschen ausdrückt. Die Bewusstseinsentwicklung wird noch Jahrhunderte, Jahrtausende anhalten und so das gesamte Leben der Menschen, der Erde und des Kosmos neu gestalten.

**Licht ist also der wesentliche Baustein des Lebens, Licht ist die Ursubstanz, Licht ist transformierte Liebe, Licht ist Gott.**

Will der Mensch in seiner irdischen Gebundenheit und gottgleichen Möglichkeit der Lichterschaffung diese Lichtpotenz in sich und um sich herum optimieren, so muss er einen spirituellen Weg gehen. Alle nicht spiritualisierten Gedanken, Gefühle und Wünsche, alles nicht spiritualisierte soziale Tun hat eine erheblich niedrigere Lichtfrequenz als das Tun eines Menschen, der eine göttliche Schöpferkraft akzeptiert und ihr auf seine Art dient. Das naturwissenschaftliche, Gott oder eine Schöpferkraft ablehnende Denken bewegt sich in einem bestimmten niedrig frequentierten Lichtbereich, auch wenn die intellektuelle und forscherische Leistung beachtlich ist.

Wesentliche Gedanken, die mit einer hohen Frequenz einhergehen, fehlen bei der nur naturwissenschaftlich orientierten Forschung. Diese sind:

Der *Schicksalsgedanke*, der den Aspekt der Gnade im Krankheits- und Heilungsprozess beinhaltet.

Der *Gedanke der richtigen Zeitqualität,* der den Menschen geduldig und dadurch liebend macht.

Der *Gedanke der Ehrfurcht.*

Diese Kräfte lassen dort los, wo elementare göttliche Kräfte des Lebens und Sterbens nicht entschlüsselt oder verwandelt werden dürfen. Es ist die Verbindung zur inneren Stimme des Menschen. Es ist das Wissen um Kräfte, die das Denken des Menschen übersteigen.

Diese drei Kräfte führen zu einem höheren Schwingungsniveau im Menschen, also zu einer höheren Lichtfrequenz, die er kreiert und abgibt.

In der nur naturwissenschaftlich orientierten Haltung und Forschung fehlen daher Lichtfrequenzen, die die hohen menschlichen Werte von Liebe, Glaube, Hoffnung in ihren vielen Ausdrucksformen vervielfältigen. Vielmehr sind Frequenzen des Lichtes wie Ruhm, Ehre, Geld, Erfolg und Anerkennung in vielfältigster Form energetisch mit diesem Tun verbunden. Der Mensch, der nur naturwissenschaftlich denkt und handelt, verliert nach und nach den Kontakt zu seiner inneren Stimme und verliert sich im Außen. Es ist dies ein göttliches Gesetz. Es ist dies die Umkehr der spiritualisierten Lebenshaltung und betrifft in dieser Form alles Tun und Unterlassen des Menschen, egal wo und wie er arbeitet. Zum besseren Verständnis der energetischen Abläufe führt Euch folgendes vor Augen.

Im Kosmos bilden sich seit ewigen Zeiten Energieblöcke, die bestimmte auf der Erde entwickelte Energien sammeln und aufnehmen. Sie bündeln spezielle Energien wie Freude, Liebe, Hoffnung, soziale Unterstützung, aber auch Angst, Geiz, Gier, Hass, Mangel, Minder, also Minderwertigkeitsgefühle etc. Diese speziell ausgerichteten Energieblöcke werden durchlichtet, wenn der Mensch liebt, teilt und unterstützt. Diese Energieblöcke werden aber auch entsprechend aufgeladen wenn z.B. Angst, Gier und Hass gelebt werden. Die zuletzt genannten Energien haben bei der jetzt lebenden Menschheit stark zugenommen und zu einem katastrophalen Ungleichgewicht dieser Kräfte geführt. Noch nie war das Ungleichgewicht zwischen Liebe, Glaube, Hoffnung und Angst, Minder, Schuld so stark wie heute.

## Wissen über die Lichtkräfte und die sexuellen Beziehungen unter den Menschen – Zeugung, Geburt und prägende Potentiale

Wenn auf der Erde Menschen, Mann und Frau, miteinander schlafen, steht dahinter immer auch ein Beweggrund, der häufig von den Beteiligten nicht erfasst werden kann. Gerade bei heute üblichen One Night Stands ohne soziale Verbindung, werden häufig zarteste Verbindungskräfte aus vorherigen Inkarnationen aktiviert, die nach Begegnung und Lösung der Verbindung streben, aber nicht nach körperlicher Intimität und Vertiefung der Kräfte. Daher entsteht nach dem sexuellen Akt bei den Beteiligten oft ein starkes Gefühl von Unwohlsein und der Wunsch, den anderen nicht wieder sehen zu wollen. Jede sexuelle Handlung stellt Verbindungen, Lichtverbindungen her, die über Inkarnationen wirken und den Menschen sehr blockieren können.

Bei jedem Geschlechtsakt werden die geistigen Potentiale des Menschen ebenso berührt wie der Körper und die Seele. Kommt es zu einer Befruchtung durch den Samen des Mannes und das Ei der Frau, durchstrahlt ein Lichtblitz das Lichtband zwischen Mann und Frau und von diesen das Lichtband zur Geistseele des noch ungeborenen Lebens. Es ist dies ein stärkster Lichtblitz, der auch Herzchakra, Sexual- und Wurzelchakra von Mann und Frau durchzuckt und sodann aus dem Kronenchakra zur Geistseele des ungeborenen Lebens strömt. Dieser Lichtstrahl, diese Lichtsubstanz, trägt die Lichtkraft von Mann und Frau zum Zeitpunkt der Zeugung in sich. Er sucht sich aus den vielen aus vorherigen Leben bestehenden Lichtpunkten, die über Lichtbänder mit Mann und Frau verbunden sind, das zu dieser Lichtfrequenz passende heraus. Das heißt, die Lichtsubstanz von Mann und Frau geht in Resonanz mit diversen zur Verfügung stehenden Lichtbändern und Lichtpunkten und verbinden sich mit jenem, der ihrer Lichtqualität am meisten entspricht.

Im Moment der Zeugung ist also der Kontakt zu der im Kosmos befindlichen Geistseele hergestellt. Sensible Männer und Frauen spüren das und wissen sofort, wer geboren werden will. Von dem Augenblick der Zeugung an werden jetzt die Lichtbänder von Mutter, Vater und Kind energetisiert. Sie werden bestenfalls mit Freude, Liebe, Dankbarkeit, Hoffnung und Glauben genährt oder im ungünstigsten Fall mit Angst, Ablehnung, Kampf, Wut und Hass. Die Nahrung ist immateriell und sehr prägend für die Entwicklung der Leibesfrucht im Körper und der Geistseelenfrucht im Kosmos. So entwickelt sich, ohne dass die Kräfte sich von Körper, Geist und Seele bereits irdisch verbunden haben, eine mehr oder weniger belastete Schwangerschaft mit viel Frieden oder mit viel Krieg in den sich entwickelnden feinstofflichen und grobstofflichen Kräften. Der Grad der Erwünschtheit eines Menschen spielt eine allergrößte Rolle bezüglich seiner Lebensumstände, der Lebensumstände der Familie sowie des Selbstwertes des Menschen. Sind die Lichtbänder zwischen Mann, Frau und Geistseele des ungeborenen Lebens stark, elastisch, glitzernd und energetisch, so ist das Kind sehr erwünscht, Mann und Frau lieben sich, wollen diese Entwicklung und sagen ja zu Gott und der Zukunft. Umgekehrt sind die Lichtbänder stumpf, unelastisch, spröde, steif und glanzlos, wenn Vater und Mutter sich nicht lieben, das Kind und sich so nicht wollen. Das heißt, die ohnehin schon wenig strahlende Lichtpunktsubstanz wird ständig mit Licht genährt, das statt Liebe, Selbstwert und Sicherheit, Minderwertigkeit, Angst und Schuld vermittelt.

### Fortführung und Auflösung alter Verstrickungen

So besteht zwischen Eltern und Kindern eine größte, wirklich allergrößte Anziehungskraft, auch wenn die verbindenden Kräfte abstoßend sind. Denn gerade dann ist die Verbindung besonders stark, da alle beteiligten Seelen nach Erlösung des Verstrickungsmaterials lechzen. Alle wollen in die Liebe, nur das ist ihr Begehr, aber gerade das ist so schwer zu erreichen. Es ist eine allergrößte Seelenqual, wenn der Mensch bei der Geburt spürt, dass er unerwünscht ist. Sofort verbinden sich alte, diese Beziehung ablehnende Lichtstränge mit bereits vorhandenen Potentialen. Die „Ablehnung" setzt sich also fort und bereitet dem Menschen viel Schmerz und Trauer, aber auch Wut, Angst, Aggression und Hass. Es ist unausweichlich, unerbittlich und sehr schmerzhaft für alle beteiligten Menschen. Dieses Potential ist sehr schwer aufzulösen.

Eine Erlösung der Verstrickung findet in der heutigen Zeit statt, wenn das Bewusstsein sich erhöht und spirituelle Wege gegangen werden. Das alte Ursprungsverstrickungsmaterial kann über konkrete Kenntnisse, die den beteiligten Menschen aus den morphogenetischen Feldern zuströmen, aufgelöst werden. Wird altes Potential aufgedeckt und nehmen die beteiligten Menschen es in einer liebenden Haltung an, so durchströmt die sie verbindenden Lichtbänder ein wärmender, elastisierender Lichtstrahl, der das Verstrickungspotential langsam auflöst, solange die Menschen weiter an der Beziehung arbeiten.

Es ist eine allergrößte Liebeslichttat, wenn der Mensch das ihn mit seinen Eltern verstrickende Potential auflöst und so liebevollere Beziehungen zu allen anderen Menschen haben kann. Immerwährende Liebeslichtarbeit ist notwendig. Sie ermöglicht den an ihr beteiligten Menschen ein erfüllteres Leben. Wer diesen schwierigen Weg auf sich nimmt, dem lassen wir Engel Heilsubstanz höherer Qualität zuströmen. Dieses betrifft besonders die Menschen im Status des Kindes. In der geistigen Welt befindliche Seelen, die involviert waren in diese Verstrickungspotentiale, nehmen an der Durchlichtungsarbeit teil und können so ebenfalls mehr ins Licht gehen. Das hat ganz konkret zur Folge, dass bestimmte, besonders belastete Inkarnationen nicht mehr gelebt werden müssen und so lichtere Verhältnisse auf der Erde angezogen werden können. Von der Geistseele, dem Lichtpunkt des Verstorbenen, strömt als Dank Liebeslicht zu den diese Lichtarbeit leistenden Menschen auf der Erde. Dieses Liebeslicht trägt die Substanz für positive Lebensumstände in sich. Liebe führt zu mehr Liebe und zu mehr Licht.

Bereits zum Zeitpunkt der Zeugung verbinden sich also Lichtstrahlen zwischen Vater, Mutter und Lichtpunkt des Kindes in der geistigen Welt. Während der Schwangerschaft baut sich über diese Lichtbänder eine soziale, die zukünftige soziale Beziehung auf. Zum Zeitpunkt der Geburt inkarniert sich die geistig-seelische Substanz mit dem implantierten Lichtpunkt in den Körper.

In dem Moment, also unter der Geburt, verbinden sich Himmel und Erde und das das aktuelle Leben beinhaltende Lebenstableau läuft ab. Alle wichtigen menschlichen Begegnungen, alle wichtigen Schritte im Sozialen, die spirituellen Sehnsüchte und wesentliche Beschlüsse bezüglich Ehe, Kindern und beruflicher Vorlieben, steigen im Menschen blitzschnell auf und verflüchtigen sich ebenso schnell wieder. Diese Kräfte sind im Lichtpunkt implantiert und laufen über den Lebenslichtfaden im Laufe des Lebens ab. Sie werden bei diesem Akt gleichzeitig in alle Zellen implantiert und der Körper ist so mit jeder Zelle geweiht und geodet für das zukünftige Leben.

## Reproduzierende und schicksalhafte Kräfte - Der Mensch als Schöpfer seiner Lebensumstände

Die DNA, als reproduzierender Impulsgeber im Körper, wird auch von dieser Kraft, dem Lichtpunkt, feinstofflich aufgeladen. In ihr verbinden sich die Kräfte, die den Körper reproduzieren mit den schicksalhaften Kräften, die das Leben des Menschen prägen. Diese vom Ursprung her so verschiedenen Energien, die einmal den irdischen und zum anderen den himmlischen Weg symbolisieren, werden in der DNA zusammengeschweißt und kreieren immer wieder neues Leben.

Auf materieller Ebene sind die Genforscher sehr weit fortgeschritten und teilweise ehrfurchtslos in die Grundsubstanz des Lebens vorgedrungen. Kein einziger Mensch kann allein durch diese Forschungsergebnisse geheilt werden, weil bei dieser Forschung der geistig-seelische Aspekt des Menschseins fehlt.

Alles Weltengeschehen, die kosmischen Kräfte, sind geprägt von diesem Sachverhalt um Zeugung und Geburt. Es ist von gravierendster Bedeutung für alles Leben auf allen Stufen, mit wieviel Liebe, Freude und Dankbarkeit Menschen gezeugt werden. Fehlen diese Kräfte, so fehlen sie nicht nur zwischen den beteiligten Menschen. Nein, sie fehlen auch in weit verzweigtesten kosmischen Regionen.

Wie es zu diesen auswirkungsstarken Folgen kommt, lassen wir euch Menschen gerne wissen.

Jeder Mensch baut durch seine Gedanken, Gefühle und Wünsche sowie durch sein soziales Tun ein Energiegebilde in der geistigen Welt auf, an das sich ein ebensolches Energiegebilde andockt. Sein soziales Tun bildet die Ummantelung dieser Energiegebilde. Von dem angedockten Energiegebilde strahlt adäquates Licht auf die Erde zum betroffenen Menschen. Dieses beeinflusst die Lebensverhältnisse, die von Außen auf den Menschen einwirken. Dem Sprichwort gemäß: „So wie man in den Wald hineinruft, so schallt es heraus“, erlebt der Mensch sich selbst in den von ihm angezogenen Lebensverhältnissen. Die bei diesem Prozess durch den Kosmos strömenden feinstofflichsten Lichtsubstanzen bzw. Lichtstrahlen bilden nicht nur die zum Menschen gehörenden Energiegebilde, sondern strahlen in den Kosmos und in die Erde. Wie dem ersten Teil dieses Buches über „Sphinx und Pyramiden“, zu entnehmen ist, strahlt das zwischen Seele und Geist und dem Hohen Selbst des Menschen abgeglichene Licht zum immateriellen Kristall unter dem Sphinx. Dort wird das Licht aufgespalten. Hochfrequentiertes Licht strömt sofort zum vom Menschen kreierten Energiegebilde. Dadurch kann sich dort ein entsprechendes Energiegebilde andocken. Gleichzeitig strömt dieses Licht in bereits von der Menschheit gebildete kosmische Areale, welche Liebe, Freude, Geduld, Hoffnung, Achtung, Würde, Glauben etc. speichern. Diese bereits erwähnten Energieblöcke impulsieren die Weiterentwicklung des Kosmos, der Erde und der Menschheit. Diese höchstschwingenden Energiezonen sind mit den Sonnenkräften eng verbunden und werden durch sie energetisiert und gereinigt. Gleichzeitig strömen in diese Potentiale Bewusstseinskräfte, die sich mit den vorgenannten Energien verbinden und so das Bewusstsein weltweit anheben.

Heiler, Priester, Weise, Alchimisten und besonders liebende Menschen ganz allgemein sind über Lichtbänder besonders stark mit diesen kosmischen Arealen verbunden. Sie leisten Liebes-Friedens-Lichtarbeit und unterstützen so die Menschheitsentwicklung zu immer mehr Frieden, Liebe und Heilsein. Sie sind Garanten des Friedens und gerade in Umbruchzeiten wie der jetzigen sehr wichtig. So ist die liebende Mutter, der liebende Vater genauso stark an diese Kräfte angeschlossen wie der hochspirituelle Priester oder der kompetente Heiler. Jeder im Privaten und Professionellen liebende, gebende, sozialaktive Mensch hat durch sein Tun Zugang zu diesen Arealen kosmischen Lichtes.

Die Süße eines gesunden Selbstwertes und Selbstbewusstseins sowie ein liebevolleres Verhalten sind die Gaben der geistigen Welt, die so den Menschen zuteil werden.

## Abhängigkeit des Kosmos von Mensch und Erde

Dem Menschen auf der Erde kommt also eine besondere Aufgabe bei der Durchlichtung allen Lebens zu. Nur auf dem Planeten Erde ist der Raum, eine Lichtarbeit zu vollziehen, die für die Weiterentwicklung allen Seins nötig ist. Andere kosmische Regionen haben im Weltenplan eine andere Aufgabe. Die Aufgabe der Erde ist es, durch die Inkarnation von Seelen, die eine Weiterentwicklung zu mehr Liebe, Vertrauen, Glaube, Bewusstsein und Gottesnähe durchmachen, die gesamte Entwicklung aller kosmischer Regionen zu impulsieren. Doch diese evolutionären Kräfte schienen durch eine noch nie dagewesene Gottesferne und materielle Gesinnung auf der Erde, aber auch im Kosmos, gefährlich in die Stagnation geraten zu sein. Durch die Inkarnation von Avataren und die unterstützende Kraft vieler an der Lichtarbeit interessierter Menschen besteht diese Gefahr nicht mehr. Vielmehr geht die spirituelle Entwicklung auf der Erde langsam, langsam bergauf. Und dennoch fehlen hoch frequentierte Lichtstrahlkonglomerate, die aufgrund liebevollen, unterstützenden, Heil bringenden Tuns der Menschen entstehen und sich allüberall energetisch andocken. Ja, diese hohen Lichtpotentiale, die direkt vom Kristall unter dem Sphinx durch die Erde und sodann durch den Kosmos schießen, laden alles, was sie berühren und durchdringen, mit ihren Lichtfrequenzen auf und reduzieren so die Last der Erde und des Kosmos, die durch niedrig frequentiertes Licht herbeigeführt wird.

Man kann sich das bildlich vorstellen. Dieses hoch frequentierte Licht „rast" mit unvorstellbarer Geschwindigkeit zurück zu dem Menschen, der es kreiert hat, hüllt ihn wie in einen lichten Mantel ein und „rast" zu dem vom Menschen gebildeten Energiegebilde in der geistigen Welt, durchströmt das angedockte Energiegebilde und strömt in Form von positiven Lebensbedingungen zum Menschen zurück.

Anders verhält es sich beim niedrig frequentierten Licht. Es strömt zum feinstofflichen Kristall unter dem Sphinx, wird von dort zum Kumarakristall im Erdmittelpunkt geleitet und dort transformiert in höher frequentiertes Licht. Dieses höher frequentierte Licht strömt durch die Erde und den Kosmos zum vom Menschen aufgebauten Energiegebilde. Dort lädt es das Gebilde so auf, dass das Energieniveau nicht weiter absackt. Das Energiegebilde, das sich dort andockt, schickt Licht in Form von Gewissensbissen, Schuldgefühlen und Unwohlsein zum Menschen. Es ereilen ihn Lebensumstände, die eher negativ und belastend sind und bei längerem Anhalten zu Krankheiten führen.

Ihr Menschen seht daran, dass es nichts Großartigeres als Euer liebevolles, unterstützendes, gottgefälliges Leben gibt. Auch wenn negative Gedanken, Gefühle, Taten immer wieder auf natürliche Weise von den dem großen Ganzen dienenden Kräften gereinigt, geläutert, transformiert werden, so ist das doch nicht vergleichbar den Liebestaten, die der Mensch vollzieht. Dieses Wissen, das im Detail nicht bekannt ist, wird als allgemeine Weisheit jedoch von allen Religionen proklamiert und ist die tragende Kraft allen Lebens. Alles Leben kosmosweit basiert auf dieser Liebeskraft, die in dieser Form nur, wir betonen nur, vom Menschen auf der Erde vollbracht werden kann.

Dies war nicht immer so. Durch die Geburt des Christus und seinen kosmisch wirksamen Tod, der an einem tiefsten Punkt menschlicher Entwicklung notwendig war, hat sich die kosmische Kraft des Gottessohnes in die Erde inkarniert. Durch diese Inkarnation wurde die Erde belebt, der Kosmos auf das Erdengeschehen fokussiert und eine Abhängigkeit kosmosweiter Entwicklung von den auf der Erde lebenden Menschen begründet. Dadurch kommt dem Menschen eine so herausgehobene Aufgabe zu. Der Mensch hat neben der göttlichen Welt eine grandiose und gleichzeitig höchst gefährliche Macht erhalten, die zu gebrauchen er aufgerufen ist und die zu missbrauchen weitreichende Folgen hat.

## Die Aufgabe des Menschen

Wie aus den vorangegangenen Texten ersichtlich ist, handelt, denkt, liebt und lebt der Mensch nicht isoliert für sich, auch wenn er sich völlig egoistisch in den Mittelpunkt aller Begehrlichkeiten stellt. Der Mensch ist kosmisch, ist Kosmos und deshalb aufgerufen, mit allen ihm zur Verfügung stehenden Kräften zu lieben, zu teilen, zu unterstützen und dieses Tun durch Beten, Meditieren und ruhiges Sein zu durchdringen. Durch die Evolution des Menschen und den damit verbundenen tiefen Einstieg in die Materie, wurde das alles belebende, strahlende Liebeslicht immer weniger.

Doch der Tiefpunkt ist durchschritten, wenn auch knapp, aber er ist durchschritten. Die Gefahr der Verharrung in diesem tiefsten Lichtpunkt war lange Zeit gegeben. Neben Avataren und Lichtarbeitern trug auch das Lieben und Beten vieler Millionen Menschen bei besonderen Unglücks- und Kriegsfällen, bei größtem Leid und Schmerz zur Durchlichtung der Erde bei. Daher ist großes Leid und tiefer Schmerz, gerade von Kollektiven von Menschen so wichtig, da durch deren Verzweiflung und ihr Beten und Innehalten strahlenderes Licht entsteht.

Eine Gesellschaft wie die Eurige mit stark entwickelten Egokräften, viel Hektik, Geiz, Gier und Habsucht, Neid, Missgunst und Hass, mit einem geringen oder nicht vorhandenen Verständnis für die Schöpferkräfte, für Gott, strahlt ständig in einem niedrigen Frequenzbereich Licht ab. Sie baut daher keine lichtvollen Energien in anderen Regionen auf, sondern vergrößert unablässig die globalen Zonen von Angst, Hass, Neid, Eifersucht und Gier. Auch wenn das Licht durch den Kumarakristall transformiert wird, ist es nicht wirklich hoch frequentiert und strahlend. Ihm mangelt es an „sozialer Potenz und Kompetenz", es mangelt ihm an Liebeskraft und Gottgefälligkeit der Menschen. Es ist trotz der vollzogenen Transformationen ein Mangellicht.

## Der Kumarakristall – das energetische Zentrum der Erde

Wie Ihr wisst, ist der Kumarakristall das energetische Zentrum der Erde. Er ist ein immaterieller Kristall, der das zu ihm geleitete Licht aufnimmt und je nach Qualität und Frequenz des Lichtes als weißer oder schwarzer Kristall hellsichtig wahrgenommen werden kann. Es ist dafür eine sehr besondere, allerhöchste Hellsichtigkeit erforderlich, über die extrem wenige Menschen verfügen. Das ihn erreichende Licht bestimmt also seine Qualität als weißer oder schwarzer Kristall.

Der Kumarakristall ist ausgestattet mit einer allerhöchsten feinstofflichen Prismenfähigkeit. Wenn z.B. hoch frequentiertes Licht auf ihn zuströmt, wird es außerordentlich differenziert feinstofflich aufgespalten und als Liebes-Friedens-Gotteslicht sternförmig durch die Erde „geblitzt" und als feinstofflicher Lichtmantel der Erde sichtbar. Wie bereits beschrieben, wird dieses Licht dann mit höchster Lichtgeschwindigkeit in die von Menschen gebildeten positiv konditionierten Energieblöcke von Freude, Liebe, Dankbarkeit, sozialer Kompetenz etc. weitergeleitet. Es lädt diese Energieblöcke auf, reinigt sie und balanciert die Energien aus. Licht, das auf die dunkle Seite des Kumarakristalls stößt, ist trotz energetischer Reinigungen und Aufladungen niedrig frequentiert und viel langsamer. Dieses Licht kommt vom immateriellen Kristall unter dem Sphinx und beinhaltet das sozial niedrig angesiedelte, bereits dort aufgespaltene Licht des Menschen. Es wird im Kumarakristall „eingelagert", mit höher frequentierten Lichtpartikeln aufgeladen und erst dann durch die Erde geleitet. Dieses Licht strömt zu den Energiegebilden des Menschen, die er in der geistigen Welt aufgebaut hat, verhindert ein weiteres Absinken des Energieniveaus in den Energiegebilden, und sendet gleichzeitig Schuldgefühle, Gewissensbisse und Unwohlseinempfindungen zum Menschen. Gleichzeitig werden von diesem Licht auch Energieblöcke aufgeladen, die Angst-, Neid-, Missgunst-, Hass-, Leid- und Hoffnungslosigkeitspotentiale in sich tragen.

Der Kumarakristall strahlt also energetisch feinstofflich schwarz/weiß. Die Strahlung hängt ab von den Lichtfrequenzen, die zum Kristall strahlen und strömen. Ist es hoch energetisiertes Liebeslicht, strahlt er weiß, ist es niedrig frequentiertes Licht, so strahlt er schwarz. Der Kumarakristall ist ein ungemein großes und immens kraftvolles Transformatorenhaus, das im Zentrum der Erde wichtigste Aufgaben erfüllt.

Zusammenfassend: Das vom Menschen produzierte, abgestrahlte Licht, seine Lebensqualität, seine Liebe, seine Spiritualität, alles was ihm lieb und wert ist und auch alles was er ablehnt, strahlt also in den Kosmos und von dort zum feinstofflichen Kristall unter dem Sphinx. Es wird dort aufgespalten in niedrig und höher frequentiertes Licht.

## Niedrig frequentiertes Licht

Niedrig frequentiertes Licht strömt zum Kumarakristall, wird von seiner dunklen Seite aufgenommen, eingelagert, höher transformiert und fließt durch die Erde in den Kosmos.

Dann wird das Licht zu den vom Menschen gebildeten Energiegebilden in der geistigen Welt geschickt, lädt sie so auf, dass der Energielevel nicht sofort absackt und bewirkt, dass den Menschen Schuldgefühle, Gewissensbisse und Unwohlsein bis hin zur Krankheit ereilen.

Das Licht strömt außerdem zu globalen Energieblöcken von Angst, Mangel, Minder, Schuld etc.

Dort verweilt dieses Licht, schickt aber entsprechende Energieimpulse zu Akashachronik, Land Shambala und 9. Stufe göttlich schöpferischer Gestalterkräfte. Diese energetischen Impulse werden dort in den dafür vorgesehenen Regionen gespeichert.

## Höher frequentiertes Licht

Höher frequentiertes Licht schießt durch die Erde zum Kumarakristall und wird von seiner weiß kristallin schimmernden Seite aufgenommen.

Es schießt weiter zu den vom Menschen gebildeten Energiegebilden im Kosmos, lädt sie lichtvoll auf und sorgt so dafür, dass den Menschen positive Lebensverhältnisse ereilen.

Dann schießt es weiter in die von der Menschheit gebildeten Energieblöcke von Liebe, Freude, Dankbarkeit etc., lädt diese Blöcke energetisch auf.

Es fließt weiter in die Akashachronik, das Land Shambala und die 9. Stufe göttlich schöpferischer Gestalterkräfte. Dort „ordnet" sich das Licht ein und verweilt dort.

Dieses Licht bestimmt die so genannte Weltenseele, das Weltengewissen und bewirkt mit anderen Kräften zusammen die Weiterentwicklung der Menschheit, des Kosmos und der Erde auf globaler Ebene.

Es gibt also auch eine Weltenseele oder das Weltengewissen. Es ist natürlich eine geistige Region, die nicht gegenständlich verifizierbar ist. Basis der Weltenseele ist die *Akashachronik*. Dort ist alles gespeichert, was der einzelne Mensch in vielen, vielen Leben tut oder unterlässt. In der Akashachronik sind alle Leben gesammelt und jeweils zusammengeführt nach Seelen. So ist es für mediale Menschen möglich, zu den Lebensinhalten vergangener Leben Kontakt aufzunehmen, sie zu durchlichten und gleichzeitig durch dieses Wissen das Leben der Menschen jetzt zu erleichtern und die belastenden Energien zu transformieren.

Im *Land Shambala* sind die geistigen Gesetze des Lebens gespeichert. Darüber hinaus gibt es in dieser ebenfalls geistigen Region eine Kammer, in der die größten menschlichen Leistungen gespeichert werden. Leistungen im Sozialen, Geistigen und Materiellen. Aber es gibt hier auch eine düsterste Kammer der geistigen Welt, in der alle Untaten der Menschen von einer niedrig frequentierten Lichtschwingung an gespeichert werden. Alles was hier gespeichert ist, bleibt. Es kommt aus der Ewigkeit und geht in die Ewigkeit. Es nimmt nicht an transformativen Prozessen, wie bei anderen Inhalten in der geistigen Welt, teil. Das heißt hoch frequenziertes Licht impulsiert alle Regionen der geistigen Welt, bis auf die dunkelste Kammer des Landes Shambala. Das heißt auch, dass nicht nur Verbrechen und unsoziales Verhalten von einer bestimmten niedrigen Lichtfrequenz an ewig gespeichert werden, es heißt auch, dass Menschen denen der Zugang zu dieser Region gestattet ist, Sachverhalte erfahren können, die kein anderer Mensch weiß und die zu einem okkultesten Wissens- und Erlebnisbereich gehören.

*Die 9. Stufe göttlich schöpferischer Gestalterkräfte* trägt in sich die Visionen der Menschheit und des Menschen. Es ist eine allerhöchste geistige Region, die mit allen anderen geistigen Regionen verbunden ist und von ihnen aufgeladen und energetisiert wird. Diese schöpferischen Gestalterkräfte werden unter anderem über Sonnenimplantate auf die Erde transformiert.

Die Visionen der Menschheit und die Visionen der Menschen korrespondieren natürlich miteinander. Es ist im Menschen der Sehnsuchtspunkt, der auch immer Teil seines Lebenslichtpunktes und des Lebenslichtfadens ist. Im Horoskop ist es der mit allen Kräften des Menschen sich verbindende aufsteigende Mondknoten. Im Menschen, in jedem Menschen, erklingt eine Sehnsuchtsmelodie, die seine Visionen, die er vor der Inkarnation beschlossen hat, in sich trägt. An diese Melodie, an diese visionären Kräfte kommt der Mensch, wenn er auf seine innere Stimme hört. Die innere Stimme hört der Mensch aber nur, wenn er sich nicht in Hektik, Stress, Aggressionen und Gottlosigkeit verliert. Menschen, die spirituell ausgerichtet in Ruhe leben, können sehr stark mit ihrer inneren Stimme verbunden sein und werden dadurch bedingt, eher positive Umstände anziehen, weil sie sich nicht so im Außen verlieren.

Ihr Menschen der Jetztzeit wisst selbst, wie Euer Lebenswandel einen ruhigen Umgang mit hohen Werten wie Liebe, Freude, Hingabe, Frieden, Dank etc. schwer macht. In dem Umfang, wie ihr Euch wegreißen lasst von Eurem Zentrum, Eurer inneren Stimme, findet Ihr keinen Anschluss an Eure Visionen und spürt Euch nicht wirklich gegründet und geerdet in Eurer Existenz.

Ergreift der Mensch andererseits die Impulse, die ihm seine innere Stimme zukommen lässt und verfolgt sie zielstrebig, so ist er immer stärker mit sich verbunden, entscheidet sich richtig und kommt so nach und nach immer mehr in den Strahlungsbereich seines Sehnsuchtspotentials. Für jeden Menschen ist es extrem erfüllend und befriedigend, wenn er mit diesen Kräften in Kontakt kommt. Er ist dadurch bedingt selbstbewusst, zufrieden und mit einem guten Selbstwertgefühl ausgerüstet. Dadurch, dass er in seinem Strom fließt, trifft er auch im Profanen richtige Entscheidungen und hat häufig „Glück“. Entwickelt er dabei seinen spirituellen Weg weiter, zieht er immer erfreulichere Umstände an, wird liebender, tragfähiger und heiler. Immer neue Seelenbeschlüsse tauchen auf, die der Verwirklichung harren und dem Menschen dementsprechende Lebensverhältnisse bescheren.

Akashachronik, Land Shambala und die 9. Stufe göttlich schöpferischer Gestalterkräfte bilden also in ihren hohen Lichtfrequenzanteilen die Substanz für das Weltengewissen, die Weltenseele.

Grobstofflich ist dieser Platz im Bereich des Sphinx festzumachen, feinstofflich im immateriellen Kristall unterhalb des Sphinx. Es ist aber die Energie des Sphinx, die diese Funktion überhaupt erst möglich macht. Egal, ob der Sphinx in Ehrfurcht und Liebe angebetet wurde, von Sandmassen bedeckt war oder von einer eher Gott verneinenden Touristenschar aufgesucht und bestaunt wurde, immer hatte und hat er diese Funktion, immer.

## Hiroshima – die Folgen für Erde und Kosmos

Durch die Zunahme der Weltbevölkerung wurde der Kristall mehr und mehr von Licht durchflutet, wurde immer strahlender, immer mehr ein Stern, der kosmosweit ins Universum leuchtet. Durch diese Strahlkraft werden weltweit alle Leylines energetisiert und alle heiligen Plätze und hoch energetisierten Naturplätze partizipieren daran. Bis, ja bis zu dem Zeitpunkt, als die erste Atombombe auf Hiroshima abgeworfen wurde und damit eine Kraft in diesem Umfang zum Ausdruck kam, die durch Menschenhand zuvor nicht erschaffen worden war.

Das Herstellen, Abwerfen und Detonieren der ersten Atombombe auf Hiroshima bewirkte eruptiv ein Verdunkeln der Lichtpotenz im und um den feinstofflichen Kristall unter dem Sphinx.

Es war aus geistiger Sicht nicht vorgesehen und erwünscht, dass der Mensch seine intellektuellen, geistigen und materiellen Möglichkeiten so einsetzt, dass die Atomspaltung möglich ist.

In der Natur ablaufende Prozesse, die diesem Vorgang ähnlich sind, sind erwünscht und erforderlich für die Entwicklung von Mensch, Tier, Pflanze und Universum.

Die Atomspaltung jedoch ist nicht Teil eines großen Schöpferplanes und so als Fremdkörper anzusehen. Wir hohen geistigen Kräfte möchten auf diesem Wege ausdrücklich unseren Unwillen zu diesem Bereich der Forschung, Umsetzung und Praktizierung ausdrücken. An anderer Stelle werden wir uns weitergehend äußern.

Der eruptive Tod vieler Menschen, ihr jahrelanges Leiden und die Verseuchung der Region wirkten sich morphogenetisch wie ein kosmosweiter Schock aus. Eine Verdunklung, ein Abtrennen strömender Kräfte und eine ebenso eruptive Zunahme der niedrig frequentierten Energien, die kosmosweit auflebten, waren die Folge.

Aus geistiger Sicht war ein Bruch in der Evolution allen Lebens festzustellen. Die Lichtqualität, die sich um den Sphinx und die Pyramiden entwickelte, sank von diesem Zeitpunkt an. Hinzu kommt natürlich, dass weltweit weniger gottgefällig, liebend, teilend und unterstützend gelebt wird. Wie niemals zuvor hatte das um Sphinx und Pyramiden allerhöchst frequentierte Licht so niedrig gestrahlt und dadurch kosmosweit bestimmte Folgen verursacht.

## Lähmung der Lichtprozesse – Entstehung von Nekrosefeldern und kosmischen Müllhalden

Weltweit/kosmosweit hat sich nach der Zündung der ersten Atombombe eine spezielle Lichtstrahlung entwickelt, die zuvor nicht bestand und jetzt überall, in allem was lebt, zu finden ist. Diese Lichtfrequenz ist intellektuell sehr hoch angesiedelt, in ihrem sozialen Schwingungsniveau allerdings bei Null. Das heißt, es besteht eine größte Spannungsbreite, die fortwährend wieder in das Leben, in alle kosmischen Prozesse integriert werden muss.

Diese Energie, diese Lichtstrahlen haben darüber hinaus eine Eigenart, die sonst nicht im „universellen Lichtzirkus" zu finden ist. Alles, was im Kosmos von diesem Licht berührt wird – das heißt, andere Lichtsubstanzen die hin und her schießen und so Informationen befördern und Heilung oder Tod, Liebe oder Angst, Glück oder Unglück transportieren – wird von den durch Atomenergie entstandenen Lichtstrahlen gelähmt.

Gleichgültig ob es strahlendes rosafarbenes Liebeslicht auf seinem Weg zum Energieblock „Liebe“ ist oder angstbesetztes Licht auf seinem Weg zum Energieblock „Angst“: Alles Licht geht blitzschnell in Resonanz mit diesem „atomgeschwängerten“ Licht und wird gelähmt. Das heißt, anderes als das atomar geschaffene Licht erreicht nicht mehr sein Ziel, sondern wird radikal gestoppt und an seinem Weiterstrahlen gehindert. Es entsteht so etwas wie ein Müllhaufen im Universum, der nicht an der kosmosweiten Transformation teilnimmt. Dort, wo sie sich befinden, wirken die ständig größer werdenden Müllhalden Strahlkraft reduzierend auf das Umfeld. So entstehen immer wieder neue so genannte Nekrosefelder, die lebensfeindlich sind.

*Durch die erste detonierte Atombombe und das Entstehen der besonderen Lichtstrahlen wurde auch die Voraussetzung geschaffen, genmanipulierend denken, arbeiten, forschen und experimentieren zu können.*

Alles was vor der Detonation der Atombombe über Hiroshima in diesem Bereich gedacht und anfänglich experimentiert wurde, war in anderen Lichtfrequenzen angesiedelt und bildete keine auf andere Lichtstrahlen übertragbare Lähmungsfähigkeit. Durch die Detonation der Atombombe hat der Mensch sich Zugänge zur Natur erschaffen, die nicht erwünscht waren und sind und die ihn mit Kräften in Kontakt kommen lassen, die seinem Wesen und Auftrag als Mensch entgegenstehen. Der in diesem Bereich tätige Forscher überschaut nicht, nicht einmal ansatzweise, mit welchen Kräften er arbeitet und welche Auswirkungen dieses Tun menschenweit, weltweit, kosmosweit hat. In der Regel lehnen diese Forscher Gott oder eine höchste Schöpferkraft ab. Sie begreifen sich als allmächtig, verbinden sich nicht mit einem Schicksalsgedanken, sehen in Krankheit, Not und Leid keine Chance zu größerer Reife zu gelangen und akzeptieren auch nicht die Tatsache einer Qualität von Zeit. Häufig genug dringen sie tief in die Lebensgrundlagen, in die Matrix ein und gehen ehrfurchtslos und ohne inneren Respekt an die Aufschlüsselung der für sie wichtigen Fragen.

Auch hierzu möchten wir kundtun, dass aus Sicht der geistigen Welt diese Form der Forschung und der Umgang mit Erkenntnissen so nicht erwünscht sind. Durch das respektlose Eindringen in die Matrix des Lebens und die bei den beteiligten Forschern stark verbreiteten Gefühle und Empfindungen von Gier, Geiz, Neid, Missgunst, Rivalität, Ruhmessucht, Selbstsucht und Hektik, Stress und Angst, wird ein höchster, heiligster, okkultester Bereich des Lebens aufgebrochen und infiziert.

Auch in vielen medizinischen Bereichen hat sich ein Denken breit gemacht, das nicht an hohen ethischen Werten orientiert ist, sondern an Werten wie Gewinnoptimierung, Wirtschaftlichkeit, Abschaffen von Krankheit und Schicksal und dem Ignorieren geistiger Gesetze. Es geht viel zu selten um Heilung und Weiterentwicklung. Dieses Denken der in vorderster Linie tätigen Forscher, hat kosmosweit eine Verstärkung von Lichtfrequenzen zur Folge, die sich strukturell an die Lichtfrequenzen ankoppeln, die durch die Atomspaltung und deren Handhabung, entstanden sind.

Aus geistiger Sicht kann also festgestellt werden, dass einerseits zu wenig hoch frequentiertes Licht durch gottgefälliges Denken, Fühlen und Handeln entsteht und andererseits im forscherischen Bereich durch aktives Tun Lichtfrequenzen gebildet werden, die in sich die Spannungsweite von hochintellektuell und im Sozialen gegen Null laufend haben. Dieser Frequenzbereich, der früher nicht existierte, wird immer größer und infiziert immer mehr gesunde Lichtfrequenzen und solche die noch transformiert werden müssen.

## Die Wirkung von Liebes- und Bewusstseinslicht auf die Nekrosefelder

Nekrosefelder, durch Atom- und Genforschung entstanden, lasten neben den Energieblöcken von Angst, Mangel, Schuld etc. schwer auf Menschheit, Erde und Kosmos.

Die Durchlichtung der Nekrosefelder geschieht einerseits durch Bewusstsein und andererseits durch lichtvolle Taten im Sozialen. Licht, das aus diesen entsteht, setzt Substanzen frei, die, gebunden an den jeweiligen Menschen, auch die Nekrosefelder durchlichten können. Dieses Licht glitzert in sich, es ist größtes Liebeslicht und als einzige Substanz geeignet, die Nekrosefelder zu transformieren. Das Bewusstseinslicht bewirkt eine Durchlichtung und Aufladung mit höher frequentierten Lichtsubstanzen. Das Liebeslicht bewirkt die Transformation, das heißt, diese dunkelste, unbewegliche, lähmungsbereite Masse wird aufgespalten und zentrifugiert, ihrer Lähmungssubstanz beraubt und mit Liebeslicht aufgeladen. Das so entstandene Licht hat eine extrem hohe Schwingung und Strahlkraft. Es ist gesättigte Liebe und ätherische Christuskraft. Es gibt kaum etwas Kostbareres im Kosmos als dieses Licht. Es ist höchster Humus für alle Lebensprozesse und strahlt zu den Menschen, die diese Transformation bewirkten, in Form positiver Lebensumstände zurück.

## Der freie Wille des Menschen – Folgen und Konsequenzen für die göttliche Welt

Die Nekrosefelder haben auch eine direkte energetische Verbindung zum Kumarakristall. Mit Beginn der ersten Forschungsarbeiten im Bereich der Atomenergie, eruptiv aber mit der Detonation der Bombe über Hiroshima, entstanden Lichtfrequenzen, die zuvor nicht existierten. Auch wenn diese Entwicklung im Weltenplan nicht vorgesehen war, musste aus geistiger Sicht damit umgegangen werden. So erschuf die göttliche Welt eine feinstoffliche Verbindungsachse zwischen Kumarakristall und Nekrosefeldern, um nach und nach dieses Licht zu verwandeln. Auf feinstofflicher Ebene entstand so ein ständiger energetischer Austausch zwischen Nekrosefeldern und Kumarakristall. Dieser Austausch bewirkte, dass in winzigen Dosen die Lähmungsenergie der Nekrosefelder transformiert wurde und Licht des Kumarakristalls die Nekrosefelder durchstrahlte. Durch die Zunahme der Atomenergie auf der Erde und die explosionsartige Forscheraktivität im Bereich der Genforschung wirken die Lichtsubstanzen aus dem Kumarakristall allerdings nur in einem geringen Umfang. Es besteht kein gesundes Verhältnis zwischen dem Aufbau neuer Energiepotentiale in den Nekrosefeldern und ihrem Abbau durch Licht aus dem Kumarakristall.

Jeder Mensch, der geeignet ist, Bewusstsein und Liebe in diese Bereiche zu schicken, wird aus Sicht der göttlichen Welt benötigt, um transformierend zu wirken. Das von ihnen in den Nekrosefeldern transformierte Licht strömt weltweit, kosmosweit, äonenweit ins Universum und trägt starke Liebes- und Friedenskräfte in sich. Alles, was es berührt, wird impulsiert von diesen Energien und bewirkt Gutes, Harmonie und Freude. Es ist eine allerkostbarste Lichtsubstanz, die ihresgleichen sucht.

Die morphogenetischen Felder sind, wie Ihr erkennen könnt, das Werkzeug der göttlichen Welt, um das Leben in seiner ganzen vielfältigen Kraft sich entwickeln zu lassen. Alles ist wie seit ewigen Zeiten vom Grundprinzip, von der Matrix her, vorbestimmt und wird gleichzeitig immer weiterentwickelt und der Evolution des Alles in Allem angepasst.

Gleichzeitig gibt es Kräfte in diesem Szenarium der Energien, die eigentlich nicht vorgesehen waren, die sich aber durch die Freiheit, in die der Mensch gestellt ist, entwickelt haben. Die göttliche Welt muss damit umgehen, da der Freiheitsgedanke eine durch alle Bereiche strömende Energie ist, die von der göttlichen Welt zu respektieren ist, auch wenn die Auswirkungen dieser Freiheit häufig katastrophale Folgen im morphogenetischen Feld haben. So gibt es Hilfsmittel der göttlichen Welt, um dieser Vielheit von auch nicht gewollten Energien entgegenzuwirken und sie in die Transformation zu schicken. Einerseits ist es das schlechte Gewissen, das den Menschen ereilt, wenn er sich verliert und gottunwürdig handelt und andererseits sind es besonders hohe Liebeskräfte von besonderen Menschen, die kosmosweit wirken.

Aber es gibt noch eine andere allerhöchste Kraft, zu der diese hohen, starken von Liebe durchdrungenen Energien strömen. Dies ist die Kraft des Ätherischen Christus, die jetzt zu Beginn des Wassermannzeitalters die Wiedergeburt der Christuskräfte darstellt. Diese

Kraft des göttlichen Weltengrundes, die im Außen durch die Sonne verkörpert wird, nimmt ebenfalls besonders hoch angesiedelte Liebeskräfte auf von Menschen, die im Sozialen, Ethischen, Spirituellen, Künstlerischen, Alltäglichen und Heilerischen Besonderes leisten und zu leisten in der Lage sind.

## Christus und Ätherischer Christus – allgegenwärtige Kräfte für alle Menschen

Im vorliegenden Buch wird immer wieder auf die belebende, transformierende und heilende Kraft des Christus und des Ätherischen Christus hingewiesen. Es stellt sich dabei die Frage: Was bedeutet dies für Menschen anderer, nicht christlicher Konfessionen oder auch für Atheisten?

Bei Christus handelt es sich um den Gottessohn, der seinen Lebensweg mit dem Tod auf Golgatha beendete und gleichzeitig der Erde, dem Universum und allen Menschen einen stärksten Lebensimpuls gab. Diese Kräfte wirken weiterhin im morphogenetischen Feld und werden in der jetzigen Zeit durch die Kraft des Ätherischen Christus verstärkt.

Menschen anderer Konfessionen haben Teil an dieser Kraft, auch wenn sie sie nicht verehren oder anbeten wollen, denn diese Kraft ist allgegenwärtig. Die Kraft des Christus/Ätherischen Christus vervielfältigt sich allüberall, d.h. es gibt keine konfessionsbedingten Unterschiede. Daher können alle Menschen, die es wollen, über Christus und die Kraft des Ätherischen Christus weitergehende Kräfte erbitten und erhalten. Es wird hier aber ausdrücklich kundgetan, dass die Vielfalt der verschiedenen Religionen erwünscht ist und keinerlei Qualitätskriterium besteht.

Atheisten nehmen, ob sie wollen oder nicht, ebenfalls die Kräfte des Christus/Ätherischen Christus auf, da sie Teil des morphogenetischen Feldes sind. Diese Kräfte sind aber schwächer als bei gottgläubigen Menschen ausgebildet.

Die höchsten Heilkräfte sind derzeit aus der Kraft des Christus/Ätherischen Christus zu erhalten.

Die Gotteswelt bedient sich der Kraft des Christus/Ätherischen Christus, um die Transformation alles Seins zu bewerkstelligen.

Zusammenfassend lässt sich also sagen, dass jeder Mensch Teil eines größten Lebensszenariums auf der Erde, in der Erde und im Kosmos ist. Aufgrund des göttlichen Weltenplanes kommt dem Menschen eine sehr herausgehobene Rolle und Aufgabe zu und es ist mit dem Durchgeben und Veröffentlichen dieser Texte mit beabsichtigt, dass sich der Mensch deutlicher seiner so besonderen Möglichkeiten, Fähigkeiten und Aufgaben bewusst wird. Es ist allerhöchste Zeit, dass dies geschieht, da die evolutionsmäßigen Kräfte der Weiterentwicklung dieses menschliche Potential brauchen, um Realität werden zu lassen, was Realität werden soll.

# Vertiefendes und ergänzendes Wissen
# zum morphogenetischen Feld,
# seinen Bestandteilen,
# Phänomenen,
# Gesetzen
# und Auswirkungen

## Das Licht

Licht ist Licht, Licht ist Leben, Licht ist Liebe, Licht ist Tod, Licht ist Auferstehung, Licht ist der Ätherische Christus.

Die Lebensenergie, das Od, das Chi, das morphogenetische Feld ist Licht. Das Licht wird ständig durch die kosmischen Energien von Sonne, Mond und Sternen aufgeladen und gereinigt. Höchste Sonnenkräfte im Od sind die Kräfte des Ätherischen Christus, also höchste Transformations- und Heilkräfte. Die Kräfte der anderen Gestirne sind ebenfalls Teil der Lebensenergie. Die Sonnenkräfte wirken nicht nur während des Tages, sondern auch in der Nacht. Die Monden- und Sternenkräfte wirken nicht nur während der Nacht, sondern auch während des Tages. Über die Lebensenergie, über das Licht als „Transportmittel" strömen dem Menschen genau die kosmischen Kräfte zu, die aufgrund seiner Geburtskonstellation für ihn vorgesehen sind. Das heißt, die Gestirnsenergien energetisieren ständig genau die Energien, die im Menschen anlagebedingt darauf warten. Auch daran seht Ihr, dass alles eins ist und sich in die Vielheit ergießt. So ist es auch bezüglich des Pflanzen- und Tierreichs und bezüglich der mineralischen Welt. Alles trägt in sich eine energetische Disposition, an die sich die entsprechenden kosmischen Kräfte andocken und so alles Leben ernähren. Es ist eine äußerst komplexe Welt, die Ihr die geistige Welt nennt und die Euch mit allem versorgt, was Ihr zum Leben und Sterben braucht.

Gleichzeitig baut Ihr Menschen ständig an Eurem Energiesystem in der geistigen Welt. Dies wird ebenfalls durch die diesen Energien angepassten Kräfte ernährt, natürlich feinstofflichst und okkult.

Wenn der Mensch sich entwickelt, steigt die Frequenz seines Energiesystems auf Erden und er nimmt sofort aus dem Od höhere Energiefrequenzen, die auch da immer feinstofflicher werden, auf. Sein geistiges Energiesystem nimmt höher schwingende „Nahrung" auf und die angedockten Kräfte ebenfalls. Höhere Lichtfrequenzen, die die Außenwelt des Menschen betreffen, werden abgestrahlt und stellen bessere Lebensbedingungen dar. So bleibt das Grundenergiesystem bestehen. In dem durch vorherige Seelenbeschlüsse bedingten Rahmen, ist aber Entwicklung möglich.

Alles ist miteinander verbunden, bedingt sich, fördert und stärkt sich. In diesem Spannungsfeld steht der Mensch und muss und darf sich entwickeln. Ohne das Od wäre er ein Klumpen lebloser Materie.

Lebt er das Leben gottgefällig, liebend, dankend, teilend und unterstützend, leistet also viel im Sozialen, so werden ihm Schätze zuteil, die er ansonsten nicht erhielte.

## Die Lichtsäulen

Zu Beginn des Wassermannzeitalters ist in mehreren Stufen ein höherwertiges Energiesystem in den Erdlogos implantiert worden, das weltweit seine Arbeit aufgenommen hat. Das Energiesystem besteht aus einem Lichtsäulengitter, dessen Säulen nach und nach installiert wurden. Die Arbeit an diesem Energiesystem begann bereits mit der Geburt des Jesus Christus Gottessohnes. Bei seiner Geburt im Stall von Bethlehem wurde durch die Geburtskraft und durch eine höchststrahlende Gottesliebeskraft die erste Lichtsäule auf Erden über dem Stall in Bethlehem errichtet. Die damalige Gestirnskonstellation mit der Jupiter-Saturn-Konjunktion war nicht nur ein Bild für die Geburt des Gottessohnes, sondern auch für den Beginn von Lichtsäulen auf der Erde. Auch für dieses kosmische Ereignis hat Johannes der Täufer Vorarbeit geleistet und den Weg in das Wassermannzeitalter freigemacht.

Von dieser Geburtsstätte ausgehend, wurden nach und nach Lichtsäulen errichtet. Jesus Christus war der erste Mensch auf Erden, der während seines Weges von Bethlehem nach Golgatha immer wieder dort Lichtsäulen errichtete, wo das Leid, die Not, die Gottesferne, die Angst, die Ungerechtigkeit und der Liebesmangel besonders groß waren. Er war der erste Mensch auf Erden, der aufgrund seiner Gott durchdringenden Kräfte in der Lage war, Lichtsäulen zu errichten und die Gotteswelt zu bitten, diese Lichtsäulen energetisch zu nähren. Lichtsäulen transformieren die feinstoffliche Lebensenergie, das Od, das Chi in den Kosmos und nehmen gleichzeitig kosmische, höher schwingende Energien auf. Mit diesem Tun hat der Jesus Christus Gottessohn die weitere Evolution auf der Erde entscheidend impulsiert. Neben seinem Tod, der zu einer Belebung und Durchlichtung der Erde führte, hat die erstmalige Errichtung einer Lichtsäule dazu geführt, diesen Durchlichtungsprozess von oben und unten zusammenzuführen und die weitere Entwicklung von Menschheit, Pflanzenwelt, Tierwelt, mineralischer Welt und Erdlogos sicherzustellen.

Es war dies ein kosmisches Ereignis und es bleibt ein kosmisches Ereignis. Jede Lichtsäule, die errichtet wurde oder errichtet wird, ist eine Bereicherung und Erweiterung des Transformationsgeschehens kosmosweit.

Der erste Lichtarbeiter auf Erden war also Jesus Christus Gottessohn. Während seines Lebensweges auf Erden wurden seine zwölf Jünger und als einzige Frau Maria Magdalena eingeweiht und autorisiert, Lichtsäulen zu errichten. Sie, die ihm am nächsten waren, wurden durch seinen Tod am Kreuz eingeweiht, Lichtsäulen dort zu errichten, wo sie es für wichtig und richtig befanden. Ihr Maßstab für die Errichtung von Lichtsäulen war das Wissen und die Liebe, die er ihnen vermittelt hatte. Es war dies höchstes Geheimwissen, so dass in keinem Evangelientext ein Hinweis darauf zu finden ist. Alle zwölf Jünger und Maria Magdalena wurden in diesem Sinne ausgesandt, das durchchristete Licht über die Erde zu verteilen.

Auch Judas, der Jünger, der durch sein Tun Christus in die Lage versetzte, seinen seit ewigen Zeiten vorgesehenen Einweihungsweg zu gehen, war autorisiert, Lichtsäulen zu errichten. Als ihm sein Irrtum beim Todesweg des Christus bewusst wurde, errichtete er voller Verzweiflung, gepaart mit einer größten Liebe für den Christus eine Lichtsäule, um dann seinem Leben auf Erden ein Ende zu setzen. Er verband damit düsterstes, eigenes Wut-, Schuld- und Verletzungspotential und höchstes heiliges, strahlendes Christuslicht.

Jeder Jünger und auch Maria Magdalena hatte sein eigenes, sehr spezielles Energiemuster mit den Lichtsäulen verbunden, die sie errichtet hatten.

Diese einzige Lichtsäule des Judas trägt in stärkster Form das gesamte Spektrum der menschlichen Spezies in sich. Ihr kam hiermit eine herausgehobene Aufgabe zu, auch bezogen auf die Handlungen während der Verurteilung und Kreuzigung des Christus.

Maria Magdalena, die dem Christus als Frau und als Spiegel seiner eigenen Seele sehr nahe stand, infiltrierte in die Lichtsäulen, die sie nach dem Tode des Christus errichtete, die kompletten Anteile weiblichen Seins. Ihr kam insofern in den ersten Jahren der Christianisierung ebenfalls eine herausgehobene Bedeutung zu.

Alle Jünger und auch Maria Magdalena konnten erst nach dem Tod des Christus Lichtsäulen errichten. Durch diese Lichtsäulen strömte ein vollkommen anderes Licht auf die Erde als es jetzt der Fall ist. Das Licht erhöhte kontinuierlich seine Frequenz und trägt immer mehr bewusstseinsentwickelnde Anteile in sich. Jetzt strömt durch die Lichtsäulen die Kraft des Ätherischen Christus und bringt neues Leben auf die alte Erde. Die Errichtung von Lichtsäulen wurde zu allen Zeiten von wenigen auserwählten Menschen vollzogen. Höchste Engelkräfte wachten über diese von Erden ausgehende große Lichtkraftpotenz einzelner Menschen. Alles was die Lichtsäulen betraf, war höchstes Geheimwissen und wurde vorwiegend über medial begabte Menschen auf die Erde transformiert. Die Lichtsäulen wurden so nach und nach auf der Erde installiert und transformierten im Laufe der Zeit größte Schattenpotentiale in den Kosmos und schütteten Christuslicht auf die Erde.

Christuslicht ist das Licht des Gottessohnes und konfessionsunabhängig. Alle Religionen, alle Menschen, auch Atheisten, sind an dieses Licht angeschlossen und werden davon genährt.

Der Grad der Sättigung, die Qualität des Lichtes, hängt von der Bereitschaft des Menschen ab, einen Gott, eine Schöpfung, einen Schöpfergeist als lebensrelevant zu akzeptieren. Das heißt, der Mensch bestimmt durch seine Zuwendung die Qualität des Lichtes, das er erhält. Er bestimmt dadurch die energetische Schwingung, auf der er sich bewegt und die ihn durchdringt. Also, er bestimmt (auch wenn er sich dessen nicht bewusst ist), seine Lebensumstände. Diese werden allerdings stärkstens durch vorherige Inkarnationen (das Licht der Inkarnationen) und die alles durchströmende ordnende Gotteskraft geprägt. Es ist der Karmische Rat, der alles prüft und entsprechend einordnet. Jetzt wirken im Karmischen Rat stärkstens die Kräfte St.Germain/Eolias, die, Karma auflösend, die jetzt wirkende Kraft des Ätherischen Christus verkörpern. Diese Kräfte lösen altes Karma „zum Preis" eines erhöhten Bewusstseins auf und beschleunigen die Aufarbeitungsprozesse, die ein Mensch während seines gesamten Lebens zu bewerkstelligen hat. Diese Kräfte wirken sich so aus, dass sehr schnell erkennbar wird, wo lebensfeindliche Kräfte wirken und der bewusster werdende Mensch ein verstärktes Bedürfnis hat, diese Blockaden zu erlösen. Bemüht sich der Mensch genau darum, strömt ihm eine helfende Lichtsubstanz zu, die ihm sein Handeln erleichtert.

So hat sich also nach und nach das Lichtsäulennetz auf der Erde erweitert. In gewisser Weise begann damit die echte Christianisierung. Die Christianisierung durch Menschenhand und Menschengeist trug und trägt in sich natürlich die nicht transformierten Schattenaspekte menschlichen Seins und war und ist daher mit eigennützigen Aspekten behaftet. Ganz anders bei der Christianisierung über die Lichtsäulen. Sie transformieren gerade die Schattenenergien des Menschen und verhelfen so über die Lebensenergie zu einem lichtvolleren, liebevolleren Leben.

## Die Weisse Bruderschaft

Die Art wie Lichtsäulen installiert werden war immer ein geheim gehaltenes Ritual. Auch heute noch ist das so. Nach dem Tod des Christus bildete sich die Weiße Bruderschaft als Gremium höchster eingeweihter aufgestiegener Meister. Sie treibt unter anderem die Lichtsäulenarbeit voran, ordnet und unterstützt. In diesem Gremium sind Energiepotentiale versammelt, die das gesamte Energiespektrum von Leben auf der Erde und im Kosmos in sich tragen. Es ist ein allwissender, allmächtiger Rat, der direkt dem höchsten Schöpfergeist, Gott, unterstellt ist. Diese Schöpferkräfte durchdringen sich ständig gegenseitig und ordnen, gestalten und impulsieren alles Leben.

Die Energien, die zur Zeit, also zu Beginn des Wassermannzeitalters, die Weiße Bruderschaft als Regentschaft führen, sind, wie schon erwähnt, die Kräfte St.Germain/Eolias. Sie sind aufgeladen mit den

Kräften des Ätherischen Christus, die sich jetzt in alles Leben hineinweben. Es sind höchste Licht- und Liebeskräfte, die die neue Zeit mit ihrem neuen Leben auf die Erde bringen. Die Kräfte des Ätherischen Christus sind höchste Heilkräfte, die Tod überwinden und Leben schaffen können. Jeder Mensch auf der Erde, jedes Tier, jede Pflanze, die Erde und die Mineralien, werden bereits aus diesem Licht genährt. Wenn der Mensch bewusst diese Kräfte ruft, sein Denken und Handeln daran ausrichtet und auch sonst lichtvoll lebt, wird er verstärkt versorgt aus diesem niemals sich lehrenden Kelch stärkster Kräfte.

Die Weiße Bruderschaft hat auf Erden ein Gremium von Menschen zusammengeführt, welches in der Lage ist, Lichtsäulen zu errichten. Dem Lichtrat gehören Männer und Frauen aller Hautfarben, Nationalitäten und Religionen an, mit unterschiedlichsten Berufen und unterschiedlichsten sozialen Lebensmodellen.

Ob Menschen Lichtsäulen errichten dürfen, hängt unter anderem von der Gott durchdringenden Lichtkraft ab, die ihnen zur Verfügung steht. Das heißt, die Strahlkraft, die sich in ihrem Wesen offenbart und die Qualität der Gottzugewandheit sind entscheidend für dieses Tun.

Die Lichtsäulen sind also ein energetisches Instrumentarium, das die göttliche Welt nutzt und einsetzt bei der Veränderung der Lebensverhältnisse auf der Erde. Lichtsäulen sind unter anderem die Verbindungsstelle, der Schnittpunkt zwischen oben und unten, zwischen Schatten und Licht. Die Lichtsäulen nehmen die positiven und negativen Energiepotentiale des Menschen auf und führen sie energetisch zum Sphinx, der vermaterialisierten Akashachronik auf Erden. Dort werden sie aufgespalten. Lichte, helle, hoch schwingende Potentiale strahlen in Form von positiven Lebensbedingungen zum Menschen zurück. Überwiegend negative Energien, mit niedriger Lichtfrequenz, werden weiter in den Kumarakristall geleitet. Dort werden sie transformiert in Licht, das die Erde durchstrahlt und in Gewissensimpulse, die den Menschen ereilen, der nicht lichtvoll gedacht oder gehandelt hat. Der Mensch fühlt Schuld, Minder, Angst, Wut, etc. und ein Unwohlsein im ganzen Körper. Diese Gefühle und Empfindungen sind ein Fingerzeig der göttlichen Welt und wollen dem Menschen sagen: „Halte inne, schau Dir Dein Denken, Fühlen und Handeln an - Du bist nicht in Deiner Mitte."

Dem Ego des Menschen ist es natürlich unangenehm, diese Gefühle und Empfindungen zu haben, so dass es als Reaktion gern Wut, Zorn, Aggression, Rechthaberei und dergleichen kreiert. Der Mensch kämpft dann im Außen statt im Innen, um der Ursache seines Unwohlseins auf die Schliche zu kommen. Parallel dazu nimmt er niedriger schwingendes Licht über seine Chakren auf, so dass ihm als kosmische Nahrung weniger Lebenskraft zur Verfügung steht.

## Sonnen-, Monden- und Sternenimplantate

Wie schon erwähnt, gibt es Monden-, Sternen- und Sonnenimplantate. Es sind die jeweils typischen Kräfte, die die Planeten und Sterne ausmachen. Die Sonnenimplantate haben sonnenfarbige, runde Strukturen und werden von der Sonne bei ihren grobstofflichen Explosionen feinstofflich abgegeben. Sie erstrahlen im Licht und sind (für Hellsichtige) verstärkt zu sehen, wenn die Sonne scheint. Auch deshalb geht es euch nach dunkleren Tagen um vieles besser, sobald die Sonne wieder scheint.

Vom Mond gleiten langsam zart strömende Fäden auf die Erde hernieder und strahlen ein zartes, silbernes Licht aus. Das Licht ist zu Vollmond am stärksten, reduziert sich zum Neumond hin, um dann wieder kraftvoller zu erstrahlen. Die Lichtsubstanz nimmt mit dem Mondenzyklus zu und ab.

Jeder Stern strahlt seine eigene, sehr spezielle Lichtsubstanz auf die Erde. Je nach Struktur des Sternes und seiner inneren Substanz (besonders wichtig bei Planeten und Fixsternen), ist die feinstoffliche Lichtkraft strukturiert. Dem (extrem) hellsichtigen Betrachter kommen farbige Lichtpartikel in runder Form entgegen, die ihn erkennen lassen, ob es sich um Licht von Mars, Venus oder Jupiter handelt. Diese Lichtpunkte sind wie Perlen auf einer Schnur aufgereiht und strömen am nächtlichen Himmel von oben nach unten. Nur sehr, sehr wenige Menschen dürfen und können dieses Licht sehen.

Eure Wünsche, Gedanken und Gefühle, Euer tatsächliches Tun erschaffen in Euch Energiegebilde, die eine Blaupause in der geistigen Welt kreieren. Dieses identische Energiegebilde in der geistigen Welt ist mit Eurer geistigen Führung verbunden und wird von ihr energetisch beaufsichtigt und geführt.

An das Energiegebilde in der geistigen Welt docken sich immer identische Energiemuster an. Die alte Weisheit wie oben so unten und wie innen so außen findet hier ihre Bestätigung. Die an die kosmischen Energiegebilde angedockten Kräfte gestalten die äußeren Lebensbedingungen des Menschen.

Sein soziales Tun, sein tatsächliches Tun und sein tatsächliches Unterlassen, finden sich im Menschen wieder in der energetischen Ummantelung des Energiegebildes, in der kosmischen Ummantelung und in der Ummantelung der angedockten Energiegebilde. Es sind Lichtfrequenzen, die die Qualität der Energiemuster bestimmen.

Ihr könnt daran immer wieder erkennen, wie wichtig Euer soziales Tun für eine erfüllende Lebensgestaltung ist.

Wenn der Mensch durch veränderte Wünsche, Gedanken, Gefühle und soziales Tun ein neues, höheres Energiemuster gestaltet, so bricht das alte Energiemuster sofort ein und lässt die höher frequentierten Kräfte wirken. Das heißt, ein neues kosmisches Energiemuster entsteht, es docken sich höher schwingende kosmische Energiemuster an und positivere Umstände stehen dem Menschen auf der Erde zur Verfügung.

Das heißt, bei einer positiven Entwicklung entstehen sofort positivere Energiemuster.

Verliert sich der Mensch dagegen in negativen Gedanken, Gefühlen und destruktiven Wünschen, in negativem Handeln und leistet er weniger im Sozialen, so verändern sich die Energiemuster langsamer, darauf hoffend, dass der Mensch sich verändert und lichtvoller ins Leben tritt.

## Die Energieblöcke

Wie Ihr Menschen wisst, produziert der Mensch durch sein Denken, Fühlen und Handeln ständig Lichtpotenziale, die in alle Welt und vor allem zum Kristall unter dem Sphinx strahlen.

Dort wird das hoch frequentierte Licht aufgespalten und zurück zum Menschen in sein Energiesystem, seine Energiegebilde, aber auch in sogenannte Energieblöcke gestrahlt. Diese Energieblöcke sammeln wesensidentische Kräfte wie Liebe, Freude, Dankbarkeit, Heilung und stärken so den kosmischen Lichtzirkus und alles Leben.

Das vom Menschen abgestrahlte niedrig frequentierte Licht, das nach seiner Spaltung zum Kumarakristall strömt, wird dort eingelagert, transformiert und in Form von Gewissensbissen, Schuld und Unwohlsein zum Menschen zurückgestrahlt. Gleichzeitig strahlt Licht von Angst, Schuld, Mangel, Minder, gar Hass, je nachdem, welchem Potential es zuzuordnen ist, in entsprechende Energieblöcke. Die Energieblöcke, die dieses schwach frequentierte Licht speichern, werden immer größer und lasten tonnenschwer auf allem Leben und Sterben.

Energetische Impulse gehen von den Energieblöcken zu Akashachronik, Land Shambala und der 9. Stufe göttlich schöpferischer Gestalterkräfte und laden so die Weltenseele auf. Belastete, schwach frequentierte Potentiale werden zuvor wie alles Licht gesegnet, damit die Voraussetzungen zum Einlass in die Weltenseele überhaupt gegeben sind. Auch die Weltenseele hat verstärkt mit Potentialen zu tun, die nicht licht und strahlend sind.

Die Veröffentlichung dieser Texte soll unter anderem auch bewirken, dass die Energien in den Energieblöcken höher frequentiert werden.

Ihr wisst, dass sich die Seele einen Zeitpunkt, einen Ort und Eltern für die Inkarnation erwählt. Anhand des Horoskops ist erkennbar, welches Energiemuster, welche Schwächen und Stärken dem Menschen für diesen Lebensweg mitgegeben werden. In der erwählten Lebenssituation findet der Mensch die ideale Konstellation, um diesen von seiner Seele und dem Hohen Selbst als göttlichen Anteil erwählten Plan zu leben. In die Seele ist ein sogenannter Lebens- oder Lichtpunkt implantiert, der wie ein Knäuel konstruiert ist und nach und nach entsprechende Kräfte freigibt. Dieser Lebenspunkt ist eine ebensolche Lichtkonfiguration, wie der sich abspulende Faden ein Lichtfaden ist.

Der Lichtfaden als Teil des Licht- und Lebenspunktes spult sich in einem immer gleich bleibenden Tempo ab. Ihr Menschen könnt nichts beschleunigen, was noch nicht in die Welt treten soll. Es ist ein göttliches Gesetz, das dem Bibeltext entspricht: „Es gibt eine Zeit der Freude, es gibt eine Zeit der Trauer, es gibt eine Zeit des Aufbruchs, es gibt eine Zeit der Stille …"

Diese Energien des Lichtpunktes korrespondieren mit den Gestirnskräften zum Zeitpunkt der Geburt und mit den Gestirnskräften, die ständig auf alles einwirken. Das heißt, Ihr könnt anhand astrologischer Kenntnisse und des Horoskops durchaus sehen, welche Energien im Menschen wirken und auf welche grundsätzlich vorhandenen Energiemuster sie stoßen. Bei derartigen Beratungen ist ein hoher Entwicklungsstand des Beraters und das Einbeziehen geistiger Kräfte unerlässlich. Das heißt, vor der Beratung sollte ein Gebet gesprochen werden, sodass sich die Kräfte des Ätherischen Christus im geschützten therapeutischen Raum ausbreiten können.

Mit der Geburt implantiert sich der Lebenslichtpunkt in die Geistseele des Menschen. Dieser Lebenslichtpunkt oder auch BIN-Punkt genannt, ist höchstes strahlendstes Licht und hat in sich wesentliche Kräfte, die den Menschen und seinen Lebensweg bestimmen, gespeichert. Dieser Lebenslichtpunkt ist Teil der Geistseele und wird jeweils zu Beginn eines Lebens energetisch von dieser aufgeladen. Das heißt, im Lebenslichtpunkt sind Kräfte aus vorherigen Inkarnationen sowie die Visionen des Menschen gespeichert. Diese Visionen sind die Kräfte der 9. Stufe göttlich schöpferischer Gestalterkräfte. Gleichzeitig durchzieht diese Energien die Kraft des Landes Shambala. Das heißt, die göttlichen weisheitsvollen Gesetze impulsieren die Lichtsubstanz ebenfalls. Ebenso wird auch das Licht ehemaliger Verfehlungen (besonders der starken Verfehlungen) sowie das Licht besonders großartiger Taten im Sozialen und Spirituellen energetisch implantiert. Diese Lichtimplantate geben dem Menschen ein sehr gesundes und kraftvolles Selbstbewusstsein und Selbstwertgefühl oder sie lassen es daran mangeln.

Dieser Lichtfaden hat Laserqualität und ist in jede Zelle implantiert und entwickelt über die Zellmasse des Menschen immer neues Leben. Der Lichtpunkt gibt Lichtimpulse, die in die grobstoffliche Materie hineinwirken und über den Körper weiter nach außen treten. Lichtimpulse durchdringen also die Seele, den Körper und strömen sodann zum Geist und dem Hohen Selbst des Menschen.

## Aufbau der DNA und das Gesetz der Evolution

Das bedeutet, der Lichtfaden und der Lebenslichtpunkt sind Teil der DNA. Die DNA trägt in sich das genetische Material des Menschen, das gerade in der jetzigen Zeit immer mehr untersucht wird von Euren Wissenschaftlern, die mit größter Wissensgier und Respektlosigkeit gegenüber den Geheimnissen des Lebens zu Werke gehen. Da diese Forschung ohne starke Herzens- und Liebeskräfte und meist ohne eine spirituelle Ausrichtung geschieht, ist es als Gegenpol daher besonders wichtig, dass das Geheimwissen, das den feinstofflichen Lebensbereich betrifft, jetzt offen gelegt wird. In der DNA ist also als feinstofflicher Teil der Lichtpunkt implantiert, der natürlich mikroskopisch nicht festgestellt werden kann. Im Prozess des Wachstums spult sich der Lichtfaden ab. Da er in sich Energien aus vorherigen Leben trägt, dazu

Visionen bezüglich des zukünftigen Lebens und allgemeine weisheitsvolle Lebensgesetze, ist dieser feinstoffliche Lichtfaden genauso wie die DNA gewunden. In diesem Lebenslichtpunkt sind auch Seelenbeschlüsse anderer Seelen implantiert, die für das Leben des betroffenen Menschen Bedeutung haben. Ihr könnt Euch nicht vorstellen, wie komplex der Lebenslichtpunkt und der Lebenslichtfaden sind. Sie tragen natürlich auch die eigenen Seelenbeschlüsse in sich.

So läuft langsam, langsam der Lebensfaden ab und gibt alte Seelenbeschlüsse, alte Verstrickungsmodelle, neue Lebensvisionen und Teile der Lebensmatrix frei. Diese Kräfte durchdringen Seele, Geist und Körper des Menschen und treten sodann nach außen. Im Außen ist der Spiegel, das Gegenüber, aber auch man selbst. Der bewusste Mensch kann sich im Außen erkennen. Dem unbewussten Menschen ist dies nicht möglich. Er tappt von einer Falle in die nächste und kämpft gegen Gott und die Welt.

Über allem steht das Gesetz der Evolution. Dieses Gesetz der Evolution folgt dem allmächtigen göttlichen Ratschluss, aus dem sich alles Leben auf der Erde und in anderen kosmischen Regionen entwickelt. Alles wird durch Licht- und Liebeskräfte gesteuert und folgt einem universellen Lebensplan, der ewig war, ist und sein wird. Höchste geistige Kräfte impulsieren und kontrollieren dieses Geschehen. Die Weiße Bruderschaft ist das Gremium, das aus der geistigen Welt heraus diese allmächtigen, allwissenden Kräfte leitet, führt und kontrolliert. Um das evolutionäre Wachstum auf Erden sicherzustellen, müssen auch auf der Erde höchst entwickelte Menschen bereit und in der Lage sein, die Kräfte zu stützen, weiterzuleiten und zu impulsieren.

Wenn der Lebenslichtpunkt langsam abspult, wird immer neues Leben kreiert. Jede Zelle, die Seele, der Geist, das Hohe Selbst, alle sind involviert in diesen ohnegleichen komplizierten, höchsten göttlichen Ansprüchen gerecht werdenden Prozess. Ihr Menschen könnt die Komplexität, Einmaligkeit all dieser Prozesse nicht erfassen. Ihr müsst das akzeptieren und auf Eure Art prüfen. Naturwissenschaftlich ist dieser Prozess natürlich nicht beweisbar und das ist auch nicht beabsichtigt.

Die Lichtimpulse, die der Mensch abgibt, gehen durch ihn durch und bilden seinen Lichtkörper. Dort verbleiben sie nicht, sondern verströmen sich in die Außenwelt. Dort stoßen sie auf Lichtfäden anderer Menschen und stoßen auf Energien, die die Lichtfäden sich verbinden oder aneinander vorbeiziehen lassen. Die Lichtfäden verbinden sich, wenn die Menschen etwas miteinander zu tun haben. Unterschiedlichste Energien können da aufeinanderstoßen und unterschiedlichste Lebensszenarien begründen. Hier sind die alten Beziehungen aus vorherigen Inkarnationen prägend, das, was die Seele als Vision entwickelt hat und die Entwicklungsstufe, die der Mensch jetzt erreicht hat. Also Kräfte aus Akashachronik, Land Shambala und 9. Stufe göttlich schöpferischer Gestalterkräfte gehen eine Verbindung ein. So sind die angestrebten Ziele im Sozialen sehr verschieden.

Anfänglich hellsichtige Menschen können den Lichtmantel sehen, der sich um den Menschen herumlegt und ihn schützt. Ja, der helle Lichtmantel schützt den Menschen vor störenden Strahlen aus dem Kosmos, aus der Erde und vor anderen Menschen. An diesem Lichtmantel prallen gerade auch Gedankenformationen und Begehrlichkeiten anderer Menschen ab. Ihr wäret sonst dem Wohl und Wehe anderer Menschen so sehr ausgeliefert, dass Ihr gar nicht Euren eigenen Weg gehen könntet. Der extrem hellsichtige Mensch kann zudem auch sehen, wie feinstoffliche, zarteste Lichtstrahlen vom Menschen abgestrahlt werden. Das sind die vom Lebenslichtpunkt abgespulten Lichtfäden, die sich so in die Welt verströmen. Die Lichtfäden tragen in sich darüber hinaus die Gedankenformationen des Menschen, die er gebildet hat und die sich mit Gott und der Welt beschäftigen. In den Lichtfäden sind auch die Gefühle und Empfindungen implantiert, außerdem die Wünsche des Menschen. Um der Unvorstellbarkeit all dessen noch das i-Tüpfelchen aufzusetzen sei vermerkt, dass auch das soziale Tun und sein Unterlassen in diese Lichtstrahlen eingebunden werden, als Energieimpuls, so wie alles andere auch.

Ihr seht, der Mensch ist ein gottgleiches Wesen, das jetzt zu Beginn des Wassermannzeitalters erfahren darf, welche großartigen Kräfte in ihm wirken und wie sehr er der Gestalter seines Lebens und Sterbens ist.

### Geburt und Lebenstableau

Jetzt bildet sich also einerseits ein Energiegebilde in der geistigen Welt, das den Gedanken, Gefühlen, Wünschen und dem sozialen Tun des Menschen entspricht, ein identisches Energiegebilde dockt sich an und strahlt das entsprechende Licht zu dem Menschen. Diese Kräfte sind natürlich mit der geistigen Führung des Menschen verbunden. Gleichzeitig strahlt der Mensch wie ein lichter Körper oder vielstrahliger Stern.

Der Lichtmantel und die Lichtstrahlkraft hängen von der Entwicklungsstufe des Menschen ab und werden stärkstens von seiner Liebeskraft geprägt. Die Liebeskraft ist Teil der Gottesliebe, die der Mensch reaktivieren kann. Jeder Mensch ist Liebe, reine göttliche Liebe, wenn er seinen ersten Atemzug tut. Auch behinderte, erkrankte, unerwünschte Menschen sind unmittelbar nach der Geburt Liebe, göttliche Liebe. Das Verschmelzen von Hohem Selbst, Seele und Körper außerhalb des Mutterleibes ist für das gerade geborene Wesen wie ein Licht-Liebes-Friedensfest, so wie die parallel verlaufende Begegnung mit der Christuskraft eine allerhöchste kosmische Freude ist. Jeder Mensch, egal welcher Konfession er angehört, hat diese Begegnung auf der Schwelle zum Eintritt in das Erdenleben. Es ist ein kosmisches Erlebnis, das der Begegnung mit dem Christus bei der Beendigung des Lebens gleichkommt. Es ist immer ein Friedensfest in der geistigen Welt und wirkt dort wie ein stärkster Lichtimpuls.

Dann taucht bei der Geburt der Körper in die Erdenschwere ein und muss sich mit ganz neuen Gegebenheiten zurechtfinden. Im Augenblick der Berührung mit der Christuskraft läuft ein Lebenstableau ab, das Seele, Geist, Hohes Selbst, Ich und Körper impulsiert. Das Lebenstableau ist im Lebenslichtpunkt implantiert und wird ebenfalls über Licht in jede Zelle weitergegeben. Neben dem Lebenstableau trägt der Lebenslichtpunkt kosmische Kräfte in sich, die der Gestirnskonfiguration zum Zeitpunkt der Geburt entsprechen.

Wesentliche Ereignisse im sich entwickelnden Leben steigen dem Menschen auf der Schwelle auf und tauchen in Windeseile wieder im Meer der Unbewusstheit unter. Manche Menschen fühlen sich der Schwere des sie erwartenden Lebens nicht gewachsen und ziehen sich mit ihren Seelenkräften aus dem Körper heraus. Ihr sprecht dann von nicht erklärbarem, frühkindlichem Tod.

Lichtenergie ist das wesentliche Element bei der Zellkommunikation. Professor Dr. A. F. Popp hat dies physikalisch nachweisen können.

Mit Hilfe eines Biotensors können diese Lichtenergien gemessen werden.

Der Heiler, Heilpraktiker oder ein in dieser Richtung orientierter Arzt kann mit dem Biotensor oder anderen Radionikgeräten die Lichtfrequenz eines Organs, eines Körperteils usw. messen. Diese Lichtfrequenz ist messbar, da alle Zellen über Licht miteinander kommunizieren. In jedem Organ und in den verschiedenen Körperteilen sind aber unterschiedliche Frequenzen gespeichert. Ursprung ist der Lichtpunkt, der sich bei der Geburt in den Körper als geistig-seelische Substanz inkarniert. Dieser Lichtpunkt verbindet sich mit der DNA, dem genetischen Potential, und schickt als mit ihr verbundener Lichtfaden diese Energie in jede Zelle.

In jeder Zelle befindet sich also über dem ablaufenden Lichtfaden ein Lichtpunkt, der als Urimpuls jede einzelne Zelle belebt. Er „bewohnt" den Zellkern und durchdringt jeden Teil der Zelle mit seinem Licht. Der Lichtpunkt ist jeweils der entsprechenden Funktion der Zelle angepasst und trägt in sich die Lichtsubstanz, um diese Zelle dem schicksalhaften Beschluss des Menschen gemäß arbeiten zu lassen. Das heißt, Behinderungen, Störungen oder auch kraftstrotzende Gesundheit verbinden sich über den Lichtpunkt mit jeder einzelnen Zelle und bestimmen so das Leben des Menschen.

Im Laufe des Lebens spult sich in immer gleich bleibendem Tempo der Lebenslichtfaden ab und bringt als Lichtpunkt die schicksalhaften Beschlüsse in jede Zelle des Menschen. Gleichzeitig kreiert sich der Mensch durch sein Denken, Fühlen und Handeln, durch seine Spiritualität und sein soziales Engagement ein eigenes, sein eigenes Licht. Dieses Licht strömt zum Kristall unter dem Sphinx und wird abgeglichen zwischen Anspruch und Wirklichkeit. Je nachdem wird das Licht aufgespalten in Licht, das direkt zum Menschen zurückstrahlt, sein

Energiegebilde auflädt und ihm positive Lebensverhältnisse beschert und in Licht, das in den Kumarakristall strahlt, dort energetisiert und eingelagert wird und als Licht zurückstrahlt, das dem Menschen Schuldgefühle, Gewissensbisse, Not und Pein verursacht. Auch dieses Licht verbindet sich mit dem Licht des Lichtpunktes und beeinflusst so das Leben des Menschen.

Es ist ein höchster Schöpferakt, es ist göttlicher Wille, wenn sich aus dem Lichtpunkt in Verbindung mit der DNA in jede Zelle der Lichtfaden implantiert. Das Besondere daran ist, dass der Lichtfaden für jedes Organ, für jeden Körperteil, für jede Drüse und jede Zelle eine spezielle Lichtfrequenz entwickelt. Der Lichtfaden legt sich wie eine lichtvolle Blaupause auf den Menschen, hat Menschengestalt und ist der personifizierte göttliche Schöpferimpuls auf Erden. So wird jede Zelle auf ihre Art gebildet und über Licht und Nahrung ernährt. Die Nahrung, die Ihr aufnehmt, wird zuvor verstoffwechselt und so mit Licht, dem für jede Zelle genau richtigen Licht, aufgeladen. Das Licht habt Ihr zuvor über Eure Chakren und Meridiane und den Atem aufgenommen. Feinstofflichst ist also jede Zelle unterschiedlich durchlichtet. Die Organe bilden dabei frequenzähnliche Lichthaufen und werden von ihnen geprägt. Entscheidend ist immer die Funktion, die Aufgabe, die die Zelle oder eine Mehrzahl von Zellen hat. Die Niere hat also eine andere Lichtfrequenz als die Leber, die Milz etc.

Alles zusammen wird der Lichtfrequenz des Menschen untergeordnet, da jeder Mensch eine sehr individuelle Lichtfrequenz hat. Genauso wie er eine eigene, sehr spezielle DNA besitzt. Jeder genetische Code ist einmalig. Jedes vom Menschen gebildet und abgestrahlte Licht ist einmalig.

Das bedeutet, dass mit einem Biotensor o.ä. nicht die grobstoffliche Energie d.h. der allgemeine „Gesundheitszustand“ eines Organs, einer Drüse, usw. gemessen wird, sondern der energetische Zustand.

Die Wirbelsäule ist beim Menschen wie der Stamm eines Baumes. Von hier erstrahlt der mit der DNA verbundene Lichtpunkt zum Lichtfaden und in den ganzen Körper hinein. Wenn der Tod eintritt, strahlt alles Licht des Körpers nach außen, aus jeder Zelle wird der Lichtfaden, Lichtpunkt als Lichtstrahl nach außen gelenkt. Das Licht in der Wirbelsäule strahlt in einem größten Liebesakt durch das Scheitelchakra in den Kosmos. Hierin ist die Geistseele implantiert. Zeitgleich läuft das Lebenstableau ab und der Mensch erlebt aus übergeordneter Sicht sein gesamtes Leben. Dann zieht sich der Lichtpunkt als geistig-seelische Substanz in die geistige Welt zurück und macht dort seine sehr wichtigen Prozesse.

Das über den gesamten Körper abgestrahlte Licht bewirkt einen großen Liebesfriedensakt im Körper des Menschen und läutert ihn bis zu drei Tagen nach dem Tod. Solange finden noch Veränderungen bei der Leiche statt, die sich besonders im Gesichtsausdruck zeigen. Danach sollte der ehemals belebte Körper unbedingt den jeweils üblichen Prozessen der Trennung vom Lebensfeld übergeben werden.

Während des Schlafens zieht sich das Licht aus dem Körper in die Wirbelsäule zurück. Teile des Lebenslichtfadens lösen sich über das Scheitelchakra vom Körper und steigen in den Kosmos.

Dabei werden wichtigste Prozesse vollzogen und neue feinstoffliche Lebensenergie dem Körper zugefügt. Der Lebenslichtfaden muss auch während des Schlafens mit dem Menschen verbunden bleiben, da sonst der Tod eintritt.

## Lichtspiralen in den Zellen

In den Zellen der Köperflüssigkeiten, der Säfte und Sekrete und auch im Atem befinden sich Lichtspiralen.

Im Blut befinden sich z.B. Lichtspiralen, die unter anderem die Rechtsrotation und die Ich-Kraft des Blutes in sich tragen. Durch die winzig kleinen Lichtspiralen erhält das Blut seine Odung, seine ureigenste Prägung. Da die Lichtspiralen Teil des Lichtpunktes/Lichtfadens sind, unterscheidet sich das Blut dadurch von dem Blut jedes anderen Menschen. Im Blut der Tiere ist in den vorhandenen Lichtspiralen nicht die Ich-Kraft implantiert, sehr wohl aber die Gruppenseelenzugehörigkeit des Tieres, sein animalischer Instinkt und sein Wesen.

In allen übrigen Flüssigkeiten und Säften des Menschen befinden sich ebenfalls nur dem sehr hellsichtigen Auge erkennbare Lichtspiralen, die in Verbindung stehen mit Lichtpunkt und Lichtfaden. So hat jede im Menschen gebildete und befindliche Flüssigkeit ihre sehr individuelle Odung über Lichtspiralen und Lichtpunkt.

In der Lymphe befindet sich, ebenso wie im Blut, im Liquor und in den Sekreten der Drüsen, neben der DNA also eine feinstofflichste, individuelle Kraft, die naturwissenschaftlich noch nicht festgestellt werden kann und soll. Bei negativem Denken, Fühlen und Handeln, sozialinaktivem Tun und reduziertem sozialem Eingebundensein reduziert sich die Anzahl der Lichtspiralen im Atem, in jeder Zelle, in allen Flüssigkeiten, Sekreten und Säften. Das gesamte Spektrum wird lichtspiralenarm, die Gesundheit des Menschen nimmt ab, er ist unzufrieden, gar depressiv und krank. Bei Gebeten, Meditationen, liebevollen Handlungen, bei guten gehaltvollen Gedanken und Gesprächen werden Lichtspiralen durch das hochfrequente, positiv auf den Menschen zuströmende Licht „geboren“. Sie entstehen aus dem unendlichen Gotteslichtstrom heraus und werden durch die Kraft des Gottessohnes und des allmächtigen Geistes implantiert. Steigt die Zahl der Lichtspiralen im Körper, so geht es dem Menschen sofort besser. Er ist positiv gestimmt, kraftvoller, er hat mehr Vertrauen und Liebeskräfte, und drängt krankmachende Energien in seinem Körper zurück. Sie werden von den zunehmenden Lichtspiralen aufgesogen und eliminiert.

Ihr seht hier den ursprünglichen Vorgang beschrieben, der zu mehr Liebe, Freude, Gesundheit, gar Heilung führt.

Kommen jetzt durch Gebet, Meditation und Wissen über die Christuskraft entsprechende Energien dazu, so glitzern die Lichtspiralen, da sie durch glitzerndes Licht aufgeladen werden und bringen dem Menschen noch größere Heil- und Segenskräfte.

Die Lichtspiralen in Blut, Liquor, Lymphe, Säften und Sekreten sind also mit dem Lichtpunkt und Lichtfaden des Menschen verbunden. Die Inkarnationen alten Beschlüsse des Menschen, seine schicksalhaften Kräfte, seine Spiritualität, alles, was seine Individualität ausmacht, befindet sich auch in allen Flüssigkeiten seines Körpers und haben dadurch genau die Lichtfrequenz des Menschen, die ihn auch sonst auszeichnet. Bei liebevollen, sozialaktiven, spirituell unterlegten Handlungen des Menschen werden auch seine Säfte, seine Flüssigkeiten, energetisch aufgeladen, bei niedrig schwingenden Gedanken, Gefühlen und Handlungen sinkt die Frequenz ab. Der Verlauf geschieht über das Licht, das fortwährend entsteht, zwischen Seele und Hohem Selbst abgeglichen wird und sodann seinen Weg zum Sphinx und zum Kumarakristall nimmt. Wie Ihr wisst, strahlt das Licht nach seinem Weg durch Erdlogos und Universum genau so zum Menschen zurück, wie er es sich erschaffen hat und göttliche Kräfte es entsprechend segneten. Ja, die Schöpferkraft, die Gotteskraft, der Daseinsgrund alles Seins segnet in seiner Allwissenheit, Allliebe und Allgottessohnkraft jeden Lichtstrahl, der irgendwo weltweit, kosmosweit entsteht und gibt ihm so Richtung, Ziel und Impulse, die den Menschen entweder als Gewissensbisse, Zweifel Angst und Not oder Liebe, Freude, Dankbarkeit und Wissen um den Sinn allen Lebens erreichen.

Jede Zelle des Menschen wird durch das von ihm kreierte und von der Gotteswelt gesegnete Licht aufgeladen.

Für die Aufladung der Zelle und jede feinstoffliche, energetische Veränderung sind die Lichtspiralen als funktionale Instrumente erforderlich. Sie bilden eine Einheit mit dem Lichtpunkt und verbinden energetisch diese Kräfte mit der DNA, dem Zellkern, den Mitochondrien etc..

So wie die Lichtsäulen ein Instrumentarium der Gotteswelt sind, um die neue Zeit und weitergehende Kräfte auf die Erde zu transformieren, so sind die Lichtspiralen in jeder Zelle des Menschen ausübende Instrumentarien, um die Kräfte des Lebens und Sterbens überallhin zu transformieren. Lichtspiralen sind also in jeder Zelle der Flüssigkeiten, Säfte und Sekrete und auch im Atem, wenn der Mensch dies durch sein Denken, Fühlen und Handeln zulässt. Besonders zeitnahe und individuell ausgeübte Spiritualität bewirkt eine Zunahme der Lichtspiralen im Atem, aber auch in den Flüssigkeiten.

## Das Chakren- und Meridiansystem

Der Mensch hat ein Energiesystem, über das er Lichtenergie in seinen Körper aufnehmen kann. Wir nennen diese Lichtenergie Chi, Od, Orgon und sie wird vom Menschen über sein Chakren- und Meridiansystem sowie seinen Atem aufgenommen.

Über die Chakren, die Meridiane und den Atem wird der Mensch also kosmisch genährt und ist darüber in Verbindung mit der göttlichen Welt.

Die Lebensenergie enthält einerseits lebensnotwendige feinstoffliche Kräfte, die den Menschen in seiner grandiosen Anlage von Gottgleichheit nähren und andererseits überträgt sie die Lebensumstände, die den Menschen ereilen.

Die Trägersubstanz ist Licht. Licht wird energetisiert durch genau die Energien, die der Mensch zum Leben braucht. Für euch Menschen ist diese Energie, die in eure Systeme hinein- und wieder herausströmt mit den derzeit bekannten Geräten und Maschinen nicht zu untersuchen.

### Wie bildet sich Lebensenergie und wie kommt sie zum Menschen?

Wie Ihr wisst, bildet der Mensch durch seine Wünsche, Gedanken und Gefühle sowie sein soziales Tun Energiegebilde, an die sich ebensolche Energiegebilde andocken. Diese angedockten Energiegebilde schicken das Licht zur Erde, das dem Energiesystem entspricht, welches der Mensch durch sein Tun und Unterlassen kreiert hat.

Die angedockten Energiemuster strahlen Licht zum Menschen und die jeweils angemessene Energie strudelt, transportiert von Licht, in die Chakren hinein.

### Die sieben Hauptchakren

Über das *Scheitelchakra* strudelt die Energie, die die spirituelle Reife des Menschen ausdrückt.

Über das *Stirnchakra* die Kräfte, die seine soziale Kompetenz entsprechend seiner Lebensidee widerspiegeln.

Über das *Halschakra* die Kräfte, die ihn zur rechten Zeit, am richtigen Platz, mit den richtigen Menschen sein lassen.

Über das *Herzchakra* strudeln Liebeslebenskräfte, die oben und unten verbinden.

Der *Solarplexus* nimmt die Energie auf, die dem sozialen Tun des Menschen entspricht.

Das *Sexualchakra* nimmt die Lebensenergie auf, die der sexuellen Energie entspricht, die der Mensch in sich aufbaut.

Über das *Wurzelchakra* strudelt die Energie, die die Verbundenheit und Liebe des Menschen zur Erde ausdrückt.

Gleichzeitig hat der Mensch von Anfang an einen Lebenslichtpunkt in sich, der durch einen Lichtfaden das Schicksal ablaufen lässt, welches für den Menschen vorgesehen ist. Es ist ein Konglomerat aus Akashachronik, Land Shambala und der 9. Stufe göttlich schöpferischer Gestalterkräfte.

Dieser Lichtfaden ist in alle Zellen implantiert und strahlt auch nach außen, bildet die Lichthülle des Menschen und strahlt noch weiter in den Kosmos. Dort verbindet sich der Lichtfaden mit einer Euch Menschen unvorstellbaren Präzision mit dem Licht, das vom Energiesystem des Menschen aus der geistigen Welt zu ihm hernieder strahlt. Das Licht des kosmischen Energiesystems trägt in sich die Wünsche, Gedanken und Gefühle des Menschen sowie sein soziales Tun. Die aus dem Körper hervortretenden Lichtstrahlen sind durch Inhalte aus der Akashachronik dem Land Shambala und der 9. Stufe göttlich schöpferischer Gestalterkräfte geprägt. Sie tragen in sich die Inkarnationen alte Vergangenheit des Menschen, die geistigen Gesetze des Lebens und die Visionen des Menschen. Außerhalb des Körpers verbinden sich diese zueinander gehörenden Kräfte und bilden einen unvorstellbar starken Energiestrom.

Es ist natürlich ebenfalls eine Lichtsubstanz, die in Form von Lichtwellen und Lichtpunkten in den Körper strudelt. Die Lichtwellen sind pluspolig (elektrisch), die Lichtpunkte sind minuspolig (magnetisch).

Sie tragen einmal elektrische Energien und einmal magnetische Energien zum Menschen. Die Inhalte sind beim plus- und minuspoligen Licht gleich. Allerdings ist die Aufladung verschieden.

So wird das plus- und minuspolige Licht von den Meridianen und Chakren angezogen und aufgesogen. Das Licht hat eine Euch bisher unbekannte Dynamik mittels derer es in das Chakren- und Meridiansystem drängt. Über den Atem wird plus- und minuspolige Energie durch die Luft aufgenommen. Es ist immer genau die Energie, die zum Menschen passt. Natürlich sind darin auch krankmachende, Unfall verursachende, Not herbeiführende Kräfte. Es ist das, was der Mensch sich selber immer wieder erschafft. In dieser Energie, so feinstofflich und flüchtig sie auch ist, lebt Gott. Mag der Mensch auch Atheist sein, ständig atmet er Gott ein und nimmt ihn über sein Chakren- und Meridiansystem auf. Natürlich geht es ihm besser, wenn er gottgläubig ist als wenn er diese Kräfte leugnet.

Die Spiritualität des Menschen strömt ihm immer wieder in Form silberner glitzernder Bänder im plus- und minuspoligen Licht entgegen und strömt so in seinen Körper hinein. Freude, Liebe, Dankbarkeit bilden ebensolche glitzernden Lichtbänder. Auch sie strömen zum Menschen zurück und machen ihn zufrieden, gesund und ausstrahlungsstark.

Bei Hektik, Stress, Wut, Zorn, Hass, Aggression, aber auch bei Neid, Eifersucht, Gier, Geiz, Minder, Schuld und Angst, bilden sich keine silbrig glänzenden Lichtbänder in der Lichtenergie. Es strudelt niedrig frequentiertes Licht in die Chakren und Meridiane und vermittelt dem Menschen nicht das Wohlbefinden wie es bei silbrig glänzendem Licht ist. Der Mensch ist missgestimmt, ängstlich etc. und zieht ungünstigere Lebensumstände an.

Die Lebensenergie, die in die Chakren, die Meridiane und durch den Atem in den Körper hineinströmt, wird sodann im ganzen Körper verteilt. Über den Atem strömt sie als Teil der Luft in die Lungen und ins Blut. Über die Chakren wird sie an die Nadis gegeben und über die Meridiane auf „Leitbahnen" des Körpers weiterverteilt. So ist eine optimale Versorgung des Körpers, des Geistes und der Seele gewährleistet. Zumindest dann, wenn der Mensch der göttlichen Welt huldigt, nach ihren Gesetzen lebt und sich auf der Erde als soziales Wesen in das große Lebensgefüge einbindet. Das nun ist die Schwierigkeit für den Menschen, nicht nur der Jetztzeit.

## Gottesnähe – Gottesferne – die innere Stimme

Nach der Geschlechterteilung, dem Sündenfall, hat der Mensch immer mehr Verantwortung für sich und sein Tun übernehmen müssen und wollen. Die stärker werdenden Egokräfte und die zunehmende Gottesferne führten dazu, dass sich der Mensch immer leichter im Sozialen verfing und somit die geistigen Gesetze des Lebens und Sterbens immer weniger beachtete und respektierte.

Jetzt, zu Beginn des Wassermannzeitalters, ist der Mensch vielerorts wie abgetrennt von der geistigen Welt, von der Schöpfung, von der Natur. Er ist wie benebelt von den immer stärker werdenden Egokräften in ihm und hat häufig genug keinen Kontakt zu seiner inneren Stimme.

Die innere Stimme ist die Ausdruckskraft des Hohen Selbst, das in jedem Menschen die göttlichen Kräfte ausdrückt. Durch Hektik, Stress und Lebensängste, gepaart mit einer großen Gottesferne, kann der Mensch seine innere Stimme nicht mehr hören. Sie muss sich notgedrungen zurückziehen, da ihr der Lebensboden systematisch entzogen wurde. Den Lebens- und Nährboden der inneren Stimme bilden:

die Ruhe
die liebende Ausrichtung auf Gott, die Schöpfung , die Natur
ein aktives, soziales Tun zum Wohl aller Lebewesen.

Wenn der Mensch z.B. liebend teilt mit anderen Menschen, bildet sich in seinem Energiefeld eine silbrig glänzende Lichtenergie, die ihn Freude, Dankbarkeit und Liebe sich selbst und dem Leben gegenüber spüren lässt. Dasselbe entsteht, wenn er liebt, lacht, fröhlich und unterstützend ist. Diese Energien lassen sodann in der geistigen Welt höher energetisierte Energiegebilde entstehen, ein entsprechendes Energiegebilde dockt sich an und strahlt so dem Menschen sein eigenes gutes Tun in Form positiver Lebensumstände wieder entgegen.

## Visionen

Der Mensch braucht die tägliche bewusste Hinwendung zur göttlichen Welt, um gesund zu bleiben, sich nicht zu verlieren und ein Kanal für seine Visionen zu bleiben. Die Visionen sind Teile des heiligen Lebenslichtpunktes und werden von Anfang an wie in das Lebensgefüge des Menschen geträufelt. Immer wieder klingt diese Melodie an und der Mensch kann daraus Rückschlüsse ziehen. Er spürt, begreift, erfasst diese in unterschiedlicher Form klingende Melodie aber nur dann, wenn er seine Ruhe findet, Gott ehrt und Soziales leistet. Das ist die Nahrung, die die Visionen brauchen. Da sie aus dem göttlichen Urgrund alles Seins stammen, brauchen sie in Euch Menschen die gleiche Nahrung wie das Hohe Selbst.

Das heißt, will der Mensch sein Leben tatsächlich und nachhaltig zu mehr Erfüllung hin verändern, so geht dies nicht ohne die zuvor genannten Faktoren.

## Feinstoffliche Entgiftung

Die Lebensenergie strudelt also über Atem, Chakren und Meridiane in den Körper des Menschen. Gleichzeitig wird durch sie aber auch Energie abgegeben. Die verbrauchte feinstoffliche Energie muss den Körper verlassen, da er sonst vergiftet. Es ist wie mit Eurem grobstofflichen Stoffwechsel, wo Urin und Stuhlgang als Schlacken ausgeschieden werden müssen. Die feinstoffliche Schlackenenergie gibt der Körper auch über Ausdünstungen ab. Wenn die feinstoffliche Energie in den Körper strudelt, wird sie sofort weitertransportiert, da sie die höchste Lebens- und Schicksalsenergie des Körpers ist. Über die gleichen Bahnen nimmt die energetisierte kosmische Lebenskraft den Weg zurück ins Universum. Diesmal ist das persönliche Lebensmuster in die Lebensenergie implantiert und strömt so in den Kosmos. In präzisester Form nimmt diese Energie ihren Weg vom Körper des Menschen zu seinen bereits gebildeten Energiegebilden in der geistigen Welt oder strahlt sie ab über den Lichtmantel des Menschen in die Außenwelt. Da diese heiligsten, allerheiligsten Prozesse der geistigen Führung des Menschen unterstehen und darüber hinaus höchsten Engelkräften, findet alles seinen Weg und seine Wirkung/Resonanz.

Über die von Menschen abgegebene feinstoffliche Energie wird also sofort das Energiesystem des Menschen in der geistigen Welt aufgeladen. Gleichzeitig strahlen die Lichtfäden das Licht in den Kosmos, das dem Wünschen und Denken, den Gefühlen und dem sozialen Tun des Menschen entspricht.

Aus geistiger Sicht können diese Kräfte sehr klar wahrgenommen werden. Sie lassen keinen Zweifel zu. Ihr Menschen auf der Erde könnt vieles beschönigen und maskieren. Aus der geistigen Sicht ist alles sehr klar erkennbar. Das heißt, der Mensch kreiert sich ständig seinen Lichtmantel mit nach außen strahlender Lichtenergie und führt so automatisch präzise die Begegnungen und schicksalhaften Umstände herbei, die für ihn richtig und wichtig sind. Der abrollende Lichtfaden, aufgeladen mit den jetzigen relevanten Energien, strahlt also nach außen und begegnet genau dem abgespulten aufgeladenen Lichtfaden, der jetzt einen Berührungspunkt für ihn darstellt. Alles nicht Relevante schießt ohne Berührung vorbei.

Auch über die Chakren wird feinstofflichste menschenspezifische Energie abgegeben. Sie tritt teilweise als Wolke oder als Fontäne heraus und wird, wenn Ihr z.B. Heilarbeit leistet, durch Handauflegen und Energiestab gelockert und herausgezogen.

Diese Kräfte verbinden sich ebenfalls feinstofflich mit dem bestehenden Energiesystem und laden es wesenspezifisch auf.

Ist der Mensch bereits sehr entwickelt, d.h. sozial kompetent und spirituell aktiv sowie liebend, teilend und unterstützend und ist es sein Inkarnationen alter Beschluss, so darf er nach und nach durch extrem hoch schwingendes, kristallines Licht genährt werden und gegebenenfalls auch geistig heilen. Nicht alle Geistheiler nehmen bereits kristallines Licht auf. Sie arbeiten dann auf niedrigeren Ebenen und haben einfachere Möglichkeiten von Diagnose und Heilung.

### Einfluss des Planetenlichts auf Chakren und Meridiane
### Veränderung der Chakren in naher Zukunft

Welchen Einfluss haben die Planeten auf das Energiesystem des Menschen?

Jeder Planet, jeder sonstige Himmelskörper, strahlt ein spezielles Licht ab, in zum Teil unterschiedlichen Farben und häufig nur für das hellsichtige Auge erkennbar. Das Licht der Planeten strahlt, wie sollte es anders sein, verstärkt in die Chakren und Meridiane und überträgt so kosmische Energie auf den Menschen.

Lichtqualität, Lichtaufnahme- und Lichtabgabemöglichkeit der Chakren und Meridiane werden durch den inkarnierten Lichtpunkt, den ablaufenden Lichtfaden und das Erbgut des Menschen bestimmt. Das bedeutet, die zum Zeitpunkt der Geburt bestehende Gestirnskonstellation prägt nicht nur alle Zellen im Menschen, sondern auch seine Chakren und Meridiane und alle feinstofflichen Energien. Unmittelbar unter der Geburt beginnt auch schon die Prägung des gerade geborenen Geschöpfes durch die soziale Situation, in die es hineingeboren wird. Das „Familienlicht" mit viel oder weniger Liebe, Geborgenheit, Ruhe, Gesundheit etc. strömt durch die Chakren und Meridiane in den Körper und prägt so jede Zelle. Der ständig stattfindende kosmische Tanz der Planeten bewirkt ebenfalls ein nivelliertes Durchlichten der Chakren und Meridiane und bringt so das der astrologischen Konstellation entsprechende Licht in den Menschen.

Durch die Veränderungen im Wassermannzeitalter verändert sich auch Euer Chakrensystem. Bei entsprechendem Entwicklungsstand bildet der Mensch mit seinen höchsten Kräften weitere Chakren aus. Es sind dies zwei kosmische Chakren oberhalb seines Körpers sowie ein Erdchakra, das in die Erde hinein führt. Der Mensch wird dadurch hellfühliger, hellsichtiger, hellhöriger und entwickelt weitere Fähigkeiten. Aber auch die Rotation und Struktur der Chakren verändern sich im Laufe der nächsten Jahre. Bei einigen entwickelten Menschen hat sie sich auch bereits verändert. In Synchronizität mit der sozialen und spirituellen Entwicklung des Menschen werden die Chakren größer, die Blütenblätter schneller rotierend und die Rotation ganz allgemein variabler. In weiterer Zukunft werden alle großen Chakren variabel rotieren. Sie passen sich immer mehr der in sie hinein- und aus ihnen herausströmenden Lebensenergie an und haben dann keine klare Rechts- oder Linksrotation. In diesem Prozess changieren die Farben der Chakren ins Silbrige hinein und drücken so für das hellsichtige Auge aus, dass der Mensch sehr entwickelt und bereit ist für herausgehobene heilerische, priesterliche, therapeutische, also Liebes-Friedens-Bewusstseinsdienste.

Grundsätzlich kann aber jeder Mensch ein derartiges Chakrensystem erlangen, wenn er genug liebt, teilt, unterstützt und der Schöpferkraft huldigt.

Alles, wirklich alles wird verwandelt, transformiert und neu gestaltet. Alles passt sich so dem erhöhten Schwingungsniveau auf Erden an.

An all diesen Prozessen lässt sich erkennen, wie grandios die göttliche Welt Euch Menschen nährt und reinigt.

## Die Lebensenergie im Atem

Der Atem ist lebensnotwendig für Euch Menschen und auch für viele Tiere.

Der Atem ist Teil des morphogenetischen Feldes. Der Atem wird der Luft bzw. dem Äther zugeordnet und nicht dem Licht. Aber das Licht durchdringt auch den Atem, die Luft, den Äther.

Das Entscheidende ist das Licht, das Teil des morphogenetischen Feldes ist. Das Licht durchdringt weitere lebensnotwendige Elemente, nämlich das Wasser, die Erde, die Luft und die Materie. Das Licht ist die Ursubstanz oder der Geist oder das Wort, wie es in der Bibel heißt. Alles geschah und geschieht durch die göttliche Kraft, durch den Geist, das Wort, das Licht, durch Gott.

Aus der göttlichen Schöpferkraft hat sich alles entwickelt und entwickelt sich immer neues Leben. Der Tod ist dabei das Hilfsmittel, um über seine Kräfte, die kosmosweit transformiert werden müssen, neues Leben zu gestalten.

Das Leben ist Gott. Der Tod ist Gott. Die Transformation ist Gott.

Alles ist Gott, mit ihm verbunden und aus ihm entstanden.

### Wie wird die Luft, der Atem aufgeladen mit Licht?

Vor allem mit genau dem Licht, welches für den einzelnen Menschen passend, eben nur für ihn komponiert ist. Denn dieses Licht muss so gestaltet sein, dass er es durch seine Chakren und Meridiane aufnehmen kann.

Das Licht wird zunächst vom Menschen über seinen Lichtmantel und über Lichtstrahlen, die sich im Kosmos verströmen, abgegeben.

Es ist sein Licht, das durch vorherige Inkarnationen (Akashachronik), das Wissen des Landes Shambala und durch seine Visionen angereichert ist.

Dieses Licht, sein Licht, trägt auch sein Denken, Fühlen und Handeln sowie sein sozialaktives Tun in sich. Das heißt, der Mensch strahlt ein hochkomplexes Licht als sein Licht ab und nimmt auch genau dieses zu ihm passende, aber energetisch aufgeladene Licht wieder auf. Das Licht ist, wenn es den Menschen erreicht, von kosmischen Energien durchtränkt, bringt ihm also Sonnen-, Monden-, Sternenlicht, das ihn nährt und Teil seines Schicksals ist und wird. In diesem Licht lebt jetzt verstärkt die Kraft des Ätherischen Christus. Diese Kraft wirkt besonders aufbauend bezüglich der Weiterentwicklung und Entstehung bzw. Anbindung der bisherigen und der neuen Chakren.

Auch die DNA wird durch dieses Licht umgestülpt und erweitert.

Dieses Licht, das im morphogenetischen Feld gesammelt, verändert und weitergegeben wird, durchströmt alles Leben. Dieses Licht ist Teil der Luft, Teil der Erde, Teil des Wassers und Teil der Materie.

Wenn der Mensch atmet – und er muss atmen solange er lebt – nimmt er als Teil der Luft, des Äthers, sein Licht auf, das er sich zuvor kreiert hat und welches gleichzeitig kosmisch, irdisch, menschlich verändert und angereichert wird. Diese Veränderung und Anreicherung geschieht mittels des morphogenetischen Feldes, das einerseits Auffangbecken aller entstehenden, seienden und verendenden Energien ist und andererseits alles zusammen führt, was auf irgendeine Weise zusammen gehört. Das morphogenetische Feld hat in sich ewig strudelnde Elemente, die alles ertasten und herausfinden und sodann verbinden, damit die teilweise seit ewigen Zeiten vorgesehenen Prozesse auch im Leben geschehen können. Ihr könnt Euch die strudelnden Elemente wie kleinste, allerkleinste Lichtsäulen oder Lichtspiralen vorstellen, die alles Sein durchziehen. Diese Lichtspiralen sind natürlich Geist, sie sind Gott, sie sind Ätherischer Christus. Sie sind wie das morphogenetische Feld höchste Lebens- und Schöpferkraft, allwissend, allmächtig, all eins. Sie sind Teil der aus der Einheit gefallenen Gottheit. Diese Lichtspiralen sind so fein, dass nur der allerhellsichtigste Mensch sie sehen kann. Sie sind zurzeit nicht einzeln mess-, wieg- oder fassbar. Es soll jetzt auch so sein. Im späteren Verlauf des

Wassermannzeitalters wird sich das ändern.

Im Licht sind also diese kleinsten Lichtspiralen. Sie verursachen das Hereinstrudeln der genau passenden Energie in die Chakren und in die Meridiane. Sie bewirken die optimale inhaltliche Komposition des Atems und lassen diesen Lichtatem in den Menschen bei jedem Atemzug hineinstrudeln. Der Mensch nimmt also mit jedem Atemzug auch Licht des morphogenetischen Feldes auf und wird so schicksalhaft und kräftemäßig ernährt.

Lebt der Mensch sozialaktiv, aufrecht, gottgefällig und liebend, so lädt er über sein Licht ständig das morphogenetische Feld mit eben diesem hoch stehenden Sphärenlicht auf, er erlebt positivere Lebensumstände und ist eher gesund, liebend und sorgenfrei. Natürlich wird er weiter herausgefordert, und muss sich immer wieder mit neuen in ihm auftauchenden Lebensfragen auseinandersetzen und Lebensimpulse von außen prüfen, integrieren, abwenden oder verstärken.

Über allen sich ständig bewegenden, beeinflussenden, bedingenden Kräften steht die Spiritualität des Menschen, seine Liebe zu Gott, zu Christus, zu sich und den Menschen. Ohne diese Liebe, die sich weiter verströmt zu Tieren, Pflanzen und allem was ist, ist der Mensch ein ärmliches Gebäude ohne starke Ausstrahlung, Selbstheilungskräfte und Eigenliebe. Er ist ein wandelnder Schatten auf der Erde. Glanzlos, lieblos und bezugs- oder beziehungslos. Er ist eine Hülse, ein Wesen, das seine Chancen nicht nutzt und wenig oder gar nichts beiträgt im unermesslichen Szenarium des Lebens.

Neben den vorgenannten Kräften strömt jetzt als belebende, durchdringende Energie, die Kraft des Ätherischen Christus im morphogenetischen Feld. Bei entsprechendem Entwicklungsstand hebt diese Kraft die priesterlichen, heilerischen, spirituellen und bewusstseinsmäßigen Kräfte im Menschen und führt ihn in die Lebenssituationen, die er braucht, um mit diesen gnadevollen Energien arbeiten, leben und lieben zu können. Der Mensch will und muss bei hohen diesbezüglichen Anteilen in Frieden leben und sich häufig in der Natur und auf hoch schwingenden Plätzen und Wegen aufhalten. Er braucht Ruhephasen und Freiräume für Meditation und Gebet um sodann diese

Kräfte an die ihn umgebenden Menschen und an das morphogenetische Feld abzugeben.

## Entschlackung des Körpers durch den Atem

Der Atem wird mit Licht aufgeladen und ist so allerwichtigste feinstoffliche Nahrung des Menschen. Der Mensch atmet mit jedem Atemzug sich selbst (das durch ihn kreierte Licht) und er atmet Gott ein, die göttliche Kraft, den Geist, der alles lenkt und steuert. Der Atem verströmt sich über Lungen und Blut im ganzen Körper und erreicht so jede belebte Zelle. Der Mensch nimmt über den Atem feinstofflich und grobstofflich Heil und Segen oder Not und Tod bringende Anteile auf. Daher ist es für alle Menschen so wichtig, sich möglichst viel in der unbelasteten Natur aufzuhalten und dort bewusst und Heil bringend zu atmen.

Beim Ausatmen strömen Schlackenstoffe wieder aus dem Körper heraus. Es sind feinstoffliche Energien, die unbedingt den Körper verlassen müssen, damit er nicht vergiftet. Wenn ihr meditiert oder Sport treibt, atmet ihr verstärkt die Schlackenstoffe ab und reinigt Euch so. Die ausgeatmete Lichtenergie beinhaltet auch die Qualität von Denken, Fühlen und Handeln des Menschen sowie sein soziales Tun, verdichtet auf das Wesentliche und ausgedrückt in Licht. In dem abgeatmeten Atem drückt sich auch aus, wie der Mensch mit Inkarnationen alten Beschlüssen umgeht, die Werte der geistigen Welt umsetzt und die Kraft seiner Visionen erhört. Es spiegelt sich sein ganzes Wesen in seinem Atem wider. Kleinste Veränderungen in Form veränderter Einstellungen und Haltungen, unterschiedlichstes Fühlen und Handeln, die Häufigkeit und Qualität von Beten, Meditieren und in Ruhe und Frieden sein, alles drückt sich im abgeatmeten Atem aus. Es schießt zum Energiegebilde des Menschen, schießt als Licht zum Kristall unter dem Sphinx, strömt zum Kumarakristall, strömt zur Akashachronik, dem Land Shambala und zur 9. Stufe göttlichschöpferischer Gestalterkräfte. Es lässt positive Umstände zum Menschen fließen oder Schuld- und

Unwohlseingefühle und bestimmt mit all diesen Situationen die Kapazität der Weltenseele.

Besonderes Licht von Angst, Zorn, Hass oder Liebe, Freude und Dankbarkeit strömt zu den Menschen und bildet Energieblöcke. Besonderes Licht, das durch hochintelligentes Tun und Handeln entstand und dem es an sozialaktiven Inhalten fehlt, strömt zu den Nekrosefeldern, erstarrt dort und wirkt erstarrend auf alles, womit es in Kontakt kommt.

Aber auch höchstes, strahlendes Christuslicht, Liebes-, Friedens-Bewusstseinslicht verströmt sich im Kosmos und sucht genau diese Kräfte im Universum, lädt sie auf und bewirkt als alles durchdringende Kraft des Universums ein lichtvolles Strömen zu allem was lebt und webt und noch nicht eine solch hohe Lichtqualität hat. Dieses Licht, dieses Liebes-Friedens-Bewusstseinslicht ist durchtränkt von den Kräften des Ätherischen Christus und hat besondere Fähigkeiten, die Nekrosefelder des Universums, die wie Atommüllabfallhalden und Genabfallhalden existieren, zu verwandeln, zu durchlichten, zu energetisieren.

Es ist für die Gesundheit des Menschen nicht gleichgültig, wie viel Licht wovon er jeweils über Chakren, Meridiane und Atem aufnimmt oder abgibt. Dieses Verhältnis muss untereinander ausgewogen sein. Durch ein Leben in der Mitte, eine gesunde Ernährung, genügend Bewegung, Aufenthalte in guter Umgebung, kraftvolle Spiritualität im Alltag, ein sozialaktives Tun, geordnete saubere Gedanken und den Zugang zu seiner inneren Stimme ist der Mensch auf dem besten Wege ein erfülltes, befriedigtes Leben zu führen und positiv auf andere Menschen und das Leben im Universum zu wirken.

## Atem und Sprache – Atem und Gefühle

Der Atem ist also mehr oder weniger durchlichtet. Im Gegensatz zum Licht, das in die Chakren und Meridiane strudelt, ist das Licht im Atem speziell verantwortlich für das Körperbewusstsein, das Selbstbewusstsein, das Selbstwertgefühl. Sollen diese drei Bereiche gut, stabil und licht entwickelt sein, muss ein ruhiger Atem in den Menschen hineinströmen, sich verströmen und wieder mit Schlacken angereichert, abgeatmet werden. Über den Mund wird das Licht, das sich der Mensch mit göttlichen Kräften kreiert hat, eingeatmet.

So wie den Chakren das Nadissystem zugeordnet ist, den Meridianen die Lichtbahnen, so verfügt der Atem als zu verteilende Energie über ein Verströmungssystem. Dieses Verströmungssystem ist feinstofflich und mit dem Lichtsystem des Körpers verbunden. In jeder Zelle befinden sich, materiell gesehen, der Zellkern und die ihn umgebende Substanz. Feinstofflich hat jede Zelle Licht in sich gespeichert. Dieses Licht ist im Zellkern implantiert, ist Teil der Lichtsubstanz des Lichtfadens und des Lichtpunktes, so wie der Zellkern Teil der DNA ist. Die Lichtsubstanz in DNA und Zellkern ist das Wesentliche. Diese Lichtsubstanz wird ständig durch das Licht der Chakren und Meridiane aufgeladen und genährt. Der Atem mit seinen Lichtqualitäten lädt ebenfalls die Lichtsubstanzen in DNA und Zellkern auf.

Dieser Lichtsubstanz, die durch den Atem aufgenommen wird, kommt eine besondere Bedeutung zu. Da der Atem durch den Mund aufgenommen wird, sich mit der Sprache verbindet und die Sprache Ausdruck der geistigen Haltung des Menschen ist, sind die Lichtsubstanzen, die durch den Atem aufgenommen werden, besonders gehalt- und bedeutungsvoll für den Körper. Der Atem, der mit dem vom Menschen aufgenommenen Licht eingeatmet wird, wird durch die Sprache des Menschen (viel, wenig, hastig, ruhig, liebevoll, hasserfüllt, verletzend, aufbauend, materiell, spirituell, usw.) geprägt, geodet. Es sind Lichtbänder mit Lichtpunkten, die in den Menschen hineinströmen oder hineinstrudeln und ihre Prägung erhalten. Die Prägung ist die Sprache, über die sich auch die Gefühlswelt des Menschen Ausdruck verleiht. Wobei sich auch nicht ausgesprochene Worte, also aus der Gefühlswelt hochkommende Inhalte, die der Mensch für sich behält, in das Licht einprägen und es oden.

Das heißt, der Mensch nimmt sofort, wirklich sofort, die von ihm kreierten Worte, seine geistige Haltung, und, was besonders wichtig ist, seine eigenen im Moment entwickelten oder schon lange bestehenden Gefühle dem Leben und sich selbst gegenüber auf. Er verzehrt quasi seine Worte, seine geistige Haltung, seine Gefühle sofort, ständig und unablässig, da er ja ständig atmen muss. Dies ist nun die Substanz, die der Mensch neben der ohnehin von ihm und der göttlichen Welt kreierten Lichtkraft, aufnimmt.

Diese Lichtkräfte, die über den Atem in den Menschen strömen, wirken bei der Verfeinstofflichung der Nahrung wesensbildend mit. In allen Enzymen, Säften, in allen Hormonen, im gesamten Lebenssystem des Körpers wirken Lichtsubstanzen, die insbesondere auch das Licht des Atems aufnehmen, umsetzen und vervielfältigen.

Wenn der Mensch liebevolle Gedanken und Gefühle in sich hat, ihnen durch seine Sprache Ausdruck verleiht, Spiritualität lebt, z.B. OM singt, Gebete spricht oder heilige Texte verinnerlicht, so ist die Lichtsubstanz in ihm sehr hoch schwingend. Sie durchdringt die Stoffwechselprozesse und wirkt darüber zellaufbauend bis in die kleinste Zellsubstanz. Darum haben hoch entwickelte Menschen meistens ein schönes, lichtvolles Äußeres und natürlich auch eine gute Ausstrahlung.

Zusammenfassend: Im Gegensatz zu dem Licht, das der Mensch über die Chakren und die Meridiane aufnimmt, ist also das Licht im Atem verstärkt mit der geistigen Haltung des Menschen, seinem Sprachvermögen und seiner Gefühlsdichte aufgeladen. Besonders stark wirkt darüber hinaus die vom Menschen entwickelte Spiritualität auf den Atem. Sie spiegelt sich auch im Licht wider, welches die Chakren und Meridiane aufnehmen. Doch genauso wie bei der Sprache und den Gefühlen, über den Atem aufgenommen, wird es konkreter, eindeutiger, konturenhafter. Die Spiritualität, der Grad der Gott durchdringenden Kraft, drückt sich in silbernen Lichtbändern aus, die sich im Licht bilden, Teil des Atems werden und so regelmäßig eingeatmet werden. Diese Lichtelemente zusammengenommen wirken stärkstens auf das Körperbewusstsein, das Selbstbewusstsein und das Selbstwertgefühl.

## Der Atem und die Lichtbänder zur Erde

Es besteht auch ein wichtiger Zusammenhang zwischen dem Atem und den Lichtbändern zur Erde. Diese Information betrifft vor allem Menschen, die heilen. Wenn Ihr den Atem energetisch mit Christuslicht behandelt, behandelt Ihr den Menschen auf einer elementaren Stufe. Insbesondere Süchte werden durch den vergifteten Atem immer wieder genährt und gespeichert. Vor allem dann, wenn die Lichtbänder des Menschen zur Erde nicht richtig ausgerichtet und nicht strahlend sind. Wenn Ihr den Atem energetisiert und die Lichtbänder zur Erde behandelt, stellt Ihr eine gesunde Achse von oben nach unten her und entschlackt allerfeinstofflichst das Suchtmuster im Ursprungsbereich.

Gesunde, energetisierte Lichtbänder strahlen aus dem Wurzelchakra direkt, gerade schillernd in den Kumarakristall, allerfeinstofflichst natürlich. Bei diesem Sachverhalt habt Ihr ein erfülltes und freudvolles Leben und zieht positive Umstände an.

Wenn die Lichtbänder aus dem Wurzelchakra nicht strahlend, elastisch und gerade durch die Erde zum Kumarakristall strömen, hat das weitgehende Auswirkungen in die andere Richtung. Sie schießen am Kristall vorbei und können deshalb nicht von den Liebeslicht-Friedenskräften dieses größten immateriellen Kristalls kosmosweit gereinigt und aufgeladen werden. Das heißt, die menschliche Lichtenergie schießt immer am Kern der Erde vorbei. Das hat zur Folge, dass der Mensch nicht zur rechten Zeit am richtigen Platz und mit den richtigen Menschen zusammen ist. Er fühlt sich entwurzelt und heimatlos, auch glücklos. Er ist unruhig, unsicher, Schuld- und Angst beladen. Über die Behandlung des Atems und der Lichtbänder zur Erde hin, energetisiert Ihr beides, rückt zurecht und entschlackt, was allerwichtigst ist. Natürlich kann sich der Mensch auch selbst behandeln, energetisieren, wenn er die Einsicht und das Bedürfnis danach hat. Yoga und Tai Chi sind z.B. sehr geeignete Möglichkeiten, Reinigung und Zentrierung herbeizuführen. Diese Kräfte werden verstärkt, wenn der Mensch sich ganz bewusst von seinen Süchten und der mangelnden Ausrichtung auf den Kumarakristall befreien will. Gebete und Ich-Bin Worte wirken ebenfalls verstärkend.

## Die DNA

Alles Licht, das existiert, gehört also mit unterschiedlicher Funktion und Bedeutung zu den morphogenetischen Feldern. Ein extrem wichtiger Teil des morphogenetischen Feldes ist der Lichtanteil in der DNA. Die DNA, oder der genetische Code des Menschen, kann naturwissenschaftlich festgestellt und weiter erforscht werden. Die Kraft, die die DNA erschafft und ernährt, die Weiterentwicklung, die sie in sich trägt, sowie die Störung, die sie verursacht, sind nicht verifizierbar. Der Schöpfungsimpuls ist für die DNA das Wesentliche. Dadurch, dass sich das ganze Universum in einem allergrößten Transformationsprozess befindet, muss sich auch die DNA verwandeln. Das gesamte Licht des Lebens wird höher frequent. Dieses hoch frequentierte Licht strudelt nach und nach über den Atem, die Chakren und die Meridiane in den Körper. Allmählich verwandeln sich also der feinstoffliche und der grobstoffliche Mensch. Entscheidend für diesen allergrößten Verwandlungsprozess sind die geistig-seelische Beschaffenheit und der Bewusstseinsstand, den der Mensch hat. Bei einer hohen Entwicklungsstufe werden nach und nach die feinstofflichen und grobstofflichen Anteile des Menschen dieser neuen Lichtqualität angepasst, so dass der Mensch dieses Licht ohne Schaden aufnehmen und verarbeiten kann. Die seelisch-geistige Qualität, die Liebesfähigkeit, die Gott durchdringende Kraft ist entscheidend und bewirkt eine in die Schöpfung eingebundene Bewusstseinsanhebung. Wo zwar ein scharfer Intellekt, ein starkes Bewusstsein, aber keine starken Liebes- und Gott durchdringenden Kräfte wirken, da wird das höhere Licht auch aufgenommen, doch die feinstofflichen und grobstofflichen Organe und Transportsysteme passen sich nicht an und der Mensch bekommt Schwierigkeiten mit sich und der Welt. Geht er jetzt einen spirituellen Liebes-Gottesweg, so entwickelt sich sein feinstoffliches Organ- und Transportsystem und er ist aufnahmefähiger für diese Kräfte und kann sie verarbeiten. Es geht ihm besser, er hat keine großen Reibungsverluste.

Die DNA ist also ein heiliger, energetischer Materie- und Lichtstrang, der als Ausdruck der Göttlichkeit im Menschen seinen Niederschlag findet. Bereits bei den ersten Menschen entwickelte sich eine DNA, Materie- und Lichtkette. Diese war aber sehr viel einfacher strukturiert und geringer kodiert. Die DNA drückte zu allen Zeiten den Entwicklungsstand des Menschen aus. Nicht nur seinen körperlichen Entwicklungsstand, nein, auch seinen geistig-seelischen, intellektuellen und jetzt auch den Entwicklungsstand seines Bewusstseins. Diese Inhalte sind bevorzugt in der Durchlichtungskraft der DNA implantiert. Das heißt, der Lichtpunkt bzw. Lichtfaden trägt diese Informationen in sich und noch viel mehr, also auch Seelenbeschlüsse aus vorherigen Leben, Begabungen und Einschränkungen, Potentiale von Minder, Mangel, Schuld, Angst, Freude, Selbstbewusstsein, Selbstwert und natürlich die Visionen des Menschen, sowie seine inneren Ziele, die immer wieder spotlightartig aufleuchten, um dann wieder im Alltag des Lebens unterzugehen. Diese Potentiale sind in jedem Abschnitt der DNA implantiert, für Eure Naturwissenschaftler aber nicht feststellbar. Die kodierten Teile der DNA sind für Euch Menschen so kodiert, wie Ihr es heute feststellen könnt. Die nicht kodierten, Eure Wissenschaftler nennen sie „Junk-“ oder Müll-DNA“ Potentiale, sind für Euch nicht feststellbar kodiert, weil Ihr sie nicht sehen könnt.

### „Müll-DNA“ und Umstülpung

An der Bezeichnung „Müll-DNA“, die Eure Wissenschaftler und hoch dekorierten Forscher den nicht kodierten Teilen der DNA gegeben haben, könnt Ihr Menschen erkennen, wohin das nur naturwissenschaftlich ausgerichtete Denken und Aussprechen, Handeln und Veröffentlichen, führt. Es führt automatisch in die Respektlosigkeit, Überheblichkeit und spirituelle Ahnungslosigkeit, ja sogar Dummheit.

Die sogenannten „Müll-DNA-Potentiale“ beinhalten allerfeinstofflichste Potentiale, die zukünftig mehr Bedeutung bekommen, da sie seit Alters her für die jetzige Zeit und das fortgeschrittene Wassermannzeitalter angelegt wurden. Nach und nach werden sie bei entsprechender Entwicklung des Menschen aktiviert und vermitteln ihm weitergehende, neue Fähigkeiten wie Medialität, Hellsichtigkeit, Fähigkeit zur Materialisation und Dematerialisation, Telepathie und astralen Doppelpräsenz.

Durch hohes Licht, Christuslicht, wird die DNA genährt oder vernachlässigt, das hängt ganz vom Menschen selbst ab, was er will und tut.

Ist es für Ihn vorgesehen, werden die vordergründig nicht kodierten Anteile der DNA energetisiert und nach und nach treten neue Fähigkeiten zu Tage. Dieser Prozess wird „Umstülpung" genannt, da die Energetisierung ein Impuls ist, der die Anteile der DNA umstülpt.

Wenn der Mensch so entwickelt ist, dass er seinen Weg weiß, fast ständig bewusstseinserweiternd, heilend bzw. priesterlich lebt, strömt ihm also Licht zu, das die DNA nach und nach auflädt und zu einer erweiterten DNA „umstülpt". Die erweiterte DNA ist dann der grobstoffliche Beweis dafür, dass der Mensch bereits auf erweiterten Ebenen lebt, besondere Fähigkeiten hat und diese „Schätze" für die Weiterentwicklung der Menschheit einsetzen muss. Ja, er muss sie einsetzen. Es sind sehr besondere Gaben, die unbedingt der Weitergabe an andere Menschen bedürfen.

Kinder, die jetzt geboren werden und wichtige Aufgaben zu Beginn des Wassermannzeitalters erfüllen, werden bereits mit der erweiterten DNA geboren. Für ihre störungsfreie Entwicklung ist es sehr wichtig, dass sie in einem spiritualisierten Umfeld leben und in Ruhe ihre Kindheit durchlaufen.

## Die Funktionsweise der feinstofflichen Veränderungen

Seit geraumer Zeit, verstärkt seit 2001, wird ein erweitertes Sphärenlicht auf die Erde gestrahlt. Dieses Sphärenlicht trägt in sich das neue Leben auf der neuen Erde. Es ist sehr feinstofflich und Teil der Lebensenergie, die der Mensch, die Tiere und Pflanzen, ständig aufnehmen. Dieses Sphärenlicht ist Leben und kreiert Leben. Um dieses Licht aufnehmen zu können, muss alles Leben nach und nach verwandelt werden. Dieser Prozess muss langsam geschehen und ist bei jedem Menschen, bei allem Leben, unterschiedlich. Ihr nehmt dieses besondere Sphärenlicht über Euren Atem, die Meridiane und die Chakren auf.

Dieses Licht hebt das Bewusstsein an, lässt die Menschen neue Fähigkeiten entwickeln und führt zu einer Klärung zwischen Gottgläubigkeit und Ablehnung von Gott bzw. einer höchsten Schöpferkraft. Dieses Sphärenlicht kreiert weitere Chakren und verändert das bestehende Chakren- und Meridiannetz so, dass es das „Neue Licht" aufnehmen kann. Alle feinstofflichen Systeme sind selbst aus Licht. So auch das Chakrensystem mit den Nadis und das Meridiansystem mit den Leitbahnen.

Um das Sphärenlicht in der jetzt höchsten Form aufnehmen zu können ist eine höhere Entwicklungsstufe des Menschen erforderlich. Das heißt, sein soziales Tun muss kraftvoll, wirkungsstark und bewusst sein. Er muss einen allerhöchsten Liebeswillen und eine höchste Liebeskraft der göttlichen Welt gegenüber haben, um von sich aus die Voraussetzung zu erfüllen, dieses Licht empfangen und verarbeiten zu können.

An diesem Punkt tritt die Spaltung ein. Sie greift noch nicht beim „Empfang" des Lichtes. Sie greift bei der positiven, Heil und Segen bringenden Verarbeitung des Lichtes. Menschen, die das Licht nicht nur aufnehmen, sondern auch umsetzen können, bilden neue Lichtsysteme mit den lichteren Chakren, mit den leistungsstärkeren Nadis, mit den sensibleren Meridianen und Leitbahnen und mit weiteren

Chakren. Als erstes werden das erste kosmische Chakra und das Erdchakra gebildet. Der Mensch hat dann höhere spirituelle Fähigkeiten und wird im Sozialen weitergehend gefordert. Besteht er die vielen, vielen Herausforderungen, die damit einhergehen, bildet sich nach und nach das zweite kosmische Chakra und es strudelt noch feinstofflicheres Sphärenlicht in den Menschen. Er hat dann noch weitergehende spirituelle, d.h. heilende und priesterliche (segnende) Fähigkeiten und wird im Sozialen erneut heftigst gefordert und immer wieder geprüft. Jetzt nun bildet sich nach und nach die Substanz, die die DNA verändert. Die DNA wird langsam, langsam umgestülpt und erweitert. Dieser Prozess ist mikroskopisch nicht feststellbar und soll auch nicht festgestellt werden. Es ist ein Lichtprozess, so wie die Prozesse bezüglich der Chakren und der Lichtsubstanz als solche. So ist es auch nicht möglich, dass ein Mensch behaupten kann: „Ich habe die erweiterte, umgestülpte DNA und Du noch nicht". Es sind dies feinstofflichste und heiligste Prozesse, die alle der geistigen Führung des Menschen unterstehen und nur sehr dosiert durchgeführt werden dürfen.

Menschen mit erhöhter Chakrenzahl und erweiterter und umgestülpter DNA müssen sehr geerdet sein. Sie müssen in geordneten, komplexen, sozialen Bezügen leben. Sie müssen heilend, priesterlich und bewusstseinserweiternd arbeiten und eine humane, weltoffene Einstellung dem Leben gegenüber haben.

Ihr seht, bereits an diesen Voraussetzungen mangelt es den meisten Menschen. Also arbeitet an Eurer Gottes- und Menschenliebeskraft, damit Ihr einen wichtigen Beitrag zur Weiterentwicklung der Menschheit leisten könnt und dürft.

# Das Hohe Selbst

Das Hohe Selbst ist die göttliche Substanz im Menschen. Diese Energie ist in jedem Menschen von Geburt an und befindet sich energetisch in jeder Zelle, also auch in der DNA. Durch Beten, Meditieren, Lieben und ein gottgefälliges Leben wird diese Kraft, die sich wie ein Lichtband im pulsierenden Liquor befindet, immer stärker. Dadurch wird auch jede Zelle stärker mit göttlicher Energie impulsiert, der Mensch wird abwehrstärker, ist gesund, fröhlich, zieht positive Umstände an. Im Gegensatz dazu kann sich auch die göttliche oder Christuskraft zurückziehen, wenn der Mensch sich verliert. Seine Zellenergie sinkt ab und er wird krank.

Die ewige Seele als Mittler zwischen Geist und Körper ist wie ein Teil des Hohen Selbst und engstens mit dem Schicksal des Menschen verbunden. Sie trägt die Informationen aus Akashachronik und Land Shambala in sich und führt den Menschen von Inkarnation zu Inkarnation. Der göttliche Funke des Hohen Selbstes verbindet sich immer wieder neu mit der „alten Seele" und nährt sie aus höchsten Regionen. Es ist ein ewiges Zwischenspiel zwischen Hohem Selbst und Seele. Einer spiegelt dem anderen Freude, Liebe, Dankbarkeit oder Neid, Hass und Lieblosigkeit etc. Sie erhellen sich gegenseitig stufenmäßig oder verdunkeln sich, je nachdem wie der Mensch sein Leben lebt.

Wenn das Hohe Selbst und die Seele in ihrem ewigen Zusammenspiel immer weniger Freude, Licht und Liebe erfahren, ziehen sich diese Kräfte aus dem Menschen heraus. Dieses führt zu Krankheiten heftigster Art, zu Depression und großer innerer Not.

In vermaterialisierter Form wird die Krankheit in der genetischen Information des Menschen erkennbar. Er wird gezeichnet, stigmatisiert. Es ist wie ein Siegel, das gesetzt wird, um das Tätigwerden neuer Kräfte zu symbolisieren. Das heißt durch die Krankheit wird aufgezeigt, dass neue Kräfte tätig werden wollen, denn die Seele will heil werden und das Hohe Selbst will wachsen.

Das Leid ist der Impulsgeber, um den Menschen zu verwandeln um ihn das Lieben, Freuen, Teilen zu lehren.

Ihr seht, Eure Forschung ist weit entfernt von der Wurzel. Sie bewegt sich nur im Materiellen, wenn auch mikroskopisch klein. Das Wahre, das wirklich Wahre ist feinstofflich und im Hohen Selbst, in der Seele, in jeder Zelle, auch in der DNA als geistige Kraft implantiert.

Bei jeder Zeugung, die im Genitalbereich der Frau geschieht, wird eine Seele aus dem unendlichen göttlichen Urgrund alles Seins auserwählt, um sodann den Körper zu beseelen.

Die Seele ist, wenn sie sich heute inkarniert, meistens schon mehrere Male auf der Erde gewesen, das heißt, sie hat Lebenserfahrungen in einem menschlichen Körper gesammelt und sich sodann wieder in den göttlichen Urgrund alles Seins inkarniert.

Die Seele ist nie ein „unbeschriebenes Blatt", sie ist pure Lebensenergie und uralt. Sie befindet sich bereits seit Äonen in dem Stadium der sich entwickeln wollenden Seelensubstanz, die Teil der göttlichen Welt, Teil des Menschen und Teil des Hohen Selbstes ist.

Wie Ihr wisst, wird über Lichtkontakte die Verbindung zwischen Mutter, Vater und Seele bei der Zeugung hergestellt. Sofort werden über die entstehenden Lichtbänder Seelenkräfte in die sich entwickeln wollende Leibesfrucht geschickt und sofort werden Liebes-Friedensenergien über Lichtbänder von Mutter und Vater zu dem Seelengebilde in der geistigen Welt geschickt. Sofort strömt ein den Lebens- und Liebesverhältnissen der Eltern entsprechendes Licht in die geistige Welt.

Im Moment des Verschmelzens von Ei und Samen senkt sich der Himmel auf die Erde und die Menschen haben nunmehr einen ganz konkreten Bezug zur geistigen Welt.

Bei der Geburt inkarniert sich die Seele in den Körper und zieht so in den Erdenalltag ein.

Die während der Schwangerschaft vom Liebes-Friedenslicht der Eltern genährte Seele bringt genau die Kräfte mit auf die Erde, die sie in sich hatte und die durch die immaterielle Nahrung der Eltern gepflegt wurden. Höchste Nahrung für die Seele stellen immer dar:

Liebe zur göttlichen Welt, Liebe zu den Menschen, Liebe zu sich, Ruhe, Freude, Dankbarkeit, Teilen, Unterstützen, Helfen und ganz besonders Heilen. Hochschwingende Musik, Malerei und alle Künste nähren ebenfalls die Seelensubstanz in der geistigen Welt und auf der Erde.

Deshalb sollten im Alltag gerade diese Inhalte gepflegt werden.

Leben, das heute außerhalb des Genitalbereichs der Frau gezeugt wird, verschmilzt nicht in der Dunkelheit dieser Region, sondern in der aseptischen Kühle eines Reagenzglases und kann sich nicht mit den Energien von Wurzel- und Sexualchakra sowie Scheitelchakra der Frau verbinden. Das sind nämlich in erster Linie die Chakren, die bei der Zeugung impulsiert werden und die sofort verstärkt anfangen zu rotieren. Bei Zeugungen im Reagenzglas bilden sich schwächere Lichtbänder zwischen Mutter, Vater und Seele und es fehlt die dunkle, lebenstragende Geborgenheit des weiblichen Genitalbereichs. Werden genetische Potentiale von drei Personen bei der Zeugung bzw. Schwangerschaft „verwendet", so werden Monsternekrosefelder im morphogenetischen Feld des Lebens aufgebaut und die Seelensubstanz des ungeborenen Kindes wird mit niedrig frequentiertem Licht genährt. Die beteiligten Genpotentialgeber haben verstärkt Kontakt mit Kräften, die man allgemein als Gott oder eine Schöpferkraft ablehnend bezeichnen kann.

Für die Entwicklung der Menschheit, gerade zu Beginn des Wassermannzeitalters, ist es von herausgehobener Bedeutung, dass Kinder in Liebe, Freude, Hoffnung und starker Hinwendung zur göttlichen Welt gezeugt werden. Sie sind sodann besonders geeignet als Lichtträger in diese neue Zeit hinein.

Die Seele will immer, wirklich immer in die Liebe, ins Licht. Sie kreiert daher als Teil des Hohen Selbst zusammen mit ihm Lebensumstände, die den Menschen genau das entwickeln lassen sollen. Hinter jeder Krankheit, jedem Unfall, jeder Not auf der Erde steht das Begehren der Seele, mehr zu lieben und lichtvolle Beziehungen zu allem zu haben, was lebt und webt.

Ihr Menschen dürft all dies erfahren, damit Ihr mehr für Euren Seelenfrieden tut und Eure Verantwortung für alles Leben allüberall wahrnehmt und entsprechend handelt.

Die Seele ist als Teil des Hohen Selbst im Liquor beheimatet und besonders ansprechbar und „anfassbar" über die Thymusdrüse im Bereich des Sternums.

Wie bereits erwähnt, entwickelt sich jede Seele durch viele, viele Erdenleben immer weiter. Immer wussten die Menschen, dass es uralte, urälteste Anteile in ihnen gibt. Dieses Wissen wurde durch die Kirchen und später die Naturwissenschaftler eliminiert, teilweise durch Dekrete, in denen offiziell verkündet wurde, dass der Mensch mit seiner Seele nur einmal lebe. Diese offizielle Auffassung, wie auch immer ins Leben gerufen, korrespondierte häufig genug nicht mit dem, was der Mensch im Laufe seines Lebens tatsächlich erlebte und ihn erkennen ließ, dass er ein Wissen, Fühlen, Sehen, Spüren hat, welches ein wiederholtes Erdenleben unabdingbar macht.

Zu Beginn des Wassermannzeitalters nehmen die Kräfte zu, die den Menschen mit sich und seiner Umwelt so in Kontakt bringen, dass er spürt und weiß, dass es mehr gibt als das naturwissenschaftlich Erkannte und mehr, als das religiös Erlaubte.

So wirken jetzt Kräfte im Menschen, die ihm den Weg ebnen in eine bewusste und wissende Überzeugung der Reinkarnation der Seele und ihm helfen, daraus entsprechende Schlüsse zu ziehen. Auch dieses Buch mit seiner Aufdeckung von Geheimwissen im elementaren Lebensbereich trägt dazu bei, diese Prozesse zu ermöglichen und zu beschleunigen. Ein wichtiger Aspekt dabei ist, dass sich Menschenseelen nie in Tiere inkarnieren oder inkarniert haben. Tiere gehören zu Gruppenseelen spezifischer Art und inkarnieren sich nur in Tierkörper.

Ihr Menschen der Jetztzeit könnt davon ausgehen, dass Ihr Euch trotz großer Not, Verwirrung und Verirrung gerade in diese Zeit hinein inkarniert habt, um Mitgestalter einer neuen, lichteren Zeit zu werden und um viele, viele persönliche Verstrickungen aufzulösen. Dadurch könnt Ihr auch den in der geistigen Welt befindlichen Lichtpunkten von Menschen, die bereits auf der Erde gelebt haben, die Möglichkeit geben, sich in lichtvollere Lebensverhältnisse hineinzuinkarnieren.

Lebt daher liebend, bewusst, verzeihend und teilend.

## Der Geist

Der Geist ist der göttliche Impuls in allem Leben und Sterben. Geist ist Licht und Teil des morphogenetischen Feldes, er ist als Lichtkraft oder auch als Lichtpunkt zu bezeichnen.

Bei Pflanzen wirkt die Lichtkraft des Geistes ebenfalls. Der Geist verbindet sich bei Pflanzen mit den Lebenskräften und impulsiert sie.

Bei Menschen und Tieren ist er Teil des Lichtpunktes.

Bei Tieren ist der Geist also Licht des morphogenetischen Feldes und wird implantiert im Moment der Zeugung oder Teilung. Als Teil des Lichtpunktes verbindet er sich mit der Seele des Tieres, die ihre Heimat in der Gruppenseele hat.

Beim Menschen inkarniert sich unter der Geburt der Geist mit der Seele als Lichtpunkt in den Körper und belebt den Menschen in Form von Licht.

Der Lichtpunkt in der geistigen Welt, der zuvor in der Transformations- und Vorbereitungsphase für die nächste Inkarnation war, löst sich also aus seiner nur geistigen Lichtgebundenheit und begibt sich in die Erdenschwere einer neuen Inkarnation. In der geistigen Welt bleibt eine Blaupause dieser Energien zurück, die noch alles in sich trägt, was Teil des Lichtpunktes war. Diese Blaupause des Lichtpunktes ist auch weiterhin z.B. für Gebete der auf der Erde lebenden Menschen empfänglich und gibt sodann Liebes-Friedens-Bewsstseinslicht an den sich in den Körper inkarnierten Lichtpunkt ab. D.h. positive Kräfte, nur positive Kräfte, stärken so auch die nächste Inkarnation, die sich die Seele in ihrer großen Weisheit erwählt hat.

Während des Lebens verbindet der Geist Körper und Seele zu möglichst viel Einklang in der Lebensbewältigung. Der Geist ist ohne Gefühle, Emotionen, er ist pure, reinste Lichtkraft. Er ist Gott. Im Augenblick des Todes zieht sich alles Licht aus dem Körper heraus. In dem silbernen Lichtfaden, der sich aus dem Scheitelchakra heraus als Lichtpunkt exkarniert, streben Geist und Seele ins Universum, um dort alle weiteren Prozesse der Läuterung bis zur nächsten Inkarnation durchzumachen. Über drei Tage nach dem Tod schweben Geist und Seele im Lichtpunkt in der Nähe des Leichnams. Wenn die Angehörigen den Verstorbenen nicht loslassen können oder wollen, ziehen sie die Geist-Seele erdwärts und verhindern die der Geist-Seele zukommenden Prozesse der Durchlichtung im Universum. Bestenfalls sollte für den Verstorbenen gebetet werden, Rituale sollten seinen Erdenweg huldvoll beenden und die Angehörigen ihn loslassen.

## Das Bewusstsein

Das Bewusstsein ist Teil des Lichtpunktes, des Lichtfadens, der Seele, des Geistes, des Hohen Selbst, also in jeder Zelle Eures Körpers vorhanden. Der Mensch hatte nicht immer Bewusstseinskräfte. Vor allem nicht so stark ausgeprägte, wie es heute bei vielen Menschen Eures Kulturkreises der Fall ist.

Die Entwicklung der Bewusstseinskräfte ist eine, die wichtigste Aufgabe des Wassermannzeitalters. Das heißt, die sich jetzt inkarnierenden Seelen haben in ihrer DNA im Bereich der nicht kodierten Anteile seit neuester Zeit Energien, die sich im Laufe des Lebens zu einem erweiterten Bewusstsein entwickeln können und so eine neue Lebenshaltung, neue Aufgaben und neue Ziele möglich machen. Aber auch vom ersten Atemzug an nimmt der in dieser Zeit (seit ca. 1990) geborene Mensch Sachverhalte mit einem anderen Verständnis wahr, als es zuvor der Fall war. Dies trifft besonders auf Menschen zu, die sich in bereits weiterentwickelte Familienstrukturen inkarnieren und vorgeburtlich beschlossen haben, in dieser Inkarnation neue Sphären des Bewusstseins zu entwickeln.

Jede Zelle ist über DNA, Lichtpunkt und Lichtfaden, Seele, Geist und Hohes Selbst bewusst. Sie ist sich ihrer selbst bewusst, was in diesem Fall heißt, dass sie ihre Aufgabe im großen Zusammenhang aller Zellen wahrnehmen und so auch Inkarnationen alte Beschlüsse, die im Lichtpunkt/Lichtfaden befindlich sind, realisieren will.

So wird das Bewusstsein durch Liebe, Freude, Spiritualität, durch Not, Tod und Gewalt, durch alles geprägt. Jede Zelle wird so geprägt und kann so uralten Beschlüssen und neuesten Erfahrungen gemäß das Leben des Gesamtzellgefüges belasten und erleichtern. Natürlich ist das Bewusstsein auch im Gehirn. Es ist auch in jeder Zelle des Magens, Darms, etc.

Das Bewusstsein ist das Kind des Wassermannzeitalters und steht erst am Anfang einer Jahrhunderte dauernden Entwicklung. Im Prozess des Sterbens verliert das Bewusstsein seine Gebundenheit an den

Körper. Es zieht sich in die Wirbelsäule zurück und wird im Moment des Todes als Lichtfontäne über das Scheitelchakra herausgeschossen. Weiteres Licht tritt aus dem Körper heraus, strahlt ab. Auch hier sind Bewusstseinsanteile implantiert. Bis drei Tage nach dem Tod finden Läuterungsprozesse im Körper, in der Seele, im Geist und im Hohen Selbst statt. Dabei wird auch das Bewusstsein geläutert. Es ist Licht und Teil des morphogenetischen Feldes.

Das Bewusstsein kann auch während des Lebens aus dem Körper heraustreten. Dies geschieht bei Unfällen, Krankheiten oder gezielt bei sogenannten Astralreisen. Der entwickelte Mensch ist dann über seine geistige Führung in der Lage, seine Lichtpotentiale mit Energie aufzuladen und sie weit entfernte Realitäten erfassen zu lassen.

## Der Ätherleib

Der Ätherleib oder Phantomkörper ist die Blaupause des gegenständlichen menschlichen Körpers. Aus dem Energiefeld des Ätherleibs entwickelt sich der menschliche Körper als grobstoffliche Matrix für das Leben des Menschen auf der Erde. Der Ätherleib, als Teil der Aura, trägt als Lichtkörper energetisch alle Organe, Körperteile, Blut, Lymphe, alle Zellen in sich und zeigt Störungen im Menschen sehr viel früher, als dies als Blockade oder Krankheit feststellbar, messbar, sichtbar ist. Hellsichtige können Störungen in der Aura sehen, Hellfühlige spüren sie, Hellhörigen wird es „gesagt“ und Hellwissende wissen, wo sich Energieblockaden und Krankheitsherde befinden.

Wird die Aura fachkundig behandelt, so kann sich sehr schnell die Befindlichkeit des Patienten zum Guten verändern.

Tritt der Tod ein, existiert das Energiefeld des Menschen als Ätherleib weitere drei Tage. In dieser Zeit verändern die Ätherleibkräfte das Äußere des Verstorbenen und lassen ihn sodann als anfänglich transformiert und nur noch materielle Form den Weg auf der Erde beenden. Nach drei Tagen muss der Mensch als Hülle den Platz in der menschlichen Gemeinschaft verlassen.

Nach diesen Prozessen beginnen weitergehende Transformationen der Geistseele in der geistigen Welt.

Leben zu schenken und Tod herbeizuführen waren und sind seit alters her sehr besondere Prozesse. Dass die geistige Welt Hüterin über Leben und Tod ist, wussten die Menschen immer, genauso wie sie wussten, dass es nicht ohne Folgen ist, wenn der Mensch in diese Prozesse eingreift, sie abblockt, beschleunigt oder verzögert.

Das konkrete Wissen bezüglich der Zeugung und des Entstehens von Leben war lange Zeit rudimentär. Jedoch hatten Frauen in allen alten Kulturen ein Wissen, welches unerwünschte Schwangerschaften verhinderte. Wenn sie sich gegen die Austragung eines Kindes entschieden, begleiteten sie „dieses Nein" seelenvoll mit Ritualen, Gebeten und Opferungen.

Erst in der heutigen Zeit glauben die Menschen, Abtreibungen ohne Folgen durchführen oder unerwünschte Kinder verkaufen oder freigeben zu können.

Beim Tod ist es ähnlich. In allen alten Kulturen gab es Sterbe- und Todesrituale, die der jeweiligen Gesinnung der Menschen entsprachen. Leben zu spenden und Tod herbeizuführen waren insofern Tabubereiche. Ein Tätigwerden in diesen Bereichen war nicht ohne Schutz und Anfragen in der geistigen Welt erlaubt. Bevorzugt arbeiteten Medizinmänner, Heilerinnen, Schamanen und Priester in diesem Bereich. Sie waren durch ihre Einweihungen autorisiert, Kontakt zur geistigen Welt aufzunehmen und Fragen bezüglich Leben und Tod zu stellen. In Rituale eingebunden, konnten sie mit größter Schöpferkraft in die Lebens- und Todesprozesse eindringen und folgenschwere Taten vollziehen. Wenn sie in ihrer geweihten Kraft blieben und nicht missbräuchlich handelten, wurden sie als Vertreter der geistigen Welt tätig und blieben selber geschützt.

Durch die Zunahme einer nicht-spirituellen Sichtweise und durch die Zunahme der Egokräfte im Menschen wurde ein Befragen der geistigen Welt immer unüblicher und das vermeintliche Recht des Menschen, selber bestimmen zu können, immer stärker.

Heute ist es so, dass die Menschen so sehr von der geistigen Welt getrennt sind, dass sie gar nicht mehr wissen, wie sehr die Wurzel des Seins dort zu finden ist. Das heißt, die meisten Menschen fragen dort nicht mehr an, beten nicht, meditieren nicht, sind vielmehr voller Ansprüche und Wünsche, die ihrem starken Ego entsprechen und nicht einer ausgewogenen Haltung zwischen Geben und Nehmen. Daraus resultieren ihre Verfehlungen.

Bei der Verhinderung von Schwangerschaften ist es wichtig, dass es nicht erst zu einer Befruchtung kommt und so Leben nicht entfernt werden muss, weil es unerwünscht ist. Abtreibungen, wenn sie denn nicht vermeidbar sind, sollten rituell eingebunden werden. Hilfreich ist die Anwesenheit eines Priesters oder eines entsprechend kundigen Menschen. Es sollte Kontakt zur Seele des abgetriebenen Menschen aufgenommen werden und Gebete und Rituale gesprochen, sowie Fürbitten für die Eltern praktiziert werden, die das Leben nicht wollen. Es ist wichtig, das abgetriebene Leben so eingebunden und liebevoll in die geistige Welt zu entlassen.

## Eigenmächtig herbeigeführte Tode

Dem eigenmächtig herbeigeführten Tod, dem Mord, steht eine große geistige Kraft mächtig entgegen. Sofort leidet der Mensch unter größten Schuld-, Minderwertigkeits-, und Angstgefühlen. Kein anderer Mensch muss ihn richten. Das Hohe Selbst, die Seele, der Geist, sie verbinden sich eruptiv und lassen diese Gefühle und Empfindungen im Menschen hochkommen. Daher auch das Bedürfnis vieler Verbrecher bzw. Mörder sich selbst anzuzeigen und so eigenmächtig eine gewisse Sühne herbeizuführen. Diese Gefühle stellen sich abgeschwächt automatisch auch bei Abtreibungen ein, es sei denn, die Abtreibung ist spirituell eingebunden.

Auch wenn Menschen nicht sterben wollen, um jeden Preis am Leben festhalten und dadurch großes Leid im näheren Umkreis herbeiführen, erfährt die Geistseele in der geistigen Welt große Schuld-,

Minder-, Angstpotentiale, die bearbeitet werden müssen und häufig zu äußerst belastenden neuen Inkarnationen führen.

Ihr wisst, der Tod tritt ein, wenn sich der Lebensfaden aus dem Körper herauszieht, das heißt, die Silberschnur nicht mehr mit dem Körper verbunden ist und aus allen Zellen das Licht des Lebens aus dem Körper herausströmt, herausstrahlt.

Der Tod ist als Ereignis genauso bedeutungsvoll wie die Geburt und ist nie zufällig, auch wenn er unerwartet eintritt. Der beteiligte Mensch, der diesen Sachverhalt als Mutter, Vater, Kind, Bruder etc. akzeptieren muss, sieht lediglich die äußeren Sachverhalte, in ganz geringem Umfang die seelisch-geistige Situation und fast nie die Energien, die sich über den Lebenslichtfaden im Menschen abspulen. Das aber sind die entscheidenden Kräfte, die den Zeitpunkt des Todes und die Frage nach Leben oder Tod bestimmen.

Im Lebenslichtpunkt, dem abspulenden Lebenslichtfaden, gibt es eine Kodierung, die bei entsprechenden Ereignissen von Außen den Tod des Menschen herbeiführt. Es gibt im Laufe eines Lebens mehrere Kodierungen, das heißt, aus vorherigen Inkarnationen herrührende Kodierungsinhalte, die den Menschen in die Nähe des Todes bringen und im Außen entsprechende Ereignisse anziehen. Ihr könnt dies bei bestimmten astrologischen Konstellationen vermuten, die mit Saturn und den transsaturnischen Planeten zusammenhängen. Eine genaue Voraussage über den Zeitpunkt des Todes gibt es nicht. Wenn diese Aussage trotzdem getroffen wird und der Tod eintritt, ist es Ausdruck der sich selbst erfüllenden Prophezeiung. Aus geistiger Sicht werden diese Prognosen abgelehnt. Sie stellen eine massive, nicht gewollte Grenzüberschreitung in metaphysische Bereiche dar. Erlaubt ist aber sehr wohl die auch astrologisch begründete Auseinandersetzung mit den Kräften des Universums und im Menschen.

## Tod und freier Wille

Wenn der Tod eintritt, ist es immer ein Zusammenklang vieler Kräfte, die sich aus den lebenserhaltenden Prozessen herausziehen.

So ist auch ein Selbstmord nicht nur ein eigenmächtiges Beenden des Lebens. Auch höchst schicksalhafte Kräfte beeinflussen diese Handlung. Immer sind es Kräfte, die nicht in die Gesamtpersönlichkeit integriert sind und dazu führen, dass ein Mensch sich selbst Gewalt antut.

Der Mensch hat auch bezüglich des Todes selbstbestimmte Bereiche, die er so oder so mit seinen Energien auflädt und damit entweder am Leben bleibt oder den Weg in den Tod geht. Die selbstbestimmten Bereiche werden durch Familientradition, Spiritualität, Entwicklung der Liebeskraft geprägt. Generell ist zu sagen, dass trotz einer Kodierung, die den Menschen innerlich in Todesnähe bringt und ihn äußerlich Entsprechendes erleben lässt, ein Quäntchen und mehr eigenes Entscheiden möglich ist. Dies ist der Ausdruck des freien Willens auch in Todesnähe, der heute alles menschliche Sein durchdringt. Dies war aber nicht immer so.

Durch den Beginn des Wassermannzeitalters haben die Energien, die den freien Willen im Menschen aufladen, stark zugenommen. Der Mensch erhält dadurch nie gekannte und gelebte Möglichkeiten von Entscheidungsfreiheit. Er hat als ausgleichende Kraft aber auch mehr Verantwortung für sich, die ihm anvertrauten Menschen und, das ist neu, für die gesamte Menschheit zu übernehmen.

Bezüglich des Todes oder, richtiger gesagt, bezüglich der mehrfach im Leben auftauchenden Kodierungen, die den Menschen in Todesnähe bringen können, hat der Mensch bei aller Not in sich verstärkt die Belange der ihm anvertrauten Menschen und der Menschheit allgemein zu berücksichtigen. Zugang zu diesen Formen der Verantwortung, vor allem bezüglich der Menschheit findet er vor allem über eine kraftvoll gelebte Spiritualität. Ohne die Hinwendung zur Spiritualität und das tägliche Praktizieren kann er schlecht an die Kräfte anschließen, die seine Verantwortung für die ganze Menschheit betreffen. Je bewusster, entwickelter und wissender der Mensch in diesem Bereich ist, desto mehr Verantwortung trifft ihn auch im Fall des selbst herbeigeführten Todes.

Begehen Kinder und Jugendliche, junge Erwachsene Selbstmord, so tritt sofort die alles durchlichtende Kraft des Christus in ihrer geistig-seelischen Substanz als „behütender Hirte" in Aktion und verhindert Prozesse, die ansonsten in unterschiedlich stark ausgeprägter Form ablaufen.

## Schwingungsanhebung und Bewusstseinssprung

Wie Ihr wisst läuft in dem Moment, in dem alles Licht des Körpers abgestrahlt wird, das Lebenstableau im Verstorbenen ab und bei allen Menschen, egal welcher Konfession und auch bei Atheisten, erscheint am Ende eines Tunnels die alles liebende und durchlichtende Kraft des Christus. Bei Erwachsenen, die bewusst Selbstmord begehen und sozialinaktiv die Belange der ihnen anvertrauten Menschen und der gesamten Menschheit außer Acht lassen, zieht sich mit zunehmendem Verlauf des Wassermannzeitalters die Kraft des Christus als Gotteskraft zurück und der Mensch hat als parallel ablaufendes Erlebnis zum Lebenstableau keine Begegnung mit dem Lichtpotential des Christus.

Auf diese einschneidende Veränderung möchten wir nochmals näher eingehen. Wie Ihr wisst verändert sich das Leben auf der Erde so stark, weil die geistigen Kräfte, die aus höchsten geistigen Regionen auf alles Leben einwirken, andere Lebensenergien ausschütten.

Dies geschieht vor allem durch die ständig zunehmende Zahl der Lichtsäulen und durch das Sonnenlicht, genauer gesagt, durch die feinstofflichen Energien im Sonnenlicht, die Sonnenimplantate. Hierüber wird also die Energie des Wassermannzeitalters ausgeschüttet, die alles Leben transformiert und in eine höhere Schwingung bringt. Seit ewigen Zeiten ist dies so vorgesehen und geschieht, ob es dem Menschen gefällt und er es aushalten kann oder nicht. Dieser Fall, dass die heilige Schöpfung inklusive des Menschen diesen Entwicklungssprung nicht vollziehen kann, war und ist aus geistiger Sicht nicht vorgesehen. Dieser Bewusstseinsprung ereignet sich nicht so, wie es häufig gesagt wird, dass es eine Phase absoluter Ruhe gibt und mit Einsetzen der Bewegung das höhere Bewusstsein vorhanden ist und alles gut und friedvoll weiterläuft.

Der Prozess der Schwingungsanhebung läuft vielmehr schon viele Jahre, wird noch viele Jahre laufen. Es ist ein stetiger und ständiger Prozess. Das heißt, das Bewusstsein wird nach und nach angehoben und erweitert und der Mensch in die Prozesse geführt, die ihn reif machen „für das neue Leben“. Die Prozesse der Bewusstseinsanhebung sind jetzt fast immer mit dem Freisetzen von Angst, Schmerz, Minder, Mangel, Not und Pein verbunden. Am Hochkommen dieser Gefühle und Empfindungen kann der Mensch sehen, was ihn behindert und stört und er hat in der heutigen Zeit verstärkt Möglichkeiten, all das zu transformieren und freier zu werden für die Zukunft. Natürlich sind dies mühsame, auch schmerzhafte Prozesse, die den gesamten Menschen in Anspruch nehmen und ihn bestenfalls zu mehr Liebe, Freude, Dankbarkeit und Spiritualität führen. Sein soziales Verhalten soll aktiver, klarer gebender und teilender werden. Seine Liebe zu Gott größer, sein Herz weiter, seine Hände offener. Wie Ihr Menschen Euch vorstellen könnt, ist das in der heutigen Zeit ein hohes Ziel und ein frommer Wunsch, der bei vielen Menschen innerlich und äußerlich auf Granit stößt.

Für die Weiterentwicklung allen Lebens ist dies aber unerlässlich. Da Ihr wisst, dass alles Tun und Unterlassen, alles Denken Lichtfrequenzen erzeugt, die erd- und kosmosweit wirken, sind die große Not und der große Schmerz vom Menschen kreierte Sachverhalte, die er, und da setzt seine große Möglichkeit der Verwandlung ein, auch verändern kann.

## Veränderungen in der nachtodlichen Begegnung mit dem Christus

Seit dem Tod des Christus auf Golgatha ist jeder Mensch, wirklich jeder Mensch, nachtodlich mit der alles liebenden, alles durchdringenden und alles transformierenden Kraft des Gottessohnes in Kontakt gekommen und hat zum Beispiel als Jude, Christ, Moslem, Buddhist oder Atheist durch diese Begegnung eine Läuterung und Transformation von belastenden Sachverhalten erfahren. Auch der Selbstmörder, der Terrorist, der Mörder, sie hatten bis vor kurzer Zeit alle die gnadenvolle Begegnung mit der Christuswesenheit und die Geist-Seele durfte dadurch Erleichterung erfahren.

Mit Zunahme der Schwingung auf der Erde tritt hier eine Veränderung ein. Bezüglich der Selbstmörder haben wir es bereits gesagt, dass deren sozialaktiver Umgang mit sich, mit den anvertrauten Mitmenschen und der gesamten Menschheit entscheidend ist, ob ihnen die Gnade zu Teil wird, die Lichtgestalt des Christus sehen und spüren zu dürfen und so belastende Potentiale loszulassen.

Beim Tod des Menschen ohne eigenes Handanlegen tritt seit neuester Zeit ebenfalls als mächtige schicksalhafte Kraft die Frage nach dem sozialaktiven Umgang mit sich, den ihm anvertrauten Menschen und der Menschheit auf.

Das heißt, es ist nicht mehr automatisch so, dass der Mensch nachtodlich die allumhüllende und liebende Begegnung mit der Christuswesenheit hat. Er erlebt somit nicht automatisch anfängliche Läuterung und Transformation auf seelisch-geistiger Ebene.

Vielmehr erlebt er, wie es zuvor auch bei Verfehlungen war, von einem gewissen Lichtbereich an die ihn in größtes Unwohlsein bringende Kraft des Karmischen Rates. Diese lässt ihn sehr viel mehr als früher spüren, wo, wann und wie sein soziales, spirituelles und liebendes Denken, Fühlen und Handeln reduziert war und weit unter seinen Möglichkeiten lag.

Hintergrund dieses weitreichenden Sachverhaltes ist es, dass der Mensch durch die Energien des Wassermannzeitalters sehr viel schneller und direkter an die ihn belebenden Kräfte der Spiritualität stößt und die Folgen sozial inaktiven Tuns sehr viel früher erkennt. Während seines Lebens spürt er seine Verfehlungen körperlich und seelisch als dumpfen Schmerz, gar Erkrankung und erfährt über Träume, menschliche Begegnungen, Unfälle und vieles mehr, dass er sich auf dem falschen Weg bewegt. Der Mensch der Jetztzeit spürt, sobald seine Seele eine gewisse Reife hat, dass er sich von seinem Weg entfernt und er spürt gleichzeitig, dass er sich ändern sollte. Ändert er sein Verhalten nicht und kommt es vor diesem Hintergrund zu einem Selbstmord oder anderen Gewalttaten, ist sein Tun folgenschwerer als vor zum Beispiel 50 Jahren.

Hinter allem steht die Kraft des freien Willens bei gleichzeitig erhöhter Verantwortlichkeit.

Dies ist ein sehr wesentlicher Sachverhalt, der geradezu revolutionär ist und stärkste Auswirkungen hat für den versterbenden Menschen, für seine Geist-Seele, für den Selbstmörder und die zunehmende Zahl an Selbstmordattentätern, die immer brutaler und radikaler in das menschliche Miteinander eingreifen.

Wenn jetzt die allliebende, alldurchlichtende, allerstrahlende Kraft des Christus nicht jedem verstorbenen Menschen nachtodlich begegnet, was bedeutet das dann für den einzelnen Menschen, für die Menschheit und für die geistige Welt?

Wie wir bereits erwähnten, entfällt somit bedauerlicherweise bei vielen Menschen die Möglichkeit der ersten Läuterung und Transformation nach Eintritt des Todes. Ihr Menschen der Jetztzeit könnt Euch kaum vorstellen, wie sozial inaktiv, Gott verachtend, sich selbst verachtend viele Menschen leben und dahinvegetieren. Ja, vegetieren. Ihnen fehlen höchste Licht- und Liebeskräfte und diese Kräfte fehlen auch bei Eintritt des Todes und danach. Ihnen wird bei Ablauf des Lebenstableaus gespiegelt, welch ein verfehltes Leben sie gelebt haben und durch die vorgenannten Wesenszüge wie wenig Freude, Liebe, Dankbarkeit, Hinwendung, Fürsorge, Verzeihen und häufig Gesundheit sie erleben durften. Schockartig wird ihnen nachtodlich bewusst, was alles fehlte und woran es mangelte. Jetzt hat die geistig-seelische Substanz eine Möglichkeit, die zuvor nicht bestand. Gerade hier, sogar nachtodlich, wirkt noch die Kraft des freien Willens, so dass nachtodlich, nach Ablauf des Lebenstableaus, für alle verstorbenen Menschen noch die Möglichkeit besteht, aus tiefer Betroffenheit und Erkenntnis der Christuskraft sich bewusst dieser zuzuwenden und so in den Genuss des hellen, strahlenden, alles liebenden und alles verzeihenden Lichtes zu kommen. So wird diesen anfangs verwirrten Geist-Seelen noch die Gnade der Läuterung und ersten Transformation zuteil und nachtodlich wird ein „Stern“ geboren, der zu Lebzeiten nicht glänzte.

Natürlich gibt es auch weiterhin Geist-Seelen, die dieses Angebot nicht annehmen und diesen Weg nicht gehen wollen. Sie werden energetisch an besonders liebende, teilende, unterstützende, auf der Erde gottgefällig lebende Menschen angeschlossen und dürfen immer wieder auf der Impulsebene spüren, wie es ist, sich in diesen Regionen des Lebens zu bewegen.

Den auf der Erde lebenden Menschen, die „Geistschüler“ der Liebe und des Lichtes „betreuen“, wachsen verstärkt positive Umstände zu, die Ihnen sonst nicht zukämen.

Menschen, die während ihres Lebens eine Nahtoderfahrung machen durften, haben dadurch eine Art Einweihung erfahren, vor allem dann, wenn eine Begegnung mit der Christuswesenheit stattgefunden hat.

Im Moment des Todes schießt alles Licht des Menschen aus dem Körper. Die Geistseele befindet sich außerhalb des Körpers, hat Wahrnehmungen im Außen und erfährt bereits beginnende Transformationsprozesse wie das „Ablaufen“ des Lebenstableaus das „Erscheinen“ der Christuswesenheit und das „Wirksamwerden“ der Kräfte des Karmischen Rates, die den Menschen wissen lassen, wo er sich verfehlt hat und wo er über sich hinauswuchs. Wenn der Mensch wieder ins Leben zurückgeht, schießt der silberne Lebenslichtfaden wieder zurück in den Körper, die Geistseele ist wieder im Körper beheimatet und der Mensch kann weiter leben.

Diese Einweihung in die nachtodlichen Transformationsprozesse sind für den Menschen sehr ergreifend und beeinflussen sein Leben nachhaltig.

# Der freie Wille

Die Geburt und der Tod stehen sich als größte schicksalhafte Ereignisse im Leben des Menschen gegenüber. Das Leben beginnt auf der Erde, wenn viele, viele Komponenten erfüllt sind und so ein Lebensweg beginnen kann. Auch wenn die Leben so normal wirken, so sind sie doch etwas sehr individuell Besonderes.

Bei jeder Zeugung stehen teilweise urälteste Energien im Hintergrund, die dieses Ereignis herbeigeführt haben. Ihr Menschen wisst wenig von der okkulten Seite der Zeugung/Geburt und des Todes. Euer derzeitiges Bewusstsein ist fast immer nicht ausreichend, um die Aspekte von Zeugung/Geburt und Tod zu erfassen.

Durch die moderne Medizin und eine materialistische Sicht des Lebens ohne Schicksalsgedanken und Gnade werden häufig Entscheidungen im vorgenannten Bereich getroffen, die nur eine sehr oberflächliche Sicht der Dinge reflektieren. Hinter allem Leben aber stehen Kräfte, die sich über eine Vielzahl von Inkarnationen ausleben und durch höchsten schicksalhaften Ratschluss göttlicher Kräfte gestaltet werden.

Der Mensch war diesen Kräften früher anders ausgesetzt und musste sie anders bewältigen. Durch die moderne Medizin sind tiefste Eingriffe in die Zeugungs-, Geburts-, Sterbe- und Todessituation möglich.

Besonderes Merkmal dieser heutigen Zeit ist der freie Wille des Menschen.

Dieser freie Wille führt den Menschen ganz konkret mit Kräften zusammen, die ihn schicksalhaft suchen und finden. Es geschieht dies über den Lebenslichtfaden und das durch den Menschen kreierte Licht, ist also immer sehr individuell geprägt.

Durch allergrößte Forscheraktivitäten weiß der Mensch sehr viel im materiellen Bereich der Genforschung. Er weiß auch wie Leben „grobstofflich“ gezeugt wird, wie Tod und viele Krankheiten entstehen. Über den schicksalhaften Aspekt, der hinter diesen großen Ereignissen steht, weiß er wenig bzw. will wenig wissen. Aber gerade die im

Okkulten ablaufenden Prozesse sind Ursache für das, was ihr als Zeugung/Geburt/Krankheit/Tod bezeichnet.

In welchem Verhältnis steht jetzt der freie Wille des Menschen zu teilweise ältesten schicksalhaften Beschlüssen?

In früherer Zeit hatte der Mensch noch nicht das Instrumentarium des freien Willens. Er war anders ein- und angebunden und nicht mit der Individualität ausgerüstet, die heute viele Menschen prägt. Gerade in der Genforschung bewegt sich der Mensch im Rahmen seines freien Willens und müsste demzufolge auch in entsprechendem Umfang Verantwortung übernehmen. Aber wie soll er für etwas Verantwortung übernehmen, wenn er nur den grobstofflichen Anteil der durch die Forschung ermittelten Werte erfassen kann? Auch hier ist das Wesentliche das Feinstoffliche, das für ihn nicht verifizierbar ist. Wie setzt man jetzt Prioritäten bei dieser Vielzahl von Faktoren?

Verstärkt zu Beginn des Wassermannzeitalters ist es der freie Wille des Menschen, der bestimmend eingreifen darf, muss und soll.

Das bedeutet, dass der Mensch wie schon immer für sein Tun und Unterlassen zur Verantwortung gezogen wird. Durch sein aus freiem Willen kreiertes Tun, erschafft er sich so wie seit ewigen Zeiten die Lichtqualität, die sein Leben bestimmt.

Der gravierende Unterschied zu früheren Zeiten (dieser Parameter ist flexibel und hängt von der Entwicklungsstufe des Menschen, seiner Lebenssphäre und seinen Inkarnationen alten Beschlüssen ab), liegt jetzt darin, dass der Karmische Rat, die höchste „Bewertungsinstanz" im Menschen, andere Kriterien anlegt, um die Qualität des Denkens, Fühlens und Handelns zu bestimmen. Auch daraus ergeben sich dann konsequenterweise wieder die vom Menschen kreierten Energiegebilde.

Das radikale Zutagetreten des freien Willens ist ein wesentliches Merkmal des Wassermannzeitalters und führt verständlicherweise zu viel Chaos und Unsicherheit. Es hängt also heutzutage viel mehr davon ab, wie sich der Mensch in freier Entscheidung zum Leben stellt, als zu einem früheren Zeitpunkt. Der Mensch muss lernen, mit diesen neuen Möglichkeiten zu leben und zu sterben. Dass er dabei irrt, falsche

Entscheidungen trifft und wie entwurzelt ist, lässt sich nicht vermeiden. Es gehört dazu und wird aus geistiger Sicht mit berücksichtigt. Der bemühte, bewusst werdende Mensch hat einen Bonus. Und dennoch spielen weiterhin alte Werte wie Liebe, Treue, Teilen, Unterstützen, ein spirituell gegründetes Leben eine allergrößte Rolle.

Heute gilt es, die Gratwanderung zwischen alter Zeit und neuen Werten zu bewältigen. Dazu gehört das Zeugen von Leben ohne den üblichen Geschlechtsakt, dazu gehört das radikale Bekämpfen von Krankheit und das Eingreifen und Herbeiführen von Todesprozessen, und dazu gehört auch die Genforschung. Fast immer aber wird der Schicksalsgedanke ausgeblendet, der Aspekt der Gnade im Leid verleugnet und so eine Entscheidung getroffen, die sehr weittragend sein kann.

Da der freie Wille des Menschen dieses neue Zeitalter bestimmt, muss auch hiermit aus geistiger Sicht umgegangen werden. Dazu sind die höhere kosmosweite Schwingung, das Lichtsäulengitter und die Erweiterung des morphogenetischen Feldes erforderlich. All dies geschieht und so kann sehr viel transformiert werden, was zuvor als größte Blockade zu bewerten gewesen wäre. Trotzdem bilden sich sogenannte Nekrosefelder, die wie Auffangbecken von Energien sind, die der extrem intelligente Mensch bildet, der gleichzeitig in seinem sozialen Tun gegen Null läuft.

Die geistige Welt will jetzt, ganz anders als in früheren Zeiten, dass der Mensch sich mit seiner Existenz und den auftauchenden Fragen auseinandersetzt, dadurch Bewusstsein entwickelt, Entscheidungen trifft und ein soziales, spirituell gegründetes Leben auf einer höheren Stufe lebt. Das heißt, Ihr Menschen dürft und müsst viel mehr unterscheiden, entscheiden und neu entwickeln als zu irgendeinem Zeitpunkt Eurer Vergangenheit. Auf die Entwicklung einer selbstbewussten, mutigen, von Gott durchdrungenen Lebenshaltung wird aus geistiger Sicht zu Beginn des Wassermannzeitalters viel Wert gelegt.

Der Karmische Rat ist Teil höchster göttlicher Schöpferkräfte. Er verkörpert im Szenarium der kosmischen Kräfte die skorpionisch/saturnische Energie. Er ist der Schicksalsrat und Teil der Weißen Bruderschaft, die alles Leben und Sterben als ausführendes Organ der Gotteskraft lenkt, gestaltet und in den Tod führt. Ihr Menschen müsst es Euch so vorstellen, dass die Gotteskraft, der Daseinsgrund allen Seins, sich weitergehender, höchst energetischer Kräfte bedient, um das Leben und Sterben im Universum zu ordnen. Diese Kräfte sind Gott, sie dienen Gott und sie erschaffen Göttliches. Der Mensch ist ebenfalls Teil der Gotteswelt, des Daseinsgrundes und kann sich als Mensch immer mehr in seine Göttlichkeit hineinentwickeln. Es hängt verstärkt von ihm und seinem Verhalten in vielen Inkarnationen ab. Aber, und das vergesst Ihr Menschen immer wieder, Ihr seid Teil der in die Vielheit gefallenen Gotteskraft. Lebt und entwickelt diese Energien immer mehr!

Die Aufgabe des Karmischen Rates besteht darin, die schicksalhaften, Inkarnationen alten Kräfte im Menschen wirksam werden zu lassen.

Der Karmische Rat ist daher engstens mit der Akashachronik, dem Land Shambala und der 9. Stufe göttlich schöpferischer Gestalterkräfte und der Weltenseele verbunden.

Der Karmische Rat steht energetisch hinter dem Lebenstableau des Menschen, das am Anfang und am Ende des Lebens abläuft. Seine Kräfte wirken klärend, so dass der Mensch über seine Geistseele spüren kann, wie herausgehoben, wie gehaltvoll oder wie belastend sein Leben in wesentlichen Bereichen sein wird und wie sehr er sich während seines Lebens verfehlt hat. Kein anderer Mensch muss ihn richten, die Geistseele weiß alles und teilt diese Informationen jeder Zelle im Körper mit.

In heutiger Zeit zieht der Karmische Rat bei der Abwägung des gelebten Lebens allerstärkstens den freien Willen des Menschen ins Kalkül, so dass dem Menschen überall dort Verzeihen entgegenkommt, wo er sich verfehlte, aber sehr kraftvoll, engagiert und Positives wollend, Lebensprozesse herbeiführte oder beendete.

Ein spiritualisiertes Leben, Denken, Fühlen und Handeln ist die beste Möglichkeit, klarer zu wissen, was richtig und förderlich für ihn selbst und andere ist.

Der Karmische Rat wirkt extrem stark in die von Menschen gebildeten Energiegebilde hinein und kreiert so unmittelbar und ständig Schicksal für einzelne Menschen und Menschengruppen.

Der Karmische Rat durchzieht alle geistigen Regionen und könnte auch, gemeinsam mit den Kräften der Weltenseele, als das Gewissen des Menschen bezeichnet werden.

# Land Shambala

Das Land Shambala enthält die Matrix des Lebens und Sterbens. Das heißt, der Lebensplan jedes einzelnen Menschen ist hier niedergelegt. Der Plan von der ersten Inkarnation bis zum Lebensziel nach vielen Inkarnationen. Lichtbänder verbinden die Matrix des Menschen mit seinem „Blatt“ in der Akashachronik, wo sein tatsächliches Tun und sein Unterlassen gespeichert sind. Ein Konglomerat dieser Kräfte befindet sich ebenfalls in der uralten Seelensubstanz, die den Lebensweg des Menschen bestimmt. Ein Extrakt, der Lichtpunkt, strömt auch dem Hohen Selbst des Menschen zu und verbindet sich mit Gott. Vor Beginn des Lebens erscheint der Seele der Lebensplan und erlischt sodann bei der Geburt. Erlischt insofern, weil das bewusste Wissen an diese Kräfte nicht anschließen kann. Über die innere Stimme, über Intuition, Träume und Inspiration ist dieser Bereich dem Menschen jedoch erfahrbar.

Beginnt der Mensch sein Leben, spult sich aus dem Lichtpunkt im Hohen Selbst sein Lebensfaden ab, der ihn mit für ihn wichtigen Menschen und Umständen in Kontakt bringt. Er lernt dabei die Beantwortung der Fragen: Was ist meins? Wie gehe ich damit um? Welches Ziel habe ich jetzt?

Alles Tun und Unterlassen strömt als Lichtenergie, die sich zwischen Seele und Hohem Selbst bildet, zum Sphinx und wird dort transformiert und gespeichert.

Aufgrund der bestehenden Verbindung zwischen Akashachronik und Land Shambala strömt die Lichtessenz auch dorthin und bewirkt, dass der Mensch unerlöste Aufgaben immer und immer wieder präsentiert bekommt oder dass er eine höhere Stufe seines Planes erklimmen darf, um so neue, anspruchsvollere Aufgaben zu bewältigen. Älteste Seelenbeschlüsse, auch bezüglich anderer Seelen (Menschen) aber auch bezüglich weitergehender Aufgaben werden hier, im Land Shambala, gespeichert und zur rechten Zeit freigesetzt. So findet ein ständiger Austausch (Lichtaustausch) zwischen Seele/Hohem Selbst des Menschen, Akashachronik und Land Shambala statt.

Lichtessenzen strömen als Punkt in die 9. Stufe göttlich schöpferischer Gestalterkräfte und signalisieren, wo der Mensch bezüglich seiner Lebensvision steht.

Auch da gibt es Stufen der Entwicklung, die bewältigt werden müssen, da der Mensch ein höchst entwickeltes, spirituelles, soziales, denkendes, Bewusstsein entwickelndes göttliches Wesen ist und dieses partielle Gottsein immer wieder erreichen will. Der Mensch ist Gott, wenn er sich spirituell rückbindet, seine sozialen Seelenbeschlüsse lebt und seine Visionen realisiert.

## Das Hohelied der Liebe

### Brief des Paulus an die Korinther

*Doch will ich euch den Weg weisen, der höher als alle anderen ist:*
*Wenn ich mit Menschen- und mit Engelszungen redete:*
*bin ich ohne Liebe, so bleibt mein Sprechen wie tönend*
*Erz und eine klingende Schelle.*
*Und wenn ich die Gabe der Prophetie besäße und wüsste alle*
*Mysterien und alle Erkenntnisse und hätte dazu die Kraft des*
*bergeversetzenden Glaubens:*
*wenn ich ohne Liebe bin so bin ich nichts.*
*Und wenn ich alles, was mein ist, herschenkte und schließlich sogar*
*meinen Leib hingäbe zum Verbrennen:*
*bin ich ohne Liebe, so ist alles umsonst.*
*Die Liebe macht die Seele groß.*
*Die Liebe erfüllt die Seele mit wohltuender Güte.*
*Die Liebe kennt keinen Neid, sie kennt keine Prahlerei,*
*sie lässt keine Unechtheit aufkommen,*
*die Liebe verletzt nicht, was wohlanständig ist,*
*sie treibt die Selbstsucht aus,*
*sie lässt nicht die Besinnung verlieren,*
*sie trägt niemandem Böses nach,*
*sie freut sich nicht über Unrecht, sie freut sich nur mit der Wahrheit.*
*Die Liebe erträgt alles, sie ist stets zu gläubigem Vertrauen bereit,*
*sie darf auf alles hoffen und bringt jede Geduld auf.*
*Die Liebe kann, wenn sie wirklich da ist, nicht verloren gehen.*
*Die Gabe der Prophetie muss einmal erlöschen, das Wunder der*
*Sprachen hört auf, das hellsichtige Erkennen geht zu Ende.*
*Stückwerk ist unser Erkennen, Stückwerk unsere Prophetie.*
*Einmal muss aber das Vollkomme kommen, das volle Weihe-Ziel,*
*dann ist es mit dem Stückwerk vorbei. Als ich noch ein Kind war,*
*da sprach ich wie ein Kind, und ich fühlte und dachte wie ein Kind.*
*Als ich ein Mann wurde, streifte ich das unmündige Wesen ab.*

*Jetzt sehen wir noch wie in einem Spiegel alles in dunklen Konturen. Einmal werden wir alles schauen Angesicht in Angesicht. Jetzt ist mein Erkennen Stückwerk.*
*Dann werde ich aber im Strome des wahren Erkennens stehen, in welchem Erkennen und Erkanntwerden eines sind.*
*Nun aber bleibt Glaube, Hoffnung, Liebe.*
*Diese Dreiheit.*
*Die größte aber unter ihnen ist die Liebe.*

## LIEBE

Liebe ist eine besonders starke, strahlende, lebentragende Kraft, die im Menschen und außerhalb des Menschen erkennbar ist.

Liebe, Licht, Frieden und Freude sind neben Dankbarkeit, Hingabe und Fürsorge die stärksten Kräfte, die der Mensch in sich aktivieren kann. Hoffnung ist eine ebensolche Kraft und der Glaube an die göttliche Welt. Aber die Liebe ist die Größte. Liebe in ihrer reinsten Form ist rosafarbenes, glitzrig-weiß strahlendes Licht.

Glitzrig-weiße Lichtbänder ziehen sich durch das rosafarbene Licht und sind Anteile des Christuslichtes. Es ist höchstschwingende Energie, die sehr zart erstrahlt und eine große Anziehung für andere Menschen und den hellsichtigen Betrachter ausübt. Alles was mit diesem Licht in Kontakt kommt, wird energetisch angehoben und schneller in der Bewegung. Es ist dies eine strömende, gleichmäßige, ruhige Bewegung, die allen Wesen, Menschen, Tieren, Pflanzen und auch Steinen gut tut.

Es ist pure Lebensenergie, die Kranke ins Leben und Kinder in die Welt führt. Erlebt ein Mensch viel von dieser Energie, ist er wie eine Quelle der Freude für andere. Er zieht positive Umstände an und erfährt selbst immer mehr Liebe und Wohlergehen. Wirkliche Liebe verbindet sich immer mit Gottesliebe und hat ihr Zentrum im strahlenden Mittelpunkt des Menschen in der Höhe des Bauchnabels.

Gleichzeitig ist das Hohe Selbst von Liebe durchdrungen, die Seele badet in Liebe und schüttet Liebe in Form von Gesundheit in den Körper. Das Liebeslicht strahlt aus den Augen und impulsiert alles, worauf der liebende Blick fällt. Liebe ist unschlagbare und höchste heilende Kraft.

Ein Heiler muss selbst ein liebender Mensch sein, der im Einklang mit Gott und der Welt lebt. Ansonsten kann er nicht heilen.

Heilen ist Lieben, ein stärkster Hingabeprozess an das Leben, der wie das Schneeballprinzip funktioniert.

Lieben führt zu mehr Liebe, Verstehen, Teilen, Unterstützen und heute auch zu mehr Bewusstsein. Liebe ist Gnade.

## Freude

Freude ist eine ebenso starke Energie. Reine Freude hebt sofort die Lichtfrequenz im Menschen, in seinem Energiesystem in der geistigen Welt und im angedockten Energiesystem. Sofort zieht der Mensch positivere Lebensumstände an und fühlt sich wohler. Das Licht, das entsteht und sich ausweitet, ist gelbes Licht, das ebenfalls ein Aspekt des Christuslichtes ist. Freude und Dankbarkeit sind gerade in der heutigen Zeit so wichtig, weil die gegenläufigen Energien so stark sind und so viel Dunkles bewirken.

Ihr Menschen auf der Erde, seid dankbar, freut Euch ohne Berechnung und Hinterlist. Genießt diese Kräfte in Euch und lasst sie in die Welt strömen.

## Dankbarkeit

Dankbarkeit, tiefe echte Dankbarkeit, ist eine große, intensive Energie, die sich im Energienetz der Menschen innen und außen abbildet. Das heißt, der innere Energieblock wird durch Christuslicht aufgeladen. Dies geschieht generell, also auch bei Moslems, Juden, etc. Es ist das Licht des Gottessohnes und daher konfessionsunabhängig. Es ist eine höchste, heilende und bewusstseinserweckende Kraft, die von Liebesbändern durchdrungen ist. Im Außen erhellt die Energie das Energienetz und erhöht die Schwingung. Das Gleiche geschieht bei den angedockten Energien und dem Energiesystem in der Geistigen Welt. Bei ehrlicher, tiefer Dankbarkeit ist die Energie besonders sauber und stark, vor allem wenn sie sich nicht mit Gier, Geiz, Eifersucht und Neid vermischt. Der Mensch strahlt etwas Gebendes, Liebendes aus, was bei fehlender Dankbarkeit nicht entwickelt wird. Er wirkt anziehend auf andere, zieht positive Umstände an, die er sich teilweise nicht erklären kann.

Gier, Neid, Eifersucht, Geiz und Hass spiegeln sich ebenfalls in den Energiesystemen und bewirken das Gegenteil. Andere Menschen fühlen sich abgestoßen und der Mensch zieht ungünstige Umstände an.

## Liebesmangel

Liebesmangel bewirkt im Leben sehr viel und ist im Energienetz des Menschen innerlich und äußerlich feststellbar. Liebesmangel verursacht eine Art Lochmuster im Energiesystem. Mehr oder weniger große Löcher sind überall erkennbar. Über die Löcher verliert der Körper die ohnehin reduzierte Lebenskraft und erkrankt eher. Der Mangel bewirkt, dass sich das Hohe Selbst zurückzieht und die Seele verdunkelt ist. Als Folge treten Angst, Wut, Zorn, Minderwertigkeit und Schuldgefühle auf. Der Mensch ist nicht gerade zwischen oben und unten ausgerichtet. Er hat keine Mitte und zieht, da er in sich so zerrissen ist, Lieblosigkeit an. Die graue Farbe der Lieblosigkeit ist ein anderes Grau als das des Neides. Das Grau des Mangels „strahlt" eine tiefe Traurigkeit aus. Es ist in der Aura und im Körper zu sehen.

## Angst

Angst ist eine grünfarbige, schleimartige Substanz, die im und außerhalb des Körpers fließt. Alles, was mit dieser Energie in Kontakt kommt, wird infiziert.

Die Lichtqualität der Zelle wird reduziert und das Tempo heruntertransformiert. Im Körper bilden sich Angstzonen, die die Organe, die Körperteile und jede Zelle durchdringen. Der Mensch fühlt sich unwohl, ist unzufrieden, hat ständig das Gefühl, zur falschen Zeit am falschen Platz und mit den falschen Menschen zusammen zu sein. Er ist unsicher und fühlt sich minderwertig. Daraus resultieren weitere Gefühle, die ihn belasten. Außen ist der Angstschleim als ein fester, dicker Film erkennbar. Es ist unangenehm, diese Substanz zu sehen, da sie sich wie mit Saugnäpfen nach außen stülpt und im Umfeld Energie absaugt. Bei besonders großer Angst sind es eine Art Tentakeln, die der Mensch ausfährt, um von anderen Menschen Nahrung zu bekommen. Die Tentakeln sind beweglich wie Tintenfischarme und saugen alles auf, was sie bekommen können. Der Mensch im nahen Umfeld spürt diese Energien und wehrt sie seinerseits ab, indem er einen Schutzwall, einen Schild aufbaut. Beides ist dem hellsichtigen Auge erkennbar.

## Neid

Neid ist ebenfalls im Körper und außerhalb des Körpers erkennbar. Neid verbindet sich mit der Farbe Grau. Dabei erscheint die Substanz rissig und scharfkantig. Diese graue, rissige, scharfkantige Masse schneidet Organe, Zellen und Körperteile geradezu auf. Risse sind energetische Löcher, durch die der Mensch Lebensenergie nach außen abgibt, die er selbst braucht. Gleichzeitig werden die Zellen, die mit dieser Energie in Berührung kommen, anfänglich und durch anhaltenden Neid weitgehend zerstört. Organe erkranken, Schmerzen, Traurigkeit und Depression stellen sich ein. Das beste Mittel, Neid zu bearbeiten, ist das Entwickeln von Spiritualität, Dankbarkeit und Freude. Aber gerade das fällt dem Neid besetzten Menschen schwer, sehr schwer.

Neid führt bei weiterer Ausübung zu Hass auf den jeweiligen Menschen. Hass ist noch schwerer zu transformieren als Neid. Um diese Energie zu Lebzeiten zu verwandeln, bedarf es einer hundertprozentigen Sorgfalt des Menschen, der sich verändern will. Schafft er es, hat er den besten Humus für soziale und heilerische Aufgaben.

## Eifersucht

Eifersucht ist ebenfalls als Energie im und außerhalb des Körpers erkennbar. Eifersucht verbindet sich mit der Farbe Gelb. Es ist nicht das Sonnengelb der Freude, sondern ein gallenartiges Gelb. Der Körper wird überschwemmt von dieser klebrigen Energie, befällt alle Organe und erzeugt Wut und Zorn. Die Zellen ersticken unter dieser klebrigen Masse, verkümmern und erzeugen Krankheit. Gleichzeitig fährt der Mensch wie spitze Werkzeuge aus in die Richtung des Menschen, auf den er eifersüchtig ist. Auch andere fühlen sich abgestoßen und wenden sich ab.

## Gier

Gier ist eine in Eurem Kulturkreis stärkstens wirkende Kraft. Gier ist eine schwarzbraune klebrige Masse im Körper und um ihn herum. Diese Masse kleistert die Zellen zu und wirkt gleichzeitig saugend nach außen. Es ist wie der Rand eines Vulkans, in den die arglosen Besucher hineinfallen, wenn sie nicht aufpassen. Im Energienetz des Gierigen wird alles verschlungen und dem eigenen Wesen zugeführt. Ob gut oder schlecht ist unerheblich. Die Hauptsache ist, dass der Gierige seinen nimmermüden Hunger stillt. So nimmt er vieles zu sich, was er nicht braucht und verarbeiten kann und leidet so an einer Art ständigen inneren Verstopfung, zumal seine Zellen nicht mehr richtig arbeiten. Sein Unterscheidungsvermögen wird zusehends schlechter und führt den Menschen in die Krise. Außerdem wird er von anderen Menschen abgelehnt und vereinsamt. Über Jahre gelebte Gier zeigt sich besonders im Gesicht und in den Händen. Der Gierige will sein Wesen verheimlichen, kann es aber nicht. Gier ist Leben tötend.

## Geiz

Geiz ist eine dunkle, langsam schwingende harte, gegebenenfalls stahlharte Energie, die den Menschen wie sklerotisiert. Geiz zeigt sich im Energienetz in der Farbe giftgrün. Es ist für den Betrachter eine unangenehme Wahrnehmung. Er möchte sich abwenden und verschließen. Die harte Energie durchzieht die Zellen und legt ihre Funktion lahm. Der Mensch verhärtet und vereinsamt. Lachen und Freude sind ihm fremd.

Die giftgrüne Farbe hat ein Farbpigment, das für das hellsichtige Auge und den normalen Menschen sehr unangenehm ist. Der Mensch spürt es als „Abzocken“ von Energie und baut seinerseits einen Schild dagegen auf. Er will die Gegenwart des Geizigen meiden und zieht sich zurück.

## Hass

Hass ist eine stärkste negative, den Menschen auffressende Energie, die sich in allen Zellen breit macht und den Menschen mit einer grüngelben, gallertartigen Schleimsubstanz überströmt. Diese Masse ist innerlich und äußerlich für das hellsichtige Auge erkennbar. Es ist eine äußerst negative Empfindung, die der Betrachter bei der Wahrnehmung der Farbe dieser Substanz hat. Sie ist abstoßend und trübe.

Hass zerstört die DNA und zerstört so das Leben. Wenn der Mensch sich nicht mit voller Kraft zum Positiven hin entwickeln will, frisst sich diese schleimige Masse immer weiter durch und zerstört Organe und andere lebendige Substanz. Hass verursacht Autoimmunerkrankungen und andere heftigste Erkrankungen. Hass verursacht Leid im nahen Umfeld und Ablehnung. Das Hohe Selbst zieht sich zurück und die innere Not des Menschen wird immer größer. Todesvisionen, die ihn ereilen, projiziert er auf das nahe Umfeld und verliert sich in Boshaftigkeit und Hinterlist. Im fortgeschrittenen Stadium ist der Tod die einzige Möglichkeit der Transformation.

Aber die Hass-Energien werden mit in die geistige Welt genommen, leben dort weiter, wenn dem geistig-seelischen Potenzial des Verstorbenen keine Hilfe von auf der Erde lebenden Menschen zuströmt. Hilfe in Form von Klarheit bezüglich der Ursache des Hasses und der Erkrankung. Aufklärung im Sozialen und Gebete zu dem Verstorbenen bewirken eine Durchlichtung der geistigen Substanz und verändern so die Schwingung zu mehr Licht hin.

Geschieht dies nicht, hat die geistig-seelische Substanz eine große innere Not und das tiefe Bedürfnis, möglichst schnell die belasteten

Beziehungen zu bearbeiten. Dafür ist eine Inkarnation auf der Erde erforderlich, die aber erst dann eintreten kann, wenn der göttliche Plan dies vorsieht.

Konnte das Verstrickungspotenzial nicht bearbeitet werden, so erschafft sich die Seele in der neuen Lebenssituation Lebensumstände, die als äußerst mühsam zu bezeichnen sind. Dahinter steht das Bemühen, die Egokräfte des Menschen zu läutern und ihn so in mehr Licht und Liebe hineinzutragen. Die Prozesse sind meistens langwierig und bedürfen größter Kräfte des Menschen, da sein Ursprungsenergiesystem ihm immer wieder Situationen beschert, die er gerade nicht mehr will. Daran prüft die göttliche Welt, inwieweit sich der Mensch wirklich verändern will.

Insofern ist es eine größte Liebesleistung gerade für den Verstorbenen, wenn die von ihm gehassten Menschen, die ebenfalls Hass gegen den Verstorbenen entwickelt haben, das Lebensgeflecht aufklären und auflösen, wenn sie Licht, Liebe und Gebete zu der Seele in der geistigen Welt schicken und verzeihen. Das von der Erde in entfernteste Regionen strömende Licht heilt alles, was es berührt und ermöglicht der ehemals hassbesetzten Seele, sich ein anderes, höher schwingendes Lebensmodell auf Erden zu erschaffen. Liebe führt zu mehr Liebe, Heilung, Freude und Glück.

Dies ist das Ziel göttlicher Weisheit. Es ist Wissen aus dem Land Shambala.

## Auswirkungen von Schuldgefühlen

Der Mensch ist eine Schöpfung von höchster Komplexität. Alles in ihm ist miteinander und gleichzeitig auch mit der geistigen Welt verbunden. Vom Bewusstsein her durchdringt der Mensch weder seine innere noch seine äußere Verbundenheit. Er nimmt lediglich Teilbereiche wahr und weiß häufig nichts von den Anteilen in der geistigen Welt.

Durch die Zunahme der Bewusstseinskräfte gelingt es dem Menschen immer mehr, seine geistigen, seelischen und körperlichen Anteile zu spüren und sogar hin und wieder auch die Kräfte des Hohen Selbst. Das ist aber bei extrem wenigen Menschen der Fall.

Dass in der geistigen Welt identische Energiemuster zu dem eigenen inneren Energiemuster des Menschen existieren, ist Euch jetzt bekannt. Und auch, dass sich daran identische Energiemuster andocken und ihre Kräfte auf die Erde strahlen, die als „äußere Umstände" auf den Menschen zukommen.

Wenn der Mensch sich verfehlt in Form von Hass, Neid, Missgunst, Lieblosigkeit, Streitsucht, etc., schicken die Kräfte des Hohen Selbst Mangelgefühle in die Seele. Die sich hingebenwollende Seele kreiert Angst. Diese Angst durchflutet den Körper wie eine grüne, schleimige Masse und verursacht Unruhe, Aggression und Depression.

Dieser negative Energieschub, der sich im Körper in jeder Zelle ausdehnt, bewirkt beim Menschen große Unwohlseinsgefühle, die als dunkle Energie in die Seele aufsteigen. Die Seele gibt diese Energie weiter an das Hohe Selbst in Form von Schuldgefühlen. Schuldgefühle entstehen demzufolge nicht erst, wenn der Mensch eine unheilvolle Tat begeht, sondern sie entstehen bereits dann, wenn Aggressionen, Depressionen und oder Unruhe nicht sinnvoll abgebaut oder transformiert werden können.

Die Schuldgefühle treten auf, weil der Mensch ein Teil der göttlichen, schöpferischen Welt ist und er sich handelnd und positiv konditioniert darstellen möchte. Er kann vom Kopf her noch so sehr Atheist sein, nur das glauben was wissenschaftlich bewiesen ist, das ist unerheblich. Die Sehnsucht nach der göttlichen Welt, nach der Heimat des Menschen, ist so stark, so elementar, dass sie sich immer wieder bemerkbar macht, ganz oft in Form von Schuldgefühlen, die jeglicher rationalen Erklärung entbehren.

Therapeuten, die selbst nicht spirituell sind, entzieht sich natürlich dieser Sachverhalt. Sie können deshalb auch nicht produktiv mit diesen Gefühlen arbeiten, da ihnen der Weg dorthin versperrt ist. Der Weg dorthin ist aber ein wichtiger, da er den Menschen mit seiner Heimat, mit seinem Hohen Selbst, verbindet.

Schuldgefühle, vor allem über eine lange Zeit, trennen das Hohe Selbst aus der Einheit des Menschen und lassen ihn sich hohl, leer, minderwertig fühlen. Schuldgefühle und Minderwertigkeitsgefühle sind ein Signal von höchster Wichtigkeit. Sie zeigen, dass der Mensch nicht in seiner Mitte und nicht mit den in ihm lebenden göttlichen Kräften verbunden ist. Diese Trennung im Menschen ist eine Öffnung für Krankheit, für das Ausagieren von Gewalt und das Praktizieren von Süchten. Alles kann exzessiv betrieben werden und führt zu einer Schwächung der Ich-Kräfte, was wiederum die Seele-Geist-Körper-Kräfte schwächt und das Hohe Selbst sich noch mehr zurückziehen lässt.

## Wie ist Heilung möglich?

Nur spirituell wissende und praktizierende Therapeuten können hier tiefgehend und nachhaltig helfen und heilen.

Da es hier um extrem feinstoffliche Abläufe geht, die bisher nicht bekannt sind, kann nur der kundige, liebende und Gott akzeptierende Mensch heilend arbeiten. Sein von schöpferischen Kräften pulsierendes Hohes Selbst berührt die Reste des Hohen Selbst im erkrankten Menschen und belebt so dessen höchste integrierende Substanzen.

Es ist ein größter Liebesakt, der auch priesterlich ist und der dem Menschen bei weitergehender eigener Bemühung Heilung bringt. Heilung ist Frieden. Heilung ist ein integriertes Zusammenspiel von Körper, Geist und Seele und dem Beleben des Hohen Selbst, das im Rückenmarkskanal pulsiert.

Daher ist die Craniosacrale Massage so hilfreich und kann etwas bewirken. Aber auch hier muss das Hohe Selbst des Therapeuten dem Hohen Selbst des Patienten begegnen, so dass bei der Begegnung beider göttlicher Kräfte neue Energien des Lichtes entstehen.

Jede Familie entwickelt ihr eigenes Leben, ihr eigenes Licht auf der Erde. Wenn aus zwei Menschen eine Familie wird, verändert sich durch die Geburt des Kindes das gesamte Lichtspektrum der Gemeinschaft. Das Licht des Kindes, das bereits in der Zeugungssituation bestimmt wurde, reichert also den Lichtzirkus von Mann und Frau um ein Beträchtliches an. Das heißt, Lichtfrequenzen die die Frau bestimmen, Lichtfrequenzen die das Wesen des Mannes bestimmen, und eine Wiederholung dieser Lichtfrequenzen beim Kind, sowie neue Lichteinheiten des Kindes, prägen das morphogenetische Feld der Familie. Familien, die sehr traditionsbewusst leben oder ihr Leben unbewusst wiederholend leben, haben ein begrenzteres Lichtspektrum als Familien, die multikulturell zusammengewürfelt leben. Folgende Energien prägen in allerstärkstem Maße das Lichtfeld der Familie:

Die Liebeskraft jedes einzelnen Familienmitgliedes, wobei natürlich die Liebesfähigkeit der Eltern als besonders wichtig und weittragend zu bezeichnen ist.

Die religiöse Ausrichtung der Familie und die Fragen: Gibt es überhaupt eine Religion? Gibt es verschiedene religiöse Richtungen? Wie wird Religion praktiziert? Findet eine regelmäßige Praxis im Religiösen statt?

Wenn „Religio" praktiziert wird in einer „gottgefälligen, schöpferkraftverehrenden" Form, so wird sofort das gesamte Lichtfeld der Familie damit aufgeladen. Dies geschieht natürlich besonders stark, wenn Eltern als liebende und heutzutage um Bewusstsein bemühte Menschen dem Christusimpuls folgen und gottgefällig ihr Leben gestalten. Es ist logisch, dass jedes weitere Kind, natürlich auch Pflegekinder und Adoptivkinder, das Familienlicht prägen. Alle Menschen, die sich regelmäßig über eine längere Zeit in der Familie bewegen, mit ihr essen, trinken, gar schlafen, nehmen Einfluss auf das Familienlicht und stärken und erweitern so das Spektrum... wenn es gut geht und ein liebevoller Umgang vorherrscht und gewollt ist. Unerwünschte „Besucher", unerwünschte Kinder, oder andere unerwünschte Familienteile, wie es sie häufig in sogenannten Patchworkfamilien gibt, verdunkeln das Licht und belasten alle Familienmitglieder.

Das heißt natürlich auch, dass die unerlösten Verstrickungspotentiale aller Familienmitglieder einen großen Pool bilden und, da sie sich verstärken, verheerende Folgen haben können. Ihr habt dann (und das gilt für alle Formen von Familien) hohe Entwicklungs- und Friedenspotentiale oder Krieg, Kampf, Unterdrückung, Misshandlung, Krankheit und Tod.

In das Licht der Kernfamilie wirken auch die Kräfte der Großeltern, der Verstorbenen und Ausgegliederten.

So gibt es Familien mit großen Geheimnissen, verleugneten Schattenanteilen, verstrickten Beziehungen zu Lebenden und Toten, die dann im Ganzen eine niedrige Lichtfrequenz haben werden.

Eine weitere Kraft, die allerstärksten Einfluss auf das Familienlicht ausübt, ist die Angst. Aber auch Minder, Mangel und Schuld treiben dort ihr Wesen oder Unwesen und können so über Generationen zerstörerisch wirken.

Diese Energien bilden häufig genug Entitäten (der Krieger, der Bettler, der Schuldige, die Kranke etc.), die das Leben aller Familienmitglieder prägen. Diese Entitäten negativster Art beeinflussen das Familienlicht und das Leben jedes Einzelnen. Größte Liebeslichtarbeit ist erforderlich, um diesen Kräften Einhalt zu gebieten oder sie zu eliminieren.

Nur ein spiritualisiertes Denken, Fühlen und Handeln lässt das Lichtfeld der Familie sich von Grund auf zum Lichtvollen hin verändern.

Im Licht der Familie befinden sich Anfangsenergien von Krankheiten, auch spezieller Krankheiten, sowie von grandiosen Fähigkeiten und Geniekräften. Alles ist möglich, wirklich alles.

Eure Aussage „wenn sich einer in der Familie verändert, müssen sich alle anderen auch verändern“, hat im Familienlicht seinen Ursprung, seine Kraft und seine großen Möglichkeiten.

Bei einem spiritualisierten Leben, zumindest einiger Menschen in der Familie, hält ein „Engel“, eine beschützende geistige Entität ihre schützenden „Flügel“ über die Familie.

## Sexualität und Ehe

Die sexuelle Energie hat eine starke Schubkraft und durchdringt und vitalisiert damit alle Zellen, erhöht die Immunabwehr und verstärkt die Verbindung zur Erde.

Sexualität kann sich bestenfalls mit Liebe, aber auch mit vielen anderen Gefühlen verbinden. Verbindet sich tiefe Liebe mit Sexualität, entsteht strahlendes, kraftvolles, rosafarbenes Licht oft noch mit weinroten Energiesprenkeln, die es vollkommener machen. Wurzel- und Sexualchakra pulsieren gleichmäßig und kraftvoll, der Energiestrahl zur Erde ist geschmeidig, stark und glänzend. Eine starke Energie strömt vom Herzen zum Genitalbereich und erwärmt den Menschen. Er ist sehr präsent und „stark" und gibt sehr viel Energie an das Umfeld ab. Er packt das Leben an und andere fühlen sich angezogen, gerade von einem liebenden Paar. Wenn die Liebe sozial gegründet ist durch eine Heirat, „flirrt" in dem Licht eine Energie, die wie sternenhaft strahlt und abstrahlt. Das bedeutet, wenn Menschen in Liebe, Freude, Dankbarkeit ihren erwählten Partner heiraten, entsteht in ihren Lichtbändern ein glitzerndes Licht, das sie mehr in die Nähe von Gesundheit, Frieden und Zufriedenheit bringt. Dieses glitzernde Licht ist unterschiedlich stark, da die Liebespotentiale unterschiedlich und die Gottes- und Gottessohnliebe der Menschen sehr unterschiedlich sind. Eheschließungen ohne gleichzeitige Anbindung an die göttliche Welt haben nicht die Strahlkraft wie Eheschließungen mit eben dieser Kraft. In der heutigen Zeit wirkt besonders lichtkraftverstärkend, wenn ein eigenständiger spiritueller Weg gegangen wird.

Sexualität, die sich nur mit Lust verbindet, ohne Herzensgefühle der Liebe, lässt im Menschen ein kaltes, dunkelrotes Licht entstehen, besonders im Genitalbereich. Das Aufwärmende der sozial eingebundenen Sexualität fehlt, es bildet sich kein Energiestrang zwischen Herz und Genitalbereich. Das rote Licht des Wurzelchakras verbindet sich nicht mit dem rosafarbenen Licht des Herzchakras. Das Licht bleibt kalt und flächig, ungesprenkelt. Es entsteht eben kein glitzerndes Licht, wie es sich bildet, wenn ein Paar sehr reif und entwickelt, sehr sozial, liebend und spirituell ist. In solchen Begegnungen kann die höchste mit Sexualität verbundene Lichtfrequenz entstehen.

Häufiger Geschlechtsverkehr ohne Liebe, auch mit wechselnden Partnern, verursacht eine Verbindung des roten Lichtes mit schwarzem Licht, weil die Seele in ihrer Sehnsucht nach Hingabe und Liebe leidet, sich wie betrogen und hintergangen fühlt. Die Seele schickt schwarze Lichtwolken in den Genitalbereich, die sich auf die Geschlechtsorgane und das Umfeld legen. Dunkle Wolken ziehen auch in die Gedankenwelt und verursachen eine dunklere Gemütsverfassung, negatives Denken, auch Depressionen stellen sich ein. Das Hohe Selbst zieht sich zurück. Dies geschieht auch bei Ehebruch. Die Folgen dieses Tuns können nur geheilt werden, wenn in dieser Beziehung mehr Liebessubstanz entsteht, wenn konstruktiv Karma abgearbeitet wird und sich die beteiligten Menschen zu mehr Spiritualität hin entwickeln.

Bei Zwangsehen und Ehen ohne Liebe, die aus gesellschaftspolitischen oder anderen Gründen geschlossen werden, entsteht ein graues Licht, das völlig unenergetische Potentiale in sich trägt, niedrig schwingt und die Tendenz hat, gesundes Licht zu „fressen“. Es ist kein nekrotisches oder monsternekrotisches Licht, doch es macht auf Dauer krank.

## Gleichgeschlechtliche Beziehungen

In den nächsten Jahren und Jahrzehnten werden gleichgeschlechtliche Beziehungen zwischen Frauen und zwischen Männern zunehmen. Das wird vor allem in den Regionen der Erde geschehen, wo sich das Bewusstsein und die Individualität stark entwickeln. Ihr könnt es bereits jetzt in freiheitlich gesonnenen Ländern und Städten feststellen, dass sehr viel mehr Frauen eine Liebesbeziehung zu Frauen leben wollen und leben und sehr viel mehr Männer eine Liebesbeziehung zu Männern leben wollen und leben.

Das hängt damit zusammen, dass in weiter Zukunft androgyne Wesen die Erde bevölkern werden. Durch die Emanzipation der Frau sind dort, wo sie sich entwickeln kann, auch die geschlechtlichen Kräfte in den Frauen erstarkt. Bei Männern ist es eine andere Kraft, die sie häufiger Beziehungen zum eigenen Geschlecht aufnehmen lässt.

Wie Ihr an anderer Stelle dieses Buches lesen könnt, verändern sich mit zunehmendem Zeitverlauf die Kodierungen in der DNA neugeborener Mädchen dergestalt, dass sie dem weiblichen Geschlecht einen größeren Selbstbestimmungsdrang, eine stärkere Sexualität, ein stärkeres auf übergeordnete Fragen (Staat, Gesellschaft, Beruf, Religion) ausgerichtetes Bewusstsein und tragfähigere Kräfte bezüglich der Bereiche außerhalb der Familie vermitteln.

Dies geschieht bei Mädchen, die jetzt geboren werden und seit ca. 2005 die Erde bevölkern. Parallel dazu, wie um auszubalancieren, nehmen bei Kindern männlichen Geschlechts, die seit ca. 2005 geboren werden, eben diese Kräfte ab und es entwickeln sich zunehmend Wünsche in den Seelen der Jungen, die mit Familie und Dienen zu tun haben. So ist eine große Bewegung in alle gesellschaftlichen Bereiche gekommen und diese Kräfte werden weltweit zunehmen. Dahinter steht auch als wesentlicher Aspekt, dass Männer und Frauen in beiden gesellschaftlichen Bereichen Erfahrungen sammeln sollen, um so in späteren Inkarnationen über einen weitreichenderen Fundus an Wissen, Handeln und Verantwortungserfahrungen zu verfügen. Begünstigt wird dieser Prozess auch dadurch, dass sich in weibliche Körper mehr Seelen inkarnieren, die starke lebenstragende Erfahrungen als Männer hatten und in männliche Körper mehr Seelen, die starke lebenstragende Erfahrungen als Frauen hatten. Es geschieht in dem Bereich der sich inkarnieren wollenden Seelen eine Umpolung, die weitestgehende Folgen hat.

Unter anderem wird sich diese „Umpolung" größten Ausmaßes natürlich auch im priesterlichen Bereich mit zölibatärer Struktur auswirken und die Frage nach dem Sinn des Zölibats bei Männern und Frauen verschärfen.

Aus geistiger Sicht wird es begrüßt, wenn wichtige Träger religiöser Ordnungen sich verstärkt mit diesen Fragen beschäftigen.

Bei homosexuellen Beziehungen bilden häufig eine karmische Verstrickung oder eine Aufgabe, ein Ruf oder eine Erlösung alter Strukturen den Hintergrund. Werden die Beziehungen respektvoll und in Liebe mit Verantwortung gelebt, ist aus geistiger Sicht erkennbar, wie Erlösung und Frieden dort eintreten, wo zuvor Not und Kampf herrschten. Es entsteht kein nekrotisches oder monsternekrotisches Licht. Wie bei heterosexuellen Paaren kann auch bei homosexuellen Paaren jenes Licht entstehen, das sich bildet, wenn sie lieben, Verantwortung für das Leben übernehmen und der Gotteswelt huldigen. Ihr seht, Ihr seid wirklich in jeder Beziehung in einer großen Verwandlungsphase, die größte Veränderungen herbeiführt und ein neues Leben entstehen lässt.

Familien, Gemeinschaften, Gruppen, Verbände, Sippen, Völker, Nationen, Völkerverbände usw. bilden alle ein eigenes morphogenetisches Feld, das mit jedem einzelnen Menschen der Familie, Gruppe, Gemeinschaft verbunden ist, aber auch mit dem gesamten morphogenetischen Feld allen Lebens in Resonanz geht. In früheren Zeiten waren die Verbindungen in erster Linie über blutsverwandtschaftliche Kräfte bestimmt. Mit zunehmendem Zeitverlauf und besonders seit Beginn des Wassermannzeitalters spielt die Gesinnung, das gemeinsame geistige Ziel, eine bedeutende Rolle. Die großen Probleme, die Ihr heute in allen Lebensbereichen habt, hängen sehr stark mit der sich verändernden Bezogenheit des Menschen zusammen. Mit Zunahme des Bewusstseins entwickeln sich die Seelenanteile jedes einzelnen Menschen zu mehr Individualität hin, so dass die der Seele innewohnenden blutsverwandtschaftsbezogenen Anteile zurückgedrängt werden. Da die gesamte menschliche Entwicklung auf diesem Prinzip beruhte, stellt der Weg in die Bewusstheit und die damit verbundene Individualisierung eine große Veränderung des weltweiten Seelenpotentials dar. Hieraus entstehen Angst, Aggression, Mangel, Schuld und Minder.

Die terroristischen Aktivitäten zum Beispiel sind ausnahmslos eine Folge von unverarbeiteten Seelenqualen, die aus der Entwicklung von einer blutsverwandtschaftlich bezogenen Welt zu einer auf Individualität und Bewusstsein bezogenen Welt herrühren. Parallel dazu nehmen die seit Jahrhunderten praktizierten spirituellen Rituale in ihrer gründenden und den Menschen orientierenden Kraft ab, so dass auch hier weitere Angst-, Aggressions-, Schuld-, Mangel- und Minderpotentiale entstehen. Bei vielen Menschen laufen diese Prozesse sehr unbewusst ab und verursachen so einen großen energetischen Druck, der sich in aggressiven, religiös unterlegten Handlungen entlädt.

Als dritte, allerstärkstens wirkende Kraft ist die Emanzipation der Frau zu sehen. In stark religiös und blutsverwandtschaftlich orientierten Ländern nimmt die Wirkung dieser Kräfte zu. Gerade auch häufig im Verborgenen. Dadurch wird das gesamte Aggressionspotential beachtlich erhöht.

Diese drei Faktoren also

Rückgang der blutsverwandtschaftlichen Verbundenheit
Rückgang der spirituellen Gebundenheit
Zunahme der Emanzipation der Frau, auch gerade im Verborgenen

bewirken Konvulsionen in den Seelen der Menschen und lösen destruktive Gefühlspotentiale aus. Es entstehen so weltweit, kosmosweit zunehmende Hassgefühle auf andere Menschen, denen es vermeintlich besser geht.

Äußerst selten kann der Mensch diese Gefühle analysieren, positiv katalysieren oder gar transformieren. Er bleibt vielmehr über Jahre verbunden mit den ihn überflutenden Hassgefühlen, bis äußere Ereignisse das Fass zum Überlaufen bringen und der Mensch sprichwörtlich explodiert. Die Sprengstoffe, die verwendet werden, sind lediglich äußerer Ausdruck der inneren Landschaft.

Diese Potentiale versammeln sich also wie alles andere auch im morphogenetischen Feld des Lebens und Sterbens. In letzter Zeit haben die Prozesse, die letztlich das Hasspotential erhöhen, zugenommen und das morphogenetische Feld überschwemmt, einfach überschwemmt. Diese Hasspotentiale intensivster Art, die terroristische Handlungen gebären und ausführen lassen, verbinden sich im morphogenetischen Feld mit den Monsternekrosefeldern und bauen sie auf. Es verbindet sich dort energetisch also das Denken und Handeln hochintellektueller Menschen aus dem Bereich von Atom- und Genforschung und das Denken und Handeln hasserfüllter Terroristen. Dieses Denken und Handeln war und ist im göttlichen Plan nicht erwünscht und vorgesehen und entbehrt so der erforderlichen Resonanz in der geistigen Welt.

Der Not gehorchend wurden Verbindungen zur Weltenseele und zum Liebespotential besonders liebender Menschen hergestellt, um so Abhilfe zu schaffen. Gerade in letzter Zeit nehmen die Energiepotentiale durch Atom- und Genforschung und damit verbundenes Experimentieren zu und die Potentiale, die durch terroristisches Denken und Handeln entstehen, ebenfalls. Durch diese Prozesse bedingt, sammeln sich düsterste, schwerste, hasspotentialangereicherte Energien im Kosmos und lasten, auch wenn sie feinstofflich sind, auf jeder Menschenseele. Alles Leben auf der Erde wird belastet, insbesondere durch die Monsternekrosefelder.

Wie dieser Zeit vorausgreifend, haben viele bildende Künstler im Mittelalter diese Energien in Form von Angst und Schrecken einflößenden Gebilden gestaltet und ihre Boshaftigkeit, ihre Lieblosigkeit und ihre Gewalt gut dargestellt. Es sind dies keine abstrakten Energien, die irgendwo dort weit draußen sich ausleben, es sind Energien, die über das morphogenetische Feld mit jedem Menschen, jedem Tier, jeder Pflanze und jedem Stein in Verbindung stehen und alles Leben beeinflussen.

Der Mensch der Jetztzeit hat mit Beginn des ersten Atemzuges eine große Last ihn bedrängender Energien auszuhalten, zu verarbeiten und zu transformieren. Das war nicht immer so. Es gab sehr viel lichtere Zeiten, in denen der Mensch keine derartige Bürde tragen musste und so einen leichteren Zugang zu hohen geistigen Kräften erlangen konnte. Durch diese Last bedingt, fällt es dem Menschen zunehmend schwerer, seinen irdischen Weg der Liebe zu finden, sozialaktiv und spirituell seinem Leben Gehalt, Größe und Würde zu verleihen.

Ihr seht, alles ist miteinander verbunden, bedingt sich, beeinflusst sich und bewirkt sofort entsprechende Lichtresonanzen im morphogenetischen Feld des Lebens und Sterbens.

## Wenn nur zwei in meinem Namen...

Eure Liebe, Eure Hingabe und Klarheit dem Leben gegenüber, Euer Teilen und Unterstützen, Eure Freude, Euer Lachen und vor allem Eure Liebe zu Gott und dem Gottessohn, das sind die Kräfte, die stärkstens auf das düstere Szenarium in den Monsternekrosefeldern einwirken können. Diese Kräfte bilden Lichtfontänen, die durch das Düstere schießen und so transformierend, eliminierend und durchlichtend wirken.

Alles Leben auf der Erde hat seinen Ursprung in Gott, vervielfältigt in Form unterschiedlichster Arten, Gestaltungen, Formen und Seinsweisen.

Wie Ihr wisst, bedient jeder Mensch das morphogenetische Feld und wird daraus genährt. Wenn zwei Menschen in Liebe, Freude, Dankbarkeit zusammenkommen, wirkt das belebend auf das morphogenetische Feld, wenn sie dazu auch Christus in sich auferstehen lassen, dann wird das morphogenetische Feld noch sehr viel stärker, tiefer, weitgreifender und heilender energetisiert. Hierbei muss es sich nicht um eine Liebesbeziehung handeln, eine solche hat aber, wenn sie entsprechend gelebt wird, besonders weittragende Auswirkungen positivster Art. Ja, positivster Art.

Die Aussage des Christus: „Wenn nur zwei Menschen in meinem Namen zusammenkommen, so bin ich unter Ihnen", bedeutet unter anderem, dass ihre Kräfte sich im morphogenetischen Feld vervielfältigen und eine höhere Schwingung des Lichtes bewirken, so dass sofort heilende, belebende, konfliktlösende Kräfte entstehen. Allerstärkste Kraft und höchstes Licht ist das Gotteslicht, die Liebe zu Gott, das Sohneslicht, die Liebe zu Christus, das Vertrauen auf den Heiligen Geist und sodann das Liebeslicht unter den Menschen. Handelt es sich dabei um eine sexuelle Liebesbeziehung mit hohen ethischen Gesichtspunkten, so bilden sich im morphogenetischen Feld glitzernde Lichtbänder, die nährend auf alles Leben einwirken. Die Liebe zwischen Mann und Frau mit der Möglichkeit, neues Leben zu zeugen, ist der weitere Schritt aus der Zweierbeziehung und Beginn der Familie.

Jede Familie hat ihr eigenes morphogenetisches Feld. Es ist ein Feld ohne Anfang und ohne Ende und ohne Begrenzung. Über das morphogenetische Feld sind alle Familienmitglieder miteinander verbunden. Dies schließt auch verstorbene, weit entfernte, inhaftierte und geheim gehaltene Familienmitglieder mit ein. Gerade die „Geschichte" von verstorbenen, auch abgetriebenen Seelen wirkt besonders stark, da ihr Lichtpunkt weiterhin über Lichtbänder mit noch lebenden Familienmitgliedern verbunden ist.

In einer Zeit wie der Jetzigen, in der vor allem Bewusstsein entwickelt werden soll, wirken unbewusste, verschwiegene, verleugnete Anteile des Energiefeldes besonders destruktiv. Es ist das sogenannte Verstrickungspotential, das unbedingt erlöst werden sollte.

Liebesenergien des Menschen, bezüglich Gott, Jesus Christus und bezüglich des Heiligen Geistes heben sofort die Lichtfrequenz im ganzen Energiesystem des Menschen und lassen ihn „leichter" leben. Auch in dem Sinne, dass er sich von Verstrickungen zu anderen Menschen oder Angst-, Hass-, Schuld- und Mangelgefühlen besser lösen kann. Dieses Licht wirkt wie Balsam auf die menschliche Seele, und kann älteste Wunden und Inkarnationen alten Schmerz heilen. Das Liebeslicht unter Menschen lässt die Lichtenergie im Menschen und darum herum glitzern und in eine rosafarbene Lichtsubstanz hineingleiten. Dieses Licht hebt ebenfalls den gesamten Lichtenergiekörper des Menschen, so dass es ihm „besser geht", er fröhlicher und freudvoller ist, sein Immunsystem stabil ist und er insgesamt tragfähiger leben kann. Liebe führt zu mehr Liebe, Gesundheit und Wohlergehen. Der Gegenpol von Liebe, Hass und Angst, bewirkt genau das Gegenteil. Der gesamte Energielevel sinkt ab, die Immunabwehr wird geschwächt, der Mensch ist unzufrieden, zieht unerfreuliche Umstände an und wird möglicherweise krank. Hass findet sich, energetisch betrachtet, in der Nähe von Tod und führt häufig zu schwersten Autoimmunerkrankungen. Die gesamte Palette von Gefühlen, Empfindungen, Gedanken, Taten und Visionen tummelt sich im morphogenetischen Feld der Familie und somit im morphogenetischen Feld des Lebens.

## Familienlichtcode – Lockerung und Neucodierung – Seelenfamilien

Ein ganz bestimmter Lichtcode odet alle Mitglieder einer Familie. Auch die verstorbenen Menschen oder abgetriebenen Seelen haben in ihrem Lichtpunkt einen speziellen Code, der sie als Mitglied einer großen Seelenfamilie klassifiziert.

Sich ähnelnde Codierungen zeigen, dass die Familien ähnliche Kräfte in sich tragen und häufig Überlappungen in den Familien geschehen. Das heißt, die Menschen begegnen sich und kreieren gemeinsam Leben. So bilden diverse ähnlich codierte Familien Familienverbände. Diese Codierungen spielen natürlich eine allergrößte Rolle bei der Reinkarnation der Seele. Familienverbände mit ihren inkarnierten Seelen und den Lichtpunkten in der geistigen Welt bieten ein fast unbegrenztes und deshalb ideales Terrain, die vielfältigsten Lebensmodelle sich entwickeln zu lassen und die unendlich vielen Seelenbeschlüsse in die Realität zu führen.

In der heutigen Zeit, dem Beginn des Wassermannzeitalters, lockern sich die Familienstrukturen und die Strukturen der Familienverbände. Neue, bisher nicht existierende Verbindungen entstehen und lassen die Codierungen im Lichtpunkt ganz neue Formen annehmen. Dies führt zu einem gewissen Durcheinander, genauso wie Ihr es auf der Erde habt. Ein wesentlicher Sachverhalt, der die Zeit des Wassermanns charakterisiert, ist der, dass die Codierungsmuster lockerer werden. Sie waren zu Beginn allen Lebens sehr viel einfacher gestaltet, weniger umfangreich und eng zusammengeschweißt. Im Laufe der menschlichen Entwicklung, der Evolution des Menschen, wurde der Codierungspunkt immer komplexer und enthält seit neuester Zeit Teilcodierungen, die mit der Bewusstseinsstufe des Menschen zusammenhängen, sie widerspiegeln. Ihr Menschen der Jetztzeit sollt zu immer mehr Bewusstsein vordringen und so beinhaltet der Lichtpunkt sich inkarnierender Seelen bereits entsprechende Potentiale. Auch bei der Wahl der Eltern und des zu bewohnenden Landes spielt die Höhe des Bewusstseins der sich inkarnieren wollenden Seele eine entscheidende Rolle. So seid Ihr in jeder Beziehung in einer großen Umbruchphase, da sich zu keinem vorherigen Zeitpunkt Seelen inkarnierten, die ein solch hohes Bewusstsein bereits veranlagt in sich tragen und über deutlich mehr gelockerte Codierungen im Lichtpunkt verfügen.

Zusammenfassend: Die Lockerung der Codierung im Lichtpunkt bewirkt den großen Bevölkerungsmix, den Ihr in vielen Bereichen der Erde erlebt und auch die geschwächte Verbindung zur Erde und zum Blut der Familie. Sie bewirkt ebenfalls, dass alte religiöse Rituale und Zugehörigkeiten zu Religionen nicht mehr tragend sind und sich in die gelockerten Strukturen Hasspotentiale einnisten können, die zuvor durch eine kraftvoll gelebte Religiosität eliminiert wurden. Gleichzeitig ist hier die Ursache für die Emanzipation der Frau zu sehen. Gerade die Codierungen im Lichtpunkt von Frauen werden weltweit umstrukturiert, so dass die Frauen neue Kräfte entwickeln, in neue Domänen vordringen und neue Aufgaben mit einem anderen Selbstverständnis als bisher erfüllen wollen. So entwickelt sich nach und nach eine Gesellschaft, die die feminine Kraft mehr zum Ausdruck bringt und auf diese Weise das bestehende System weltweit verändert.

Für das Buch zum Licht des Lebens, zum morphogenetischen Feld alles Seins, sind wir bereit, auch heiliges Wissen zur Gestalt des Jesus Christus Gottessohnes preiszugeben.

Wie dem Alten Testament zu entnehmen ist, war seit ewigen Zeiten die Geburt eines Gottmenschen im Land der Juden vorgesehen.

Die Geburt des Christus wurde über viele Jahrhunderte und viele Inkarnationen vorbereitet. Die Seele des Menschen, der sodann auf Golgatha starb, war in diesem Leben, aber auch in vielen vorherigen Leben auf das Ereignis des kosmischen hoch bedeutsamen Todes vorbereitet worden.

Bevor die Seele des Jesus sich unter der Geburt in diesen Körper inkarnierte, hatte sie in mehreren Leben das Sein auf der Erde erprobt.

Die Seele des Jesus Christus hat sich im Gegensatz zu anderen Inkarnationsverläufen immer in männliche Körper inkarniert.

Dies war Voraussetzung für das so besondere Leben und Sterben dieses Gottmenschen.

Bevor die Seele sich in den Körper des Jesus Christus inkarnierte, hatte sie in Körpern von Heiligen, Mönchen, Ärzten und Priestern Erfahrungen gesammelt, die unerlässlich für die abschließende Inkarnation als Jesus Christus waren.

Es waren immer besondere Lebensläufe, die besondere Fähigkeiten förderten und immer vorbereitend wirkten, bezüglich seines Weges als Gottmensch. Manche Inkarnationen werden im Alten Testament genannt. Immer gehörte in das Leben der Menschen, die zuvor die Seelenkräfte des Jesus Christus erstarken und erfahren durften, eine spirituelle Ausrichtung auf das Leben.

Für die Vorbereitung des Christentums war der Weg durch ältere, bereits vorhandene Religionen und animistische Bräuche erforderlich.

Die jeweiligen Lebenssituationen waren aus geistiger Sicht so komponiert, dass Begegnungen mit späteren Weggefährten stattfanden. Von daher führten nachtodlich getroffene Seelenbeschlüsse auch zu sehr individuellen Begegnungen während des letzten Lebens des Jesus Christus auf Erden.

Mit der Gestalt des Judas war der Jesus Christus aus einer besonders wichtigen Inkarnation vertraut. Beide lebten damals als Brüder in einer kinderreichen Familie in der heutigen Region Palästinas. Die religiöse Ausrichtung entsprach der der Essener. Hier erlebten sie die unerbittliche Strenge religiöser Bräuche im täglichen Leben.

In dieser Inkarnation senkte sich die spätere Aufgabe des Judas in dessen Seele, den seit ewigen Zeiten vorgesehenen Weg des Jesus Christus als „Vollstrecker" zu begleiten.

Die für Jesus neben seiner Mutter wichtigste Begleiterin auf der Erde war Maria Magdalena. In der genannten Inkarnation als Bruder des späteren Judas begegnete die in Vorbereitung befindliche Seele des Menschensohnes Jesus auch ihr. Sie erlebten sich als zwei männliche Gefährten, die sich sehr zugeneigt im Alltag der Essener unterstützten und förderten.

In den vorherigen Inkarnationen wurden nur die Seelenpotentiale auf seine letzte Inkarnation als Jesus Christus vorbereitet, die das Leben als Mensch sicherstellen sollten. Die göttlichen Anteile des Gottmenschen Jesus Christus bedurften keiner vorherigen Inkarnationen.

Während seines Lebens auf der Erde bis zur Taufe im Jordan führte ihn sein Weg u.a. nach Ägypten zur Cheopspyramide, wo er, vorbereitend auf seine Jahre von 30 bis 33 1/3, eine große Einweihung erlebte, die ihn später so lichtvoll denken, sprechen und handeln ließ.

Er bereiste auch über lange Zeiten Indien und Persien, wurde in den Buddhismus, den Hinduismus und in das Gedankengut Zarathustras eingeweiht. Er lernte in dieser Zeit, seinen Körper völlig zu beherrschen und die Lebenskräfte zu kontrollieren. Ein Einsiedlerleben in der Region des Himalaja entwickelte seine inneren Räume für die Versuchungen in der Wüste und für den späteren Tod auf Golgatha.

Es war nicht nur der Beschluss göttlicher Allmacht, diesen Gottmenschen einen solch besonderen Weg gehen zu lassen, es war auch der Seelenbeschluss des Menschen Jesus selbst, genau diesen Erdenweg zu gehen, um so die Erde, die Menschheit, Tier und Pflanze, das ganze Universum zu beleben und in eine höhere Schwingung zu bringen.

Bei der Einweihung in der Cheopspyramide, den Schulungen, den Prüfungen und den Einweihungen in Asien, bei der Taufe im Jordan, immer war der eindeutige Beschluss des Jesus Christus vonnöten, um diese Schritte überhaupt gehen zu können. Nie hätte allein die Gotteskraft diesen höchsten Einweihungs- und Segnungsweg allen Seins durch einen Menschen ohne das eindeutige und wiederholte Einverständnis des Jesus geschehen lassen können.

Jesus Christus wusste von Anbeginn an, wie besonders und gefährlich sein Weg sein würde. Er war aber auch von Anfang an von solch starken göttlichen Energien durchdrungen, dass er nur diesen Weg, dieses Ziel, vor Augen hatte. Ihm war auch bekannt, dass er als Lichtträger erste Lichtsäulen auf der Erde impulsierte, sogar erschuf und dass während seines Weges auf der Erde über immer neue Lichtsäulen Entwicklungspotentiale auf die Erde transformiert wurden, die die Weiterentwicklung allen Seins in sich trugen.

Er wusste bis ins Detail, dass durch seinen Tod das gesamte Universum einen größten Durchlichtungsakt erfahren würde und seine Kräfte in Form des Ätherischen Christus zu Beginn des Wassermannzeitalters im Bereich spirituellen Heilens neue Wege der Heilung eröffnen würden.

## Die Christuskraft und ihr Energienetz

Vor annähernd zweitausend Jahren wurde der Christus als Jesus geboren, um der Menschheit und der Erde einen neuen Wachstums- und Lebensimpuls zu geben. Zu dem Zeitpunkt war, ähnlich wie jetzt, ein tiefster Punkt bezüglich der Lebenskräfte erreicht und die Geburt des Christus sollte das Licht aus höchsten göttlichen Sphären auf die Erde bringen, das für eine Belebung des Alles in Allem erforderlich war. Dies ist geschehen und doch hat sich gerade jetzt eine größte Dunkelheit flächendeckend ausgebreitet. Hass, Neid, Geiz, Gier und Lieblosigkeit nehmen zu und scheinen in einigen Bereichen der Erde das Leben zu ersticken und zu erfrieren.

Gleichzeitig gibt es weltweit Menschen, die auch ohne konfessionelle Bindung für den Frieden und die Erhaltung der Erde eintreten, die meditieren, beten und auf der Suche nach neuen Lebensformen mutig andere Wege beschreiten.

Diese Energien sind es, die durch göttliche Unterstützung in den letzten Jahren außerhalb der Erde ein Energienetz aufgebaut haben, das sich wie ein Energiegitter in die Erde versenkt und so die Transformation alles Lebendigen herbeiführt.

Es war nicht immer sicher, ob es gelänge, dieses Energienetz fertig zu stellen, damit es seine Arbeit aufnehmen kann. Diese Frage ist jetzt mit einem eindeutigen Ja zu beantworten.

Durch das von betenden und liebenden, meditierenden Menschen hergestellte und durch höchste göttliche Kräfte verankerte Energienetz kommt verstärkt eine besondere, hoch frequentierte Lichtqualität auf die Erde. Der allmächtige göttliche Wille verbindet sich in diesem Energienetz mit dem sich hingebenden, liebenden Willen des Menschen.

Das Energienetz hat seine Arbeit aufgenommen und transformiert ständig dickschleimige Angst- und Schuldenergie in die Erde hinein, um so die Frequenz allüberall zu erhöhen, d.h. die Erde, den Kosmos und die Menschen zu durchlichten.

Wie Ihr aus den medial niedergeschriebenen Texten bezüglich der Gefühlswelt des Menschen wisst, ist die feinstoffliche Lichtsubstanz die bei Freude, Liebe und Dankbarkeit entsteht, von strömenden Lichtbändern durchzogen. Diese Energiebänder sind durchtränkt von den Kräften des Ätherischen Christus und tragen in sich Lebensvitalität und geistige Nahrung, wenn sie sich mit dem Menschen, der diese Gefühle hat, verbinden. Dies bewirkt eine Erhöhung der Immunabwehr und des Selbstbewusstseins. Die glitzernden Lichtbänder durchströmen den ganzen menschlichen Organismus und machen den Menschen sehr liebesstark und liebenswert, verzeihend, mitfühlend und tragfähig im Sozialen. Die Lichtbänder durchströmen und aktivieren auch das Hohe Selbst des Menschen und verbinden sich so wieder mit ihrer Heimat, dem Teil der Göttlichkeit in jedem Menschen.

Menschen, die ihre Spiritualität entwickeln, die sich im Sozialen engagieren, die lieben, teilen, unterstützen werden immer mehr von dieser Lichtkraft durchdrungen und werden immer mehr Licht, Christuslicht.

Wenn es für den Menschen vorgesehen ist, öffnen sich jetzt die Siegel bezüglich des Heilens in all seinen verschiedenen Formen. Daher ist Heilen Lieben und zugleich ein Ausdruck der Christuskraft im Menschen.

Christuskraft ist die Kraft des Gottessohnes und daher konfessionsunabhängig. Es ist das Hohe Selbst des Od, des Chi, des Orgon. Es ist höchstes Licht, das allen Menschen zugänglich ist, die lieben, Gott verehren, Bewusstsein entwickeln, teilen, unterstützen und anderen Menschen so zu mehr Lichtenergie verhelfen.

Euer Hohes Selbst setzt die Siegel und erbricht sie. Ihr seid es, gepaart mit Eurer göttlichen Kraft, die Ihr Euch selbst Einhalt gebietet, wenn dies erforderlich ist. Ihr wollt Euch entwickeln und tut es häufig genug nur über Leid, Schmerz und Trauer.

## Erleuchtung

Erleuchtung ist das Ziel jeder Seele. Es bedeutet, dass sich die Seele nicht mehr in den Erdenalltag inkarnieren muss. In diesem Sinne heißt erleuchtet, dass die Seele alle Erfahrungen, die sie zu Beginn der Inkarnationskette beschlossen hat, realisiert hat und im Sozialen alle Verstrickungen erlösen konnte. Sie ist durchdrungen von Christuslicht und Gotteskraft und ein leuchtendes Abbild der Gottheit. Sie ist eins mit Gott, nach vielen Wegen und Prozessen des Getrenntseins, der Not und Verzweiflung. Sie ist vollkommene Liebe. Diese Seele hat soviel Licht erschaffen und in sich gespeichert, dass sie in das All-Licht des Universums eintaucht und sich nicht mehr auf Erden inkarniert.

In Eurer erdgebundenen Sicht, die natürlich stark von egoistischen Begehrlichkeiten geprägt ist, kann Erleuchtung auch ein bloßes Freikommen von all den Mühen, von all der Arbeit, von all der Not im Erdenalltag bedeuten. In diesem Fall wollt Ihr das Ergebnis, das sich durch ein gottgefälliges, sozialaktives, liebendes Leben langsam einstellen mag, möglichst schnell als Ergebnis vorwegnehmen, ohne die dafür erforderliche Leistung erbracht zu haben. Dieser Wunsch nach Erleuchtung ist geprägt von Eurer materiellen Sicht der Dinge.

Es ist gut, wenn Ihr den Weg der Liebe, des Lichtes, der Freude geht und davon überzeugt seid, Gutes zu tun, um Eure eigene Lichtsubstanz zu erhöhen und damit auch dem Universum Gutes zu tun. Erleuchtung werden dabei die wenigsten erlangen. Und genau das ist das Richtige. Erleuchtung gibt es nicht zum Nulltarif. Entscheidend ist die Bereitschaft, über viele, viele Inkarnationen „seinen" Lebensweg zu gehen und so dem Alles in Allem zu dienen. Das dabei entstehende Licht ist die Nahrung, die alles Leben und Sterben braucht und daher Erleuchtungslicht. Ständig findet Erleuchtung im Universum statt. Immer dann, wenn der Mensch liebt, teilt, unterstützt, arbeitet, heilt und vor allem betet und Gott lobpreist und in der jetzigen Zeit der Kraft des ätherischen Christus bewusst Ausdruck verleiht.

# Die Erde ein lebender Organismus

## Die Lichtprozesse in der Erde

Wie Ihr Menschen nach der Lektüre dieses Buches wisst, schießt das von Menschen kreierte Licht durch die Erde und das Universum.

Das Licht ist in seiner Frequentierung von unterschiedlichster Qualität. Aufgabe des Lichtes, das die Erde durchstrahlt, ist es, sie zu durchlichten. Die Erde ist und bleibt ein absterbender Planet und braucht, um lebendig zu bleiben, allergrößte Lichtpotentiale zur Erfüllung ihrer Aufgabe als Lichterdlogos. Besonders hoch frequentiertes Licht, auch Heil- und Transformationslicht genannt, ist das Licht, das von liebenden, betenden, teilenden, unterstützenden Menschen aufgebaut und abgestrahlt wird. Es ist ein Licht das alles belebt, was mit ihm in Kontakt kommt. Es wirkt in diesem Prozess reinigend und transformierend. Dieses Licht schießt mit Lichtgeschwindigkeit durch die Erde und den Kumarakristall. Es schießt dorthin, um alles zu beleben, zu energetisieren und zu heilen, nicht um gereinigt und hoch transformiert zu werden. Dem hellsichtigen Betrachter erscheint es, als sei die Erde ein Sternen-Licht-Erdlogos. Dieses hoch frequentierte Licht, dieses Liebeslicht, belebt alles und strahlt in entfernteste Regionen. Es lädt die Leylines, die Energiebahnen der Erde, auf und strahlt, nun zusätzlich aufgeladen mit lichten Erdkräften, ins Universum. Auf diese Weise stärkt es erneut sowohl alles, was lebt und webt auf der Erde und bewirkt zugleich im Universum eine positive Weiterentwicklung in eine Zukunft, die seit ewigen Zeiten vorgesehen ist.

Unterhalb der ersten Erdschicht, der Gesteins- oder Wasserschicht befindet sich in ca. einem Meter Tiefe ein besonders starker Lichtgürtel im Erdreich, der neben dem Erdzentrum und – immateriell – dem Kumarakristall, allerstärkste Transformationsarbeit leistet, um Verschmutzungen vielfältigster Art zu transformieren.

Über diese Lichtströme werden auch Informationen vom äußeren Erdreich zum Kumarakristall transportiert. Die Lichtströme sind codiert und vermitteln ins Erdzentrum, ob und wo auf der Erde Raubbau verschiedenster Art betrieben wird. Wie Ihr wisst, kann dieser von

Menschen betriebene Raubbau oder Missbrauch des Lebens zu einer Störung der Erdaufhängung der Erde führen. Auf Lichtebene wird auch diesbezüglich im Kumarakristall ständig ausbalanciert und verhindert, dass eine weltweite Katastrophe geschieht, deren Ursache die skrupellose Ausbeutung der Erd-Wasser-Gesteinsschichten ist.

Edelsteine wirken hier Licht gebend und extrem ausbalancierend.

Gase transportieren besondere Lichtpotentiale in die Erde und das Gestein.

Kräuter beleben den Erdorganismus. Tiere in und auf der Erde und im Wasser tragen ihre Liebeskräfte ins Erdreich und Wasser und fördern so die regenerativen Kräfte der Erde, des Wassers und der Luft. Alles in und außerhalb der Erde hat seinen Platz und seine Bedeutung und darf nicht über einen bestimmten Anteil hinaus von den Menschen abgebaut oder verwertet werden.

Flüssigkeiten, insbesondere das Wasser, tragen in sich die Kräfte der Planeten.

## DIE FEINSTOFFLICHE WASSER- UND ERDENERGIE

Wasser trägt eine extrem feinstoffliche Lebensenergie in sich. Eure unermüdlichen Forscher haben schon Großes geleistet bei der Erforschung und Fotografie der Wasserkristalle. Masaru Emoto (siehe Buchempfehlungen) geht sehr bewusst und liebevoll mit diesen Erkenntnissen um.

An den Wasserkristallen könnt Ihr sehen, dass das Wasser lebt, belebt und auch zerstört werden kann. Es gibt aber noch feinstofflichere Kräfte im Wasser, die nur dem sehr entwickelten hellsichtigen Auge sichtbar sind. Diese Energien sind Träger der Wasserlebenskraft. Das Wasser wiederum ist Träger dieser Energien. Im Feinstofflichen gibt es eine bewegliche Lebensform, die diese Energie mit jedem Wassertropfen transportiert. Es ist eine Art Welle, die sich vogelschlagartig bewegt. Bei ruhigem Wasser bewegt sie sich langsam, bei unruhigem, wildem, brausendem Wasser schnell. In dieser Welle ist die feinstoffliche Kraft gespeichert, die neben der Bewegtheit der Welle, das Wesen des Gewässers in sich trägt. Ein Gebirgsbach hat ein anderes Wesen, also eine andere feinstoffliche Energie als ein Bach im norddeutschen Flachland, auch wenn beide gleich schnell fließen.

Licht ist das Transportmittel des OD, des Chi. Wasser ist Träger der Wasserlebensenergie. Die Wasserlebensenergie wird ständig durch Monden-, Sternen- und Sonnenkräfte aufgeladen und gereinigt. Über die Verdunstung steigen riesige Wasserlebensenergiemengen in den Kosmos und werden dort durch das Od, Chi, Orgon energetisiert. Im Od, Chi, Orgon ist die Kraft der Schöpfung, des Christus, des Ätherischen Christus. Sie wird in die verdunstenden Wassermoleküle geträufelt, die später wieder ihren Weg zur Erde finden. So ist in jedem Regentropfen, Tautropfen, in jeder Schneeflocke höchste Schöpferkraft implantiert und verbindet sich auf der Erde mit Menschen, Tieren, Pflanzen, der Erde und den Mineralien. So entsteht ein ständiges Strömen von oben nach unten und umgekehrt. Alles ist Gott, alles ist Leben. Die Wasserlebenskraft wird so ständig regeneriert.

Natürlich verbinden sich auch belastende Stoffe mit der Wasserlebenskraft, wie etwa durch Menschenhand hergestellte Gifte, Unrat und Chemikalien. Was sich aber auch mit der Wasserlebenskraft verbindet, sind all Eure negativen Gedanken, Eure Ängste, Eure Schuldpotentiale, Eure Minderwertigkeiten, Eure Hassgefühle und, und, und. Wie nun geschieht das?

Die Wasserlebenskraft kann diese Gefühle und Empfindungen nicht direkt aufnehmen. Wie Ihr wisst, bilden all Eure Gedanken, Gefühle und Wünsche, Eure Handlungen im Kosmos Energiegebilde. Entsprechende Energiepotentiale docken sich an, und schicken Licht, das diesem Energiegebilde entspricht, auf die Erde. Dieses Licht bestimmt die Lebensumstände des Menschen. Weil jeder Mensch ständig Energiegebilde im Kosmos gestaltet, strömen all seine Gefühle, Gedanken und Wünsche und die Qualität seines sozialen Tuns ständig wie Laserstrahlen in die Unendlichkeit des Kosmos. Alles, was durch diese Laserstrahlen menschlichen Seins berührt wird, wird der Energie entsprechend impulsiert. So auch die feinstofflichen Wassermoleküle. Das Wasser nimmt bei seinem Kreislauf von oben nach unten und von unten nach oben alle menschlichen Energien auf, trägt sie zur Erde und wieder zurück in den Kosmos. Im Liebeslicht, im Licht der Freude und Dankbarkeit befinden sich glitzernde Lichtbänder, die ihre Umgebung und alles was sie berühren, positiv energetisieren. Liebe, Freude, Dankbarkeit dehnen sich aus und lassen es alle Wesen als Wohlbefinden fühlen. Wut, Zorn, Aggression, auch Hass haben eine extrem niedrige Schwingung und breiten sich ebenso aus. So hat jeder Mensch Teil an der Freude und Liebe des anderen, aber auch an dessen Leid-, Schmerz- und Wutpotentialen. In der Quantenphysik weiß man von dieser Verbundenheit. Die Differenziertheit der Kräfte und ihre Übertragungsmechanismen sind aber noch weitgehend unbekannt.

Die Erdlebenskraft ist genauso feinstofflich wie die Wasserlebenskraft und die Lebenskraft im Licht. Beide sind dem normalen Auge nicht sichtbar, können nicht angefasst werden, sind nicht zu riechen oder zu schmecken. Diese Kräfte sind höchst feinstoffliche Energien, die jedoch von einigen hellsichtigen Menschen wahrgenommen werden können. Fehlt diese Kraft, spürt der Mensch, dass das Leben fehlt und der Tod Einzug gehalten hat. Die Naturwissenschaftler haben keinen direkten Zugang zu diesen Kräften, sie bleiben im grobstofflicheren Umfeld und leugnen häufig die höhere, tiefere Ebene hinter den materiellen Erscheinungsformen.

# Die Erde

Die Erde ist ein lebender Organismus, der aber durch Abkühlungsprozesse langsam erkaltet, sklerotisiert. Von Anfang an war aus kosmischer, göttlicher Sicht vorgesehen, dass die Erde als Lernplanet der Menschen ihre herausgehobene Aufgabe erfüllen sollte. Die Erde war eine glühende Kugel und konnte erst Leben aufnehmen, nähren und erhalten, als sie einen gewissen Grad der Abkühlung erreicht hatte. Die Erde ist ein lebendiger, höchst komplexer Organismus, der am Schicksal jedes Menschen teilhat, an seiner Freude genauso wie an seinem Leid. Sie übernimmt dabei die Rolle einer nährenden, liebenden Mutter, eines Spiegelbildes, eines Transformators, eines Speichers und eines Teils der göttlichen Allmacht, die alles Leben und Sterben durchdringt, erkennt und regelt. Die Erde ist Teil der Göttlichkeit und gibt diese Kräfte an ihre Bewohner, die Menschen, die Tiere, die Pflanzen und die Gesteine weiter. Mit hellsichtigem Auge ist erkennbar, wie sehr die Erde ein glitzernder Kristall ist und wie sie sich und ihr kristallines Energiefeld überallhin ausdehnen. Ihr seht daran, wie verhängnisvoll es für Menschen ist, wenn sie nicht an Gott oder eine hohe Schöpferkraft glauben. Sie schneiden sich nach oben, nach unten und von sich und ihrer Umwelt ab. Ist der Mensch gottgläubig, handelt er so und praktiziert spirituelle Übungen, so steht er aufrecht zwischen Himmel und Erde. Er steht in der feinstofflichen Lichtenergie, ist nach oben angeschlossen an hohe Engelkräfte und ist gerade in die Erde hinein verankert. Auf diese Weise wird er positiv und gesundheitsfördernd gegründet und ernährt und nimmt intuitiv Teil am Erdenschicksal.

Der Mensch leitet mit jedem Gebet, jeder Meditation, jeder positiven Handlung, jedem guten Gedanken und besonders mit jeder Liebestat Schlacken seines Organismus in die Erde und befreit sich von Giften, Not und Pein. Der von Gott abgewandte Mensch gibt diese Schadstoffe unregelmäßig ab, vergiftet sich selbst durch negatives Denken und Handeln und große Ängste. Ihr dürft davon ausgehen, dass auch Eure großen Philosophen und Naturwissenschaftler, die Gott verneinten, phasenweise in größter Dunkelheit lebten und größte Zweifel an ihren Postulaten hatten. Sie hatten sich aber häufig bereits so verstrickt, dass ein Umkehren nicht mehr möglich war. Im Augenblick des Todes wurde jedoch allen bewusst, wie sehr sie sich in ihrem Schaffen verfehlt hatten durch ihre öffentlich verkündete Verneinung von Gott oder einer größten Schöpferkraft. Das ablaufende Lebenstableau zeigte ihnen, wie grau und trostlos ihr Leben durch jene ablehnende Haltung tatsächlich gewesen war.

Ein sehr spiritueller, liebender, unterstützender Mensch ist wie ein strahlender Stern, der auch aus Sicht der geistigen Welt klar zu erkennen ist. Ihr Menschen untereinander spürt es an dessen guter Ausstrahlung, fühlt Euch zu ihm hingezogen und wollt teilhaben an seiner Energie.

Die Sternenkräfte des Menschen können aber auch sehr oder ganz verkümmern und verdunkeln. Der Mensch ist dann aus der geistigen Welt heraus nicht mehr als strahlender Stern erkennbar, sondern je nach Grad als ein grauer bis schwarzer Schatten. Er strahlt weder nach oben, noch nach unten, nicht zur Seite und nicht in sich. Er ist Schatten. Sein eigener Schatten. Es geht ihm schlecht. Er ist fortwährend krank, häufig übel gelaunt und erfolglos in den Bereichen, wo er erfolgreich sein möchte. Er trifft ständig falsche Entscheidungen und hat viel mit Neid, Missgunst, Gier, Geiz, auch Hass etc. zu tun. Er ist von „allen guten Geistern" getrennt und liebt weder sich, andere Menschen, die Erde, Gott usw.. Auch andere Menschen ziehen sich von diesem Menschen zurück und meiden ihn konsequent.

Immer, wirklich immer, hat der Mensch die Chance, sich anders zu orientieren. Er muss es tun. Er. Tut er es nicht, ziehen sich helfende Kräfte bei diesem Prozess mehr und mehr zurück und er sitzt wie in seinem eigenen Gefängnis, seiner eigenen Gruft. Angst, abgrundtiefe Angst besetzt ihn und kann ihn in den Selbstmord treiben.

Es sind jedoch seine eigenen nicht durchlichteten, nicht durchchristeten Kräfte, die ihn so leiden lassen.

Die Seele, als verlängerter Arm und Erfüllungsgehilfe des Hohen Selbstes (Gott im Menschen), führt den Menschen in die Dunkelheit, um an dessen Leid und Schmerz zu genesen, zu heilen, zu lieben. Die Seele will lieben. Wenn sie nicht lieben kann, kreiert sie Leid, Not, Schmerz, Krankheit, um die Liebeskräfte über diese Störungen hinaus zu aktivieren und so selbst heil zu werden. Dies kann auch über mehrere Inkarnationen geschehen. Es muss geschehen und es geschieht.

Im Kosmos, im Wasser, in der Erde, aber auch in Euch Menschen finden auf feinstofflicher Ebene ständig komplexeste Prozesse statt, wie Ihr sie Euch nicht vorstellen könnt. Auch in Tieren, in Pflanzen und in Mineralien finden sehr wesentliche feinstoffliche Prozesse statt, die weniger vielschichtig und komplex, jedoch für Tier, Pflanze und Mineral genau passend sind.

Der sehr hellsichtige, sehr kraftvolle und wissende Mensch, wird möglicherweise von der göttlichen Welt autorisiert werden, diese Prozesse zu sehen. Wahrscheinlicher ist, dass er Ausschnitte davon sehen darf.

## Edelsteine

Edelsteine dienen von alters her der Weiterentwicklung der Schöpfung. Sie bilden sich im Erdlogos in unterschiedlichen Gesteinen und Gesteinsschichten, unter verschiedenen Temperaturen und Druckverhältnissen. In den Edelsteinen drückt sich die Energie aus, die zum Gestein, zum Platz der Erde, zu den Druckverhältnissen und Temperaturen passt. Die Edelsteine gehören als Energien zur Erde und zum großen Schöpfungsszenarium allen Lebens. Sie sind in ihrer Vielfalt geeignet, unterschiedlichste Aufgaben zu erfüllen. Sie können Energien übertragen und transformieren. In vielen alten Kulturen wurde mit Edelsteinen gearbeitet und mittels ihrer Energien geheilt.

Jetzt, zu Beginn des Wassermannzeitalters, verändert sich die Möglichkeit des Einsatzes von Edelsteinen. Sie sind zunehmend abhängig von den Kräften des sie benutzenden Menschen und bilden so erweiterte Einsatzmöglichkeiten.

Die Edelsteine nehmen die verfeinerten, höher frequentierten Energien des Wassermannzeitalters auf und werden so „lichter", d.h. sie geben lichtere Energien ab. Der Mensch kann sich heutzutage einen ihn ansprechenden Edelstein erwählen, ihn zu seinem Stein bestimmen und ihn mit Fähigkeiten wie Besonnenheit, Ruhe, Liebe, Entspanntheit für sich konditionieren und diese Energien vom Stein empfangen, soweit dies seiner inneren Überzeugung entspricht.

Ihr seht, Ihr lebt in einer völligen Umbruchzeit – in jeder Beziehung.

Ihr erfahrt Euch unbekannte Zusammenhänge und neue Möglichkeiten.

Hört es Euch an, prüft alles, zieht Eure Schlüsse daraus und lebt, liebt, arbeitet mit diesen neuen Möglichkeiten zum Wohle der Menschheit und des Alles in Allem.

Die Leylines sind Energiebahnen der Erde, die kosmische Energie zur Belebung der Erde aufnehmen und sie als Licht ins Erdinnere transformieren. Zunächst werden Leylines durch den Sternenhimmel sowie durch Sonne und Mond und durch die Energie, die durch betende, meditierende Menschen entsteht, aufgebaut. Über die Leylines strömt diese Energie auch zu allen heiligen Plätzen. Naturenergie von großen, gesunden Naturplätzen fließt ebenfalls durch die Leylines überall hin. Ausdruck der heutigen Zeit ist es, dass weder tief und intensiv an heiligen Plätzen gebetet wird, noch dass kraftvolle Energie von gesunden Naturplätzen die Leylines stärkt.

Die Abnahme des Betens und die Zunahme des Tourismus an heiligen Plätzen lassen wenig hohe Energien entstehen und strömen. Das bedeutet, weder die Leylines, noch die großen heiligen Plätze können genügend hoch frequentierte Energie aufnehmen und abgeben, die zuvor von Menschen, die sehr liebend, sehr sozial und gottgläubig sind, produziert wurde.

Parallel zu einer Verarmung auf Erden ist in diesem Bereich eine Verarmung im Kosmos und somit in allen Energiesystemen eingetreten.

Das ist alles sehr offensichtlich und dabei sehr verhängnisvoll in seinen Auswirkungen.

Zur Anhebung der Schwingung auf der Erde ist global eine Spiritualisierung der Menschheit erforderlich. Gleichzeitig ist individuell erforderlich, dass durch bestimmte heilige Texte ein bestimmtes Wissen auf die Erde transformiert wird, um über eine Verankerung dieses Wissens das Bewusstsein anzuheben, die Friedenskräfte zu stabilisieren und den Geist des Wassermannzeitalters weiter zu verbreiten. Das vorliegende Buch erfüllt genau diese Aufgabe.

## Nematoden

Nematoden sind Lebewesen, die in der Erde leben und eine ungemein wichtige Aufgabe haben. Sie sind teilweise mikroskopisch klein, können aber auch etwas größere Formen annehmen. Nematoden bewegen das Erdreich durch ihre eigenen Bewegungen, die etwas Springendes haben (man bedenke, es findet in der Erde statt). Ihre Aufgabe im großen Lebenskarussell ist es, Erde zu bewegen und dadurch zu energetisieren und zu durchlichten. Die Durchlichtung erfolgt nicht direkt durch diese Lebewesen, die Durchlichtung erfolgt durch ihr Wirken. Das Licht ist in der Erde, schießt in sie hinein, durch sie hindurch und wieder aus ihr heraus. Um die Lichtwege bereitzustellen (im oberen Bereich des Erdlogos) und die Lichtkräfte und ihre Wirkung zu optimieren, lockern Nematoden das Erdreich auf und bieten so immer neuen Erdschichten die Heilkräfte des Lichtes an. Sie sind u.a. Lichtarbeiter des Erdlogos.

Wie jeder Gärtner und Landwirt weiß, haben Nematoden eine nicht zu unterschätzende Kehrseite. Sie sind Lebewesen, die das Wurzelwerk der Pflanzen als ihre Nahrung bevorzugen und so sehr viel Schaden anrichten können.

Im biologischen Landbau gibt es Pflanzen, die das zerstörerische Werk der Nematoden eingrenzen oder verhindern. Gleichzeitig nimmt in solchen Bepflanzungsgebieten für diese Zeit die Durchlichtung der Erde ab. Im industriell betriebenen Garten- und Landbau werden Nematoden mit chemischen Giften getötet. Es ist klar, dass der Boden dann durch den massenhaften Tod der Lebewesen verdunkelt und das Licht des Erdlogos nicht ausreichend hindurch schießen kann. Misst man die Biophotonenkraft des Erdreichs, ist dies eindeutig feststellbar.

# Lichtwurzel

Lichtwurzeln sind alte Heil- und Durchlichtungspflanzen, die viele Jahre in Vergessenheit geraten sind. Sie haben die Aufgabe, tief in die Erde hinein zu wachsen. In den tieferen Schichten der Erde finden andere Lichtprozesse statt, als in den oben liegenden. Die Lichtwurzel zieht, weil es ihre Bestimmung ist, besondere Lichtkräfte an. Sie zieht jenes Licht an, das direkt von Menschen durch ihr hoch schwingendes Denken, Fühlen und Handeln geschaffen wurde, also kein Licht, das im Kumarakristall hoch transformiert wurde.

Insofern ist es nicht wirkungsvoll, die Wurzel in Holzkonstruktionen, die oberhalb der Erde stehen, wachsen zu lassen, um so bequemer die Pflanze ernten zu können. Lichtwurzeln müssen in die Erde hinein wachsen, da sie sonst nicht von dem Licht genährt werden, das sie aufnehmen, transformieren und an den Menschen, die Tiere und die Pflanzen weitergeben können. Die Lichtwurzel ist eine Lichtpflanze der Erde.

# Die Erdchakren

Die Erdchakren sind energetische Strudel, durch die verstärkt kosmische Energie in die Erde hineinstrudelt und irdische Energie herausstrudelt.

Im Prozess der Erkaltung der Erde, bildeten sich über Jahrmillionen energetische Ein- und Ausstrudelungen über die Erde verteilt, die den Erdorganismus bei seinen eigenen Entwicklungsprozessen unterstützen sollten. Gleichzeitig wurde dadurch die Möglichkeit geschaffen, menschliches, irdisches und kosmisches Licht zu verbinden, zu reinigen, zu regenerieren und auszubalancieren. So haben sich parallel zum Erkaltungsprozess der Erde und parallel zum Entwicklungsprozess der Menschen Energiestrudel aus Licht gebildet, die verstärkt die anfallenden Energien anzogen, abgaben und neue Energie aufnahmen. Diese Plätze waren hoch energetisiert, viel höher als normale Areale und übten auf die sich entwickeln wollende Menschheit von alters her eine große Anziehung aus, so dass die Menschen auf diesen Plätzen ihre Heiligtümer errichteten. Heiligtümer auf Erden dienten immer dazu, das Ebenbild der vom Menschen verehrten Schöpfungskraft zu symbolisieren, sie gegenständlich greifbar zu machen und zu verehren, sich energetisch mit ihr zu verbinden und so gottgleiche, schöpferkraftähnliche Anteile zu übertragen. Diese Kräfte wurden von alters her im Universum vermutet, teilweise „wusste" der Mensch in Form einer astralen Frömmigkeit von diesen Kräften und erbat sie rituell für sich und sein Leben und Sterben. Als erstes waren also die kosmisch-irdisch-menschlichen Plätze der Ein- und Ausstrudelungen vorhanden. Danach erst „besetzte" sie der Mensch mit seinen Pyramiden, Tempeln, Pagoden, Kirchen, Kathedralen, etc.

## Heilige Plätze – Entstehung der Leylines

Die Menschen der alten Zeiten und alten Kulturen waren Geomanten oder bedienten sich diesbezüglich wissender Menschen. Dies waren

Priester, Heiler, Schamanen, Medizinmänner, Häuptlinge, Astrologen oder Alchimisten. Aber auch der diesbezüglich ungebildete Mensch hatte ein intuitives Wissen vom richtigen Platz zur rechten Zeit.

So wurden über Jahrtausende überall auf der Erde von Menschenhand Heiligtümer errichtet, die dem Menschen zur Stärkung seines Lebens dienen sollten. Hier wurde gebetet, meditiert, geopfert, gesungen, die Schöpferkraft verehrt und für Heilung, Nahrung, Fruchtbarkeit und Tod gedankt. So entstand an diesen Plätzen ein kraftvollster Austausch menschlicher, kosmischer und irdischer Energien. Diese Plätze waren Zentren der Begegnung, des Austausches, der Verehrung, der Kräftigung und Heilung.

Höchste kosmische Kräfte fühlten sich hingezogen zu diesen in Ehrfurcht und Ruhe, Hingabe und Devotion befindlichen Menschen. So wurden diese Plätze verstärkt mit kosmischer und menschlicher Energie genährt.

Aber auch die Erde als Dritte im Bunde partizipierte daran.

Das von den Menschen in Gebet, Ruhe und Devotion entwickelte Licht war höher schwingend als ihr normaler Lichtlevel.

Dieses Licht strömte zum Sphinx, strömte, da es hoch energetisiert war, zurück zum Menschen, zu seinen kosmisch gebildeten Energiegebilden, zu den kosmischen Energieblöcken von Liebe, Glaube, Hoffnung, Freude, Dankbarkeit, Ehrfurcht und Frieden und durchlichtete so Mensch, Erde und Kosmos.

Kraftvolles Liebes-Friedenslicht erstrahlte kosmosweit und lud auf der Erde nicht nur die heiligen Plätze energetisch auf, sondern bildete unterirdisch Leylines, die durch dieses Licht, aber auch durch Sonnen-, Monden- und Sternenlicht energetisiert wurden. Ein weltweit verzweigtes Leyline-Netz entstand durch spirituell orientierte und Religio praktizierende Menschen und belebte so alle Regionen der Erde. Wirklich alle Regionen wurden belebt und ernährt.

Das menschliche, irdische und kosmische Licht, das an diesen heiligen Plätzen entstand, schoss mit Lichtgeschwindigkeit in entfernteste Regionen der Erde und fühlte sich magisch angezogen von dem Licht, das an anderen heiligen Plätzen entstand. So entwickelte sich, gegründet durch weltweit errichtete Heiligtümer und Gebetsplätze, ein unvorstellbar feinstoffliches, hoch schwingendes, irdisches, menschliches und kosmisches Leben in sich tragendes Energiesystem. Dieses System steuerte über viele Jahrtausende stabilisierend, regenerierend und ausbalancierend das Leben auf der Erde, im Menschen und im Kosmos.

Die heiligen Plätze verschiedenster Art stützten sich gegenseitig energetisch und bildeten zwischen den verschiedenen Energieeinstrudelungen heilige Wege, die teilweise noch heute von spirituellen Menschen aufgesucht und erwandert werden. Dieses System von Lichtstrahlen in der Erde, im Menschen und im Kosmos besteht seit alters her, hat aber durch die Geburt und besonders durch den Tod des Jesus Christus Gottessohn eine starke Energiebelebung und Energieveränderung erfahren.

## Kosmisch-irdische Plätze im Leben von Jesus Christus

Durch die Geburt des Gottessohnes Jesus als kosmisches Ereignis wurde über das Geburtsgeschehen im Stall von Bethlehem und durch das Errichten der ersten Lichtsäule kosmosweit eine neue Kraft, die Gottessohnkraft, in die Erde und den Kosmos implantiert. Der Platz der Geburtskirche in Bethlehem war natürlich ein heiliger Platz, der Stall mit Ochs, Kuh und Ziege stand auf einer kosmischen Ein- und Ausstrudelungsstelle und musste so von Joseph und Maria aufgesucht werden. Alle vorherigen Herbergsbesitzer mussten ablehnen, nicht nur um eine soziale Qualität zum Ausdruck zu bringen, sondern auch um das heilige Elternpaar an den Platz ihrer Bestimmung zu führen. So wurde im ärmlichen Stall von Bethlehem ein Kind geboren, das auch den Erdorganismus verwandelte, ihn umpolte. Um das ganze Geschehen eintreten zu lassen, war die Geburt im Stall von Bethlehem auf einer kosmischen Ein- und Ausstrudelungsstelle vonnöten, es war die Flucht nach Ägypten vonnöten, die Taufe im Jordan, das Wandern des Christus als Heiler und sein seit ewigen Zeiten vorbestimmter Tod auf Golgatha, einer weiteren kosmischen Ein- und Ausstrudelungsstelle. Heute steht dort in Jerusalem die Grabeskirche, die als alter heiliger Platz eine besondere Bedeutung hat.

Über die Ein- und Ausstrudelungsstelle im Stall von Bethlehem wurde also als kosmisches Ereignis die erste Lichtsäule errichtet. Es senkte sich einerseits die höchste Gottesschöpferkraft hernieder und andererseits richteten sich das heilige Elterpaar, die Hirten und die Könige in Devotion zum Jesuskind, zum Gottessohn. Es war ein stärkster Energieimpuls, der sich über die Lichtsäule kosmosweit vervielfältigte. Langsam, langsam erstrahlte so das Licht des Gottessohnes in alle Regionen der Erde und des Kosmos.

Bei der Taufe im Jordan wurde durch Johannes den Täufer einerseits die hohe Gotteskraft und andererseits ein neues Energiesystem über eine weitere Lichtsäule gestaltet. Die bei der Taufe vollzogene Inkarnation der Gottessohnkraft in den Jesus zum Jesus Christus Gottessohn, kreierte folgerichtig eine weitergehende Energieform in einer Lichtsäule, die sich ebenfalls weltweit verströmte.

Das gravierendste Ereignis war aber der Tod des Gottessohnes. Durch seinen Tod auf Golgatha wurde durch ihn und die göttliche Vaterwelt erneut eine Lichtsäule erschaffen, die die nunmehr geläuterte und von göttlichen Kräften durchdrungene Christuswesenheit weltweit vervielfältigte und gleichzeitig wie eine immaterielle Blaupause auf die Erde legte. Dieser Sachverhalt findet in der Formulierung „das Blut des Christus durchströmt und belebt die Erde“ ihren Ausdruck.

Die feinstoffliche Energie des Christus belebt seitdem die Erde, den Kosmos und die Menschheit. Auch Nichtchristen werden von dieser Kraft genährt, ob sie es wollen oder nicht. Seit dem Tode des Christus hat sich sein feinstofflicher Körper auf und in die Erde gelegt und bestimmte heilige Plätze als besondere Chakren der Erde geodet. Diese Chakren strahlen verstärkt das spezifische, für dieses Chakra spezifische, Licht aus und nehmen es kosmisch auf. Die jeweiligen Chakren der Menschen verbinden sich mit diesen kosmischen Ein- und Ausstrudelungsplätzen auf der Erde. Wichtige energetische Impulse werden so ausgetauscht und verbinden dadurch erneut Kosmos, Erde und Mensch.

Ergänzend sei bemerkt, dass sich bei der Geburt des Jesuskindes erstmalig die Gottessohnkraft in einer Form inkarnierte, die vorbereitend war für die spätere, entwickeltere Jesus Christus Gottessohnkraft, mittels derer er heilen, dematerialisieren und materialisieren und selbst Lichtsäulen errichten konnte. Diese weiterentwickelte Kraft inkarnierte sich bei der Taufe im Jordan in den Erdlogos über eine allerhöchst energetisierte Lichtsäule.

## Neue Chakren für die Menschen, die Erde und den Kosmos

Jetzt, zu Beginn des Wassermannzeitalters, werden weitere heilige Plätze der Erde so geodet, dass sie die für das Wassermannzeitalter erforderlichen Erdchakren bilden. Das heißt, dem bisher als höchstes Chakra angesiedelten Kronenchakra werden ein erstes und ein zweites kosmisches Chakra übergeordnet. Die Chakren sind als Erdchakren mit der Kraft des Ätherischen Christus durchdrungen und bewirken unter anderem eine starke Bewusstseinsentwicklung und die verstärkte Fähigkeit zum Heilen mit geistigen Kräften.

Das erste kosmische Chakra beim Menschen befindet sich ca. zehn Meter über seinem Scheitel- bzw. Kronenchakra im Kosmos und dient als Sender und Empfänger feinstofflicher Energien aus dem morphogenetischen Feld. Dieses Chakra erstrahlt silbrig-golden. Auf der Erde wird diesem Chakra die Tempelstadt Luang Prabang zugeordnet.

Das zweite kosmische Chakra befindet sich ca. 100 Meter über dem Scheitel- bzw. Kronenchakra und schimmert kristallin. Es hat ebenfalls Sender- und Empfängerfunktion für noch feinstofflichere Energien. Dieses Chakra ist bisher nur bei wenigen Menschen ins Energiesystem integriert. Es ermöglicht eine allerhöchste Medialität, Durchlichtungs- und Heilkraft. Dieses Chakra wird energetisch der Landschaft Darjeeling in Nordindien, am Fuße des Himalajas, zugeordnet. Dieser von höchsten kosmischen Kräften durchdrungene Bereich ist als Sitz höchster heiliger Kräfte anzusehen, die in der jetzigen Zeit regelnd und energetisierend das Leben auf der Erde „steuern".

Über Darjeeling „residiert“ die Weiße Bruderschaft und belebt alles, wirklich alles Leben.

Als zusätzliches Chakra, das die kosmischen Chakren ausbalanciert, ist das erste Erdchakra ca. zehn Meter unter dem Wurzelchakra des Menschen anzusehen. Das erste Erdchakra des Menschen gründet den Menschen, wenn die kosmischen Chakren ihre Funktion aufnehmen. Es strahlt beim Menschen rot-braun-schwarz und ist energetisch Erde, pure Erde. Dieses Chakra wird der Tempelanlage Angkor Wat zugeordnet. Diese Region ist jetzt nach göttlichem Ratschluss als erstes Erdchakra für die Menschheit geodet.

Extrem wenige Menschen haben Zugang zum Kumarakristall. Er ist das immaterielle Erdzentrum.

Es ist richtig, dass der Kumarakristall seine energetische Entsprechung auf der Erde im Ayers Rock, Uluru in Australien findet.

Ayers Rock, Uluru ist ein ältester, heiligster Platz der Aboriginies und deshalb geeignet als solcher geodet zu werden.

## Magische Orte

### Die auf der Erde als Chakren geodeten Plätze

Das **Scheitelchakra der Erde** sind die **Pyramiden von Gizeh/Ägypten.** Sie nehmen das höchste Licht auf und geben es ab.

Das **Stirnchakra der Erde** ist die **Schwedagonpagode/Myanmar.**

Das **Halschakra der Erde** ist das **Heiligtum Borobodur/Java.**

Das **Herzchakra** ist der **Kölner Dom/Deutschland.**

Der **Solarplexus** ist **Stonehenge/England.**

Das **Sexualchakra** ist **Palenque/Mexiko.**

Das **Wurzelchakra** ist **Maccupicchu/Peru.**

**2. Kosmisches Chakra** ist die **geistige Region Darjeelings/ Nordindien.**

**1. Kosmisches Chakra** ist **Luang Prabang/Laos.**

**1. Erdchakra** ist **Angkor Wat/Kambotscha.**

## Uluru

Uluru oder Ayers Rock ist der Platz auf Erden, der die Gestalt und die Energie des Kumarakristalls im Zentrum der Erde symbolisiert. Dieser Platz ist als ein Symbol anzusehen und als gegenständliche Kraft, die erahnen lässt, was im Erdmittelpunkt zentrierend, ausbalancierend, transformierend und heilend wirkt.

Ihr wisst schon einiges über die große Bedeutung des Kumarakristalls, Ihr wisst aber nicht, dass dieser immaterielle Kristall sogar die Achsenaufhängung der Erde, ihr energetisches Verhältnis zum gesamten Universum, ausbalanciert. Im immateriellen Kristall der Erde finden Lichtprozesse statt, die mit der gesamten Menschheit, mit der Tier- und Pflanzenwelt und mit den Abbau- und Veränderungsprozessen der Erde in Verbindung stehen.

Eine Euch unvorstellbar große Zahl detailliertester Informationen wird in Form von Licht von jedem Punkt der Erde zu jedem Zeitpunkt als Lichtfrequenz in den Kumarakristall gestrahlt und gibt so kund, was auf und in der Erde passiert. Der Festplatte des Computers gleich, aber viel, viel komplexer, werden alle Daten gespeichert und durchlichtet.

Die Durchlichtung geschieht in der Form, dass ständig ausbalancierende Lichtkräfte dorthin schießen, wo Raubbau, Zerstörung, Vergiftung oder anderes, meistens durch Menschen, herbeigeführtes Fehlverhalten, passiert.

Ganz besonders zerstörerische Lichtkräfte werden aufgebaut, wenn irgendwo auf der Erde Atomtests durchgeführt werden oder Atomkraftwerke ans Netz gehen oder atomkraftbetriebene Schiffe über die Meere fahren. Aber auch die radikale Zerstörung der Umwelt durch Staudämme, Straßen, Häfen, Bergwerke usw. wird als Lichtinformation in den Kumarakristall gestrahlt und bewirkt, dass heilende, aufbauende Kräfte an den Zerstörungsplatz strömen und dadurch verhindern, dass u.a. die heilige Balance der Achsenaufhängung der Erde angegriffen wird. Um diese Kräfte überhaupt entstehen und wirken lassen zu können, ist es erforderlich, dass auf der Erde möglichst viele Menschen ein gottgefälliges, spiritualisiertes Leben führen, dass sie liebend teilen, unterstützen, helfen und heilen. Gerade Heilenergien, die vor diesem Hintergrund aktiviert werden, sind besonders stark Licht tragend und stützend für alle weitergehenden Prozesse im Kumarakristall.

Wenn jetzt Lichtarbeit am Fuße des Uluru geleistet wird (auch Lichtwasserarbeit, Liebestaten im Spirituellen und Sexuellen) so wird ein besonders starkes, flirrendes Liebes-Friedens-Bewusstseinslicht in den Kumarakristall gestrahlt und kann so eine komplexe und komplette Aufladung der Lichtsphäre im immateriellen Kristall bewirken.

Die Aboriginies haben über Jahrtausende durch ihre Rituale und ihr gottgefälliges, meistens friedvolles Leben ganz besonders stark die Kräfte des Kumarakristalls aufgeladen und so einen wichtigsten Beitrag zur Entwicklung der Erde und Menschheit geleistet. Durch den würdelosen Umgang mit ihnen wurde ihre spirituelle und ihre Lebenskraft geschwächt, teilweise gebrochen, so dass auch die zum Kumarakristall strömenden Energien verblassten.

# Der Mosesberg

Der Mosesberg auf dem Sinai ist ein uralter heiliger Platz der Menschheitsgeschichte. Schon bevor Moses dort die Zehn Gebote entgegennahm, war dies ein heiliges Areal. Auf dem Berg hatten sich immer wieder Menschen versammelt, um Tiere zu opfern, Beratungen abzuhalten und zu beten.

Durch lang anhaltendes Beten wurde auch der Akt der Übergabe der Zehn Gebote auf dem Berg vorbereitet. In den geheimen Schriften der Juden und Ägypter war schon lange zuvor darauf hingewiesen worden, dass auf dem Platz der Wille des monotheistischen Gottes zum Ausdruck gebracht werden und ein erwählter Mann diese Aufgabe wahrnehmen würde. Moses war von Beginn an ausersehen, diese Aufgabe, diese allergrößte Hingabe der Gotteswelt an die Menschenwelt, entgegenzunehmen. Er war durch viele Prüfungen gegangen und hatte so unter Beweis gestellt, dass er dieser herausgehobenen Aufgabe gewachsen sein würde. Bei der Übergabe der Gebote, vermaterialisiert auf zehn Gebotstafeln, wurde das gesamte Bergareal energetisiert, das heißt, höchste göttliche, höchste Schöpferkräfte durchdrangen das Bergmassiv und in abgeschwächter Form das Areal darum herum. Gleichzeitig wurde Moses von dieser Gottesstrahlkraft durchdrungen und bis an die Grenzen seiner körperlichen Belastbarkeit geführt. Er war in der Lage, die Gebote entgegenzunehmen und sie anfänglich weiterzugeben. Er war der Mann der ersten Stunde und viele sollten ihm folgen. Natürlich auch Frauen. Die göttliche Strahlkraft versenkte sich in das Mosesbergmassiv und diese Kräfte sind immer noch implantiert und wirksam. Sie sind so wirksam, dass auch Besucher des Mosesbergs von dieser Kraft partizipieren können.

Durch die Durchlichtung des Bergmassives wurde das energetische Feld der Erde und der Menschheit aber auch des Universums erweitert um eine Kraft, die zuvor noch nicht vorhanden war. Sofort war das morphogenetische Feld aufgeladen von diesen Energien und theoretisch stand dieses Potential sofort der gesamten Menschheit zur

Verfügung. Das heißt, Moses nahm die Gebote in Empfang und der Ureinwohner in Australien war energetisch Teilhaber dieses Geschehens, ohne es zu wissen und bereits umsetzen zu können.

Der Mosesberg ist im Energiesystem der Erde der Schicksalsberg.

Er ist irdischer Ausdruck des Karmischen Rates.

Darjeeling ist ein Handelsplatz zwischen Tibet, Sikkim, Buthan und Indien und von alters her der Sitz der Weißen Bruderschaft in der geistigen Welt und bis vor nicht allzu langer Zeit auch ihr Sitz im Irdischen. Früher lebte dort eine klare, eher zarte aber eindeutige spirituelle Kraft, ein spirituelles Eingebundensein in alle Prozesse des Alltags und eine größte Liebeskraft bei der einheimischen Bevölkerung. Diese Liebeskraft und Würde hat viele ethnologische Wurzeln und entstand aus vielen religiösen Ereignissen und Wegen.

Es gab einen großen Einbruch, verursacht durch die Zündung der Atombombe über Hiroshima. Das Dach der Welt, als heiligster Platz von alters her, zog irdischen und kosmischen Gesetzen folgend die feinstofflichsten Energiepotentiale der Detonation an und ist seitdem damit beschäftigt, diese Potentiale zu transformieren. Es gelang und gelingt nicht.

Hinzu kommt im Profanen eine Zunahme des Tourismus, im Spirituellen eine Abnahme der belebenden spirituellen Kräfte.

Auch die durch die Genforschung und die sich daraus ergebenden Experimente entstehenden feinstofflichen Potenziale fühlen sich von dort angezogen.

Durch diese Faktoren ist die Region zurzeit auf Erden der Platz, wo sich die stagnierende Kraft der Nekrosefelder am eindrücklichsten spiegelt. Alles, was auf Erden ist, hat seinen Spiegelungsaspekt im Kosmos. Alles, was im Kosmos ist, spiegelt sich auf Erden.

Die Nekrosefelder sind ein von der göttlichen Welt nicht gewollter Ausfluss der Atomspaltung und der Atombombe, der Genforschung mit ihrer experimentellen Umsetzung, sowie des extrem intellektuellen Handelns der Menschen ohne soziale Kompetenz.

Die Tendenz der Nekrosefelder und entsprechender Strahlen, alles zu lähmen, was mit ihnen in Kontakt kommt, ist Euch bekannt. Um die Nekrosefelder energetisch abzubauen, sind höchste transformative Kräfte vonnöten. Die göttliche Welt, die diese Kräfte nicht wollte, musste einen Weg schaffen, um diese Areale in die Verwandlung zu bringen. So wurde eine Verbindung der Nekrosefelder zur Weltenseele erschaffen, die ihre positivsten Kräfte einsetzt, um in diesem Bereich Verwandlung zu bewirken. Gleichzeitig können Lichtratsmitglieder und besonders liebende Menschen durch Lichtarbeit transformierend wirken. Ihre Lichtstrahlen erreichen abgelegenste Bereiche der Nekrosefelder und dennoch ist der Bereich expandierend und eine ständige Herausforderung für die geistige Welt.

Durch die energetische Verbundenheit zur Weltenseele und durch die Lichtarbeit der Menschen bildete sich das Äquivalent der Nekrosefelder nicht am Dach der Welt, aber sehr wohl in Darjeeling. Das bedeutet, im kosmischen Bereich ist dort der Sitz der Weißen Bruderschaft, im irdischen Bereich spiegelt sich dort energetisch die Kraft der Nekrosefelder. Die Nekrosefelder sind also nicht direkt in Darjeeling, aber ihre Energie ist als Spiegel dort angesiedelt.

Das wirkte sich auf das Leben in dieser Gegend aus, das an Schwere zunahm, die Spiritualität immer mehr verkümmern ließ und die Strahlkraft der Erde reduzierte, da diese Energien sich von dort aus auch in den Erdlogos verströmten. So ist Darjeeling bezüglich der Kräfte in der geistigen Welt das zweite kosmische Chakra und bezüglich des erdgebundenen Bereichs die Spiegelungsstätte der Nekroseenergien im Kosmos und deren Einstrudelungsstelle in den Erdlogos. Es ist somit ein extrem herausgehobener Platz, der in dieser Form Einmaligkeit auf der Erde besitzt.

Wie Ihr Menschen Euch vorstellen könnt, ist es gerade hier und gerade jetzt von herausgehobener Bedeutung, dass dieses Wissen bekannt wird und möglichst viele Menschen ihr Beten, Meditieren, ihr Lieben, Teilen, ihr sozialaktives Tun aktivieren, wenn sie sich in dieser Region der Erde aufhalten. Dieses Verhalten ist natürlich auch an jedem anderen Platz der Erde aus geistiger Sicht erwünscht.

# Kata Tjuta

Kata Tjuta oder die Olgas (Australien, Nähe zum Uluru) haben natürlich auch eine große Bedeutung. Auch dort fanden starke, Leben tragende Rituale der Aboriginies statt.

Genauso wie am Uluru, Ayers Rock, wurden Fruchtbarkeits-, Dankes-, Friedens- und Todesrituale durchgeführt. Ihrer inneren Stimme folgend, gingen die Aboriginies singend und die Schöpfung verehrend von entlegensten Regionen zum Uluru und Kata Tjuta, um ihre heiligen Rituale durchzuführen, sich zu reinigen und mit neuen Kräften aufzuladen. Die im Kata Tjuta Areal freigesetzten Energien strömten ebenfalls zum Kumarakristall aber auch, um dort Licht anhebend zu wirken, zum Kristall unter dem Sphinx.

Da an beiden Plätzen seit geraumer Zeit immer weniger spirituell gelebt wird und immer weniger Rituale abgehalten werden, fehlen diese Kräfte im Kumarakristall, im Kristall unter dem Sphinx und menschen-, welt- und kosmosweit.

## Papua Neuguinea

Wie Ihr wisst, werden auf Papua Neuguinea in letzter Zeit verstärkt Goldvorkommen abgebaut. Es ist dies ein besonders sauberes und energetisches Gold. Das hängt damit zusammen, dass die Goldvorkommen dort verstärkt einen Zugang zu Kräften der Ursonne hatten. Das heißt in ewigen Urzeiten der Erdentstehung strahlten Ursonnenkräfte auf Papua Neuguinea hernieder und formten mit den entsprechenden Erdkräften die Goldvorkommen. Es sind Gold- oder vermaterialisierte Sonnenimplantate der Ursonne, die Ihr dort vorfindet und die größtenteils völlig respektlos abgebaut werden. Auch das wirkt sich destabilisierend im gesamten Energiesystem aus und könnte, wenn nicht ausbalancierend auf geistiger Ebene gewirkt würde, die Balance der Erdaufhängung schwer schädigen.

Abu Simbel ist ein alter heiliger Einweihungsplatz. Ramses II. hat einen großen und einen kleineren Tempel errichten lassen, die vordergründig ihm und seiner Lieblingsgattin Nefertari zur Ehre und zum Andenken gereichen sollten. Dieses Wissen ist auch den Ägyptologen präsent und verfügbar. Als die beiden Tempel an ihrem ursprünglichen Platz errichtet wurden, war das Areal zuvor durch Beten, Gesang und heilige Rituale für diese Bauten vorbereitet worden. Sodann wurden in liebevoller, kraftvoller, spirituell eingebundener Arbeit die Tempel ins Gestein gehauen, verziert und mit großen Skulpturen geschmückt, die die Pharaonen- und Ehegattenkraft von Ramses und Nefertari dokumentierten.

In einem heiligen Ritual, das vom Nil ausgehend stattfand, wurden die Plätze eingeweiht und ihrer Bestimmung als Einweihungsplatz übergeben. Das Areal war von Ramses erwählt worden, weil er intuitiv wusste, wo der Tempel gebaut werden sollte und weil seine spirituellen Berater und seine Gemahlin ihn in dieser Entscheidung bestätigten. Das Areal war deshalb so besonders geeignet, weil es von alters her eine kosmische Einstrudelungs- und Ausstrudelungsstelle war, in der Einsamkeit der Wüste lag und gleichzeitig mit kleinen und großen Booten vom Nil aus zu erreichen.

Der Ramsestempel war vorgesehen für Einweihungen von Pharaonenanwärtern, der Tempel der Nefertari für Einweihungen von Heilern, Alchimisten, Astrologen und Menschen, die als besonders wichtig für die Regierungsgeschäfte der Pharaonen angesehen wurden. Sie wurden zuvor in den Tempelbezirken von Luxor und Karnak geschult und auf die Einweihung vorbereitet. Dann wurden die einzuweihenden Schüler in Barken nach Abu Simbel gebracht und im umliegenden Wüstenareal in Einsamkeit und Klarheit weiter auf ihre Einweihungen in neue Würden vorbereitet. War die Vorbereitungszeit abgeschlossen, wurden alle befragt, ob sie sich der Einweihung gewachsen fühlten und tatsächlich diesen Weg gehen wollten. Parallel dazu wurden Pharao, Pharaonin sowie der Hofstaat auf dem Nil nach Abu Simbel gebracht.

Die Schüler wurden zu bestimmten Zeitpunkten eingeweiht.

Die Einweihungen waren heiligste Rituale, die einer großen Geheimhaltung unterlagen. Daher sind bei den Verzierungen in den Tempeln keine ausdrücklichen Einweihungsrituale dargestellt.

Die Einweihungen trugen einen anderen Charakter als diejenigen in der Königskammer in Gizeh (Cheopspyramide). Die Einweihungsschüler legten sich nicht in einen Steinsarkophag. Sie wurden einzeln in die Tempel geführt und blieben dort mit einer Minimalausstattung an Wasser drei Tage und drei Nächte allein in der Dunkelheit des inneren Tempels. Auf diese Weise wurden sie geistig geprüft für ihre späteren Aufgaben in der menschlichen Gemeinschaft. Energetisch wurden sie durch einen Hierophanten begleitet.

# Die Karibik

Die Karibik ist der größte Naturheilplatz der Erde. Hier werden in einem Euch Menschen unvorstellbarem Ausmaß Energien gesammelt und transformiert. Die Karibik hat auf feinstofflichster Ebene die Wirkung eines überdimensionierten Filters, der in den Kosmos hinein allergrößte kosmische Energien aufnimmt, sie sammelt und sie nach der Reinigung von Schlacken ebenfalls wie ein allergrößter energetischer Filter wieder an den Erdlogos abgibt.

Das Licht, das durch Menschengedanken, menschliches Tun und Unterlassen entsteht, strömt ins morphogenetische Feld und ist so Teil der universellen Lebensenergie. Durch menschenverachtendes, schöpfungsverachtendes Denken, Tun und Unterlassen, durch zu wenig kraftvoll gelebte Spiritualität, werden die Nekrose- und Monsternekrosefelder sowie die dunkelste Kammer des Landes Shambala in einem Maße energetisch aufgeladen, wie es noch nie zuvor geschehen ist. Dieses Übermaß ist nicht mehr durch göttliche und menschliche Kräfte auszubalancieren. Gerade diese Kräfte sammeln sich und strömen zur Transformation in die Karibikregion. In deren Sphäre verursachen sie heftigste Wirbelstürme und große Katastrophen.

Ihr Menschen erschafft Euch Euer Leid selbst. Im Kleinen wie im Großen.

Es gibt auf der Erde noch weitere Naturheilplätze, die negativste Energien durch Wind und Regen transformieren.

In erster Linie transformieren sie negative Kräfte menschlichen Denkens, Fühlens, Handels, Unterlassens. Sie bilden Monstertrichter/Filter und führen sie über das Auge des Wirbelsturms in die Transformation.

## ISLAND

Island ist eine sehr besondere Insel mit einer sehr besonderen Geschichte und einer sehr besonderen Aufgabe im Lichtzirkus des Lebens.

Island ist vulkanischen Ursprungs und ist wie herausgeschossen worden aus dem Schoß der Erde, um immer wieder und mit zunehmender Zeit verstärkt als Teil der lebendigen Prozesse der Erde eine starke, bleibende Verbindung zum lebendigen heißen Erdkern aufrechtzuerhalten. Island wirkt wie ein riesiger Naturheilplatz im Atlantik, der z.B. im Gegensatz zur Karibik verschiedenste Kräfte und Elemente zum Ausdruck bringt und beheimatet. Island ist Feuer, Eis, Wasser, Erde, Schlamm, Gestein, es ist kalt und heiß, es ist Wüste, Gebirge, Blumen-, Pflanzen- und Vogelwelt in einem ganz besonderen Maße. Island hat mit diesen außerordentlichen natürlichen Gegebenheiten seit ewigen Zeiten das Energiefeld der Erde symbolisiert und verkörpert.

Island hat durch seine Christianisierung ab ca. 1000 n. Chr. verstärkt an den durchlichtenden Prozessen der Erde teilgenommen und tut dies weiter in Zeiten von friedlosem, lebensverachtendem Verhalten der Menschen, also auch gerade in der Jetztzeit. Lichtfontänen der Heilung gehen von den vielen herausgehobenen Plätzen Islands direkt in den Erdlogos, durchlichten ihn und helfen so, die in allen Bereichen von Dunkelheit bedrohte Welt zu erhellen.

Island hat insofern eine allerwichtigste Aufgabe für alles Leben auf der Erde und im Kosmos.

Aber auch hier werden die Kräfte schwächer, da auf der Insel weniger gebetet, geliebt, geteilt wird und heilige Plätze zu touristischen Attraktionen verkommen. Daher ist es von besonderer Wichtigkeit, dass gottliebende, frieden- und bewusstseintragende Menschen diese Insel besuchen und ihre hohen Liebeskräfte dort verankern.

# Taizé

Taizé in Burgund, Frankreich, hat eine große Bedeutung für das weltweite und universale Energiesystem.

In Taizé werden starke Friedens- und Liebeskräfte „geboren" und belastete Energien, die die Menschen mit dorthin bringen, transformiert.

Taizé steht für stärkste Transformation im spirituellen Leben und für eine weltoffene, lebensnahe Spiritualität und Religiosität.

Die lebensbildenden Kräfte von Taizé sind besonders hilfreich für junge Menschen auf der Suche nach ihrem spirituellen Weg.

## Atom- und Genforschung

Wie Ihr bereits wisst, sind Atom- und Genforschung im göttlichen Plan nicht vorgesehen. Die Atomspaltung, die gesamte Atomforschung, die Detonation der Atombomben, alles ist gegen den göttlichen Plan gerichtet. Auch die Genforschung, das Experimentieren mit Genmaterial, die Auseinandersetzung in der Form, wie es heute geschieht, ist so nicht vorgesehen und erwünscht. Vor unendlichen Urzeiten, um es für Euch verständlich auszudrücken, als der erste Mensch energetisch die Erde betrat, waren dies die beiden Bereiche, die energetisch verschlossen bleiben sollten, um das Universum in ein allerlichtestes Zeitalter hineinführen zu können.

Worum geht es heute? Es geht um den Eintritt in das Wassermannzeitalter, es geht darum, dass die Menschheit eine höhere Stufe der Entwicklung erreicht, es geht darum, dass mehr Liebe, Mitgefühl und Dankbarkeit das Leben auf der Erde prägen. Es geht darum, dass evolutionsmäßig der Eintritt in die 5. Dimension menschlichen Seins ansteht und sich dadurch das Leben und Wirken auf der Erde verändert. Es geht darum, dass sich der seit Äonen vorgesehene göttliche Plan realisiert. Diesem Ziel, diesem Anspruch, dieser Vision ordnet sich alles Leben unter und dient so dem Alles in Allem, der göttlichen Kraft.

Wie Ihr wisst, entsteht in den beiden vorgenannten Bereichen bei Forschung und Experimentieren, Realisieren der Erkenntnisse und Anwenden der Möglichkeiten ein Licht, das als Lähmungslicht zu bezeichnen ist. Die in diesem Bereich tätigen Forscher und Forscherinnen sind extrem intelligent, ehrgeizig und bezüglich der Ethik des Lebens so orientiert, dass sie ihren Forscherdrang ethischen Fragen überordnen. Durch die starke Inanspruchnahme im Rahmen ihrer Forschungstätigkeiten entwickelt sich ihre soziale Kompetenz zu immer mehr Vereinseitigung und Konkurrenzverhalten anderen Menschen gegenüber. Aus geistiger Sicht ist erkennbar, dass sich weltweit ein bestimmter Menschentyp zur Atom- und Genforschung und deren Anwendung hingezogen fühlt und bei diesen Tätigkeiten noch mehr vereinseitigt. Ein von ihnen kreiertes und ausgehendes Licht breitet sich weltweit aus und infiziert kosmosweit bislang auch gesunde Lichtsphären.

Die Genforschung und das Experimentieren haben in den letzten Jahren stark zugenommen. Immer mehr Menschen beschäftigen sich weltweit damit, die Geheimnisse des genetischen Materials von Mensch, Tier und Pflanze zu entschlüsseln. Jeder will der bzw. die Erste sein in der Veröffentlichung neuer Erkenntnisse und möglichst schnell durch Experimentierreihen nachweisen, was der naturwissenschaftlich orientierte Mensch anstrebt, dass nämlich alles machbar ist. Dass Lebensprozesse und Organe ersetzbar und manipulierbar sind, und der Mensch als Ganzes ein Geschöpf ist, das beliebig nachgebessert, verwandelt und neu kreiert werden kann.

Der Gedanke der Gnade, des Schicksals, der rechten Zeit, die Hinwendung zu Gott oder dem Daseinsgrund spielen in diesem Denken, Fühlen und Handeln kaum eine Rolle und ethische Fragen sind störende Barrieren.

Um zu verstehen, warum die geistige Welt gegen diese Art wissenschaftlicher Forschung ist, ist es erforderlich zu vermitteln, was bei diesen Prozessen, die alle von Menschen eingeleitet und vorangetrieben werden, passiert:

Wie wir bereits mitgeteilt haben, entstehen Nekroselichtbänder, wenn sich der Mensch intensiv mit Atom- und Genforschung beschäftigt. Es gibt allerdings verschiedene Intensitäten nekrotischen Lichts.

## Intensitäten nekrotischen Lichts

Eine Art nekrotisches Licht entsteht bereits dann, wenn Menschen sich nur ihren Verstandeskräften hingeben, ohne soziales Engagement und ohne Bewusstseins- und Liebes-Friedenskräfte. Diese Prozesse beginnen bereits relativ früh, auch schon bei Schulkindern, wenn ihre Verstandestätigkeit überwiegt und sie sich aufgrund dieser Fähigkeit überwiegend intellektuell betätigen, sozial versagen und sich zurückziehen. Dies geschieht gehäuft in der westlichen Welt. Es sind die Startrampen für besonders egoistische Verhaltensweisen, Ruhmessucht, Konkurrenzdenken, Geldgier und Machtbegehrlichkeiten.

Das so entstehende nekrotische Licht ist allerdings im Weltenplan vorgesehen, auch wenn es ein erhöhtes Transformationsgeschehen in der geistigen Welt erforderlich macht. Dieses Licht ist Impulsgeber, sehr vereinseitigt und doch als kompatibel bezüglich allen anderen Lichtsubstanzen anzusehen.

Vollkommen anders ist es mit dem Nekroselicht, das durch menschliches Tun im Rahmen der Atom- und Genforschung entsteht.

Da zu Beginn der Menschwerdung auf Erden beschlossen wurde, diese beiden Bereiche dem göttlichen Schöpferplan vorzuenthalten, befand sich in der geistigen Welt keine logische und folgerichtige Resonanz auf diese Entwicklung auf der Erde. Das heißt, das durch dieses Wirken entstandene Licht strömt als Lähmungslicht ins Universum und zunächst wieder zurück zum Menschen. Im Universum musste nach Entstehen der ersten Lichtsubstanzen durch Atom- und Genforschung erst durch den göttlichen, allmächtigen Willen die Möglichkeit erschaffen werden, dass dieses Licht begrenzt und transformiert wird. So wurden höchste Lichtanteile der Weltenseele, getränkt von Christuslicht, freigeschaltet, um heilend bezüglich dieses Nekroselichtes zu wirken. Gleichzeitig wurden energetische Verbindungen zwischen einem allerstrahlendsten Menschen-Liebes-Friedens-Licht und dem Nekroselicht hergestellt. Immer wenn auf der Erde ein Mensch besonders stark liebt, unterstützt und teilt, Schmerz, Not und Leid transformiert, dann bildet sich ein glitzerndes, strahlendes Licht, das auch zu den Nekrosefeldern strömt, besser gesagt schießt und sie transformiert.

## Die Entstehung von Monsternekroselicht

Die Probleme entstehen jetzt dadurch, dass immer mehr und schwergewichtige Nekrosefelder entstehen und das Menschen-Liebes-Friedens-Licht weltweit abnimmt. Dieses Ungleichgewicht muss kosmisch ausbalanciert werden. Wenn jetzt zunehmend mit Atomkraft gearbeitet wird, wenn die Genforscher ohne ethische Grenzen experimentieren und Egoismus, Ruhmessucht, Machtanspruch, Konkurrenzdenken und Geldgier freien Lauf haben, dann entsteht aufgrund der allgemeinen Entwicklung auf der Erde (Anheben der Schwingung) ein im Verhältnis noch stärker nekrotisiertes, lähmendes Licht. Es entstehen düsterste, monsterartige Lichtgebilde, die starr, klebrig und wie mit Stacheln versehen sind. Gleichzeitig gibt es in ihnen Krater von saugender, krakenähnlicher Energie, die helles, strahlendes Licht aufsaugen und verschlingen, im Außen durch Stacheln zerreißen und seiner Strahlkraft berauben. Dieses Licht bricht in sich zusammen und verfällt, wird Nekrose.

Das Nekroselicht mit monsterartigem Charakter, so genanntes Monsternekroselicht, entsteht besonders bei Atombombendetonationen, Freisetzen von Atomenergie durch Unglücke, im Rahmen der Genforschung, des Experimentierens, wenn Licht -und Zellsubstanzen von verschiedenen Menschen oder Menschen und Tieren vermischt werden. Dieser „Eintopf" genetischen Lichtes produziert also Monsternekroselicht und ist darüber hinaus auch sehr gefährlich für jeden einzelnen Menschen, der es produziert und damit umgeht. Das entstehende Licht verstärkt seine ohnehin schon stark ausgeprägten Wesenszüge. Er wird immer empfänglicher für niedrig schwingendes Denken, Fühlen und Handeln und wird erreichbar für dunkelste Geistwesen des Universums.

Die Bereiche der Monsternekrosefelder sind wie die Nekrosefelder nur durch strahlendstes Liebes-Friedens-Bewusstseins-Licht und durch Christuslicht heilbar. Es sind Substanzen der Weltenseele und auch hier Substanzen besonders liebender, unterstützender und teilender, sozialaktiver Menschen. Ihre Gott durchdringenden Kräfte müssen sehr groß sein, um Monsternekrose-Energien zu transformieren.

## Genmanipulation im Pflanzenreich

Nun wird auch im pflanzlichen Bereich Genforschung betrieben. Auch dieses Tun ist von der geistigen Welt nicht erwünscht und nicht gewollt. Auch hier entsteht ein Nekroselicht, auch hier können Monsternekroseareale entstehen und genährt werden. Der Unterschied zwischen Genforschung im menschlichen, tierischen und pflanzlichem Bereich liegt im Merkmal der seelischen Kräfte. Der Mensch hat eine Einzelseele, das Tier eine Tiergruppenseele und die Pflanze hat keine Seele, sie ist Geist und Lebenskraft und hat dadurch bedingt ganz andere Aufgaben als Tier und Mensch, die auch als gegenseitige Gefährten eine große Rolle spielen.

Die Genforschung und das Experimentieren durch den Menschen im Bereich der Pflanzen bewirkt, dass die heilige Ordnung und Hierarchie des Pflanzenreichs, die seit Beginn der Schöpfung besteht, in Unordnung gebracht wird. Auch der Entwicklungsplan der Pflanzen, ihre Weiterentwicklung, ihre Verwandlung zu mehr Differenziertheit hin, unterliegen göttlichen Gesetzen und sind nicht beliebig verwandelbar. Die sogenannte Veredelung von Pflanzen ist gestattet, Genmanipulation nicht.

Die genmanipulierenden Handlungen der Menschen haben zur Folge, dass sich Missbildungen im geistigen Ursprungspotential entwickeln und sich im Materiellen entsprechend manifestieren. Die Störungen und Missbildungen sind nicht nur auf die Pflanzen begrenzt, mit denen genmanipulierend umgegangen wurde. Es betrifft das gesamte Pflanzenreich.

## Tiere und Genmanipulation

Genmanipulation bei Tieren bewirkt ein Eindringen düsterster Energien, von Monsterenergien, in die Gruppenseelen der Tiere. Auch hier sind alle Gruppenseelen betroffen. Missbildungen wird es zukünftig auch verstärkt im Tierreich geben. Hinzu kommen wesensmäßige Veränderungen bei Tieren hin zu mehr Aggression und Fehlverhalten.

Der Mensch, die Krone der Schöpfung, betreibt diese Genmanipulation mit großer Überzeugtheit und Potenz im Intellektuellen und Materiellen. Er schafft durch neue Gesetze die Basis für dieses Tun und lässt automatisch alle spirituell-lebens-gnade-sozialaktiven Kräfte hinter sich. Er handelt so, weil er sonst nicht genforschend und -experimentierend tätig sein könnte. Das eine schließt das andere aus. Während Pflanze und Tier benutzt werden, handelt der Mensch mit voller Eigenverantwortung.

Zusammenfassend haben Atom- und Genforschung also folgende Auswirkungen:

- Aufbau der Nekrosefelder und Monsternekrosefelder
- Absterben von strahlendsten Lebenslichtsubstanzen
- Verwandlung und Zerstörung der heiligen pflanzlichen Ordnung
- Missbildung im Pflanzenreich
- Eindringen von düstersten Monsterenergien in die Gruppenseele der Tiere
- Missbildungen bei Tieren, wesensmäßige Veränderungen der Tiere zu mehr Aggression und Fehlverhalten hin
- Eindringen von düstersten Energien in die Seelen der Menschen
- Missbildungen bei Menschen von nie gekanntem Ausmaß
- Zunahme von Aggression und Depression weltweit
- Eine allergrößte Belastung des morphogenetischen Feldes in seiner Gesamtheit, da die größer werdenden Nekrosefelder und Monsternekrosefelder das Gleichgewicht der Energien stören und „lichtfressend" wirken

Der Mensch ist also bei diesem Tun für etwas verantwortlich, das er keinesfalls überblickt. Und doch wird er zur Verantwortung gezogen. Und zwar sofort. Übersteigt die Erschaffung von Nekrose- und Monsternekroselichtanteilen einen gewissen Level an Verträglichkeit, so verdunkelt sich seine Seele und lässt ihn verstärkt Einsamkeit, Angst und Hass auf das Leben spüren. Sein soziales Leben verkümmert mehr und mehr. Er ist nur noch Forscher. Da Eure Gesellschaft dieses Tun so hoch bewertet, wird nicht erkennbar, welch reduzierte Persönlichkeit sich hinter der Fassade des unermüdlich schaffenden Forschers verbirgt.

Neben persönlichkeitsreduzierenden Kräften ziehen Krankheiten in den Menschen ein, die ihn und sein Denken besetzen. Da er im Bereich der Atom- und Genforschung und des Experimentierens gegen den göttlichen Plan verstößt, also auch die Kräfte seines Hohen Selbst, seiner göttlichen Instanz missachtet, richtet er lebenstragende Kräfte höchster Qualität gegen sich und ist offen für Autoimmunkrankheiten der verschiedensten Art.

Der Mensch taucht also zunehmend in Bereiche ein, die Tabubereiche sind und bleiben sollten. Höchste Gotteskräfte, höchste Schöpferkräfte haben diese Bereiche aus dem manipulierbaren Feld des unermüdlich tätigen und unerschrockenen Menschen bewusst ausgeklammert. Diese heilige Information ist in jeden Menschen implantiert, das heißt, jeder Mensch weiß in sich, dass es Siegel gibt, die nicht erbrochen werden sollen und dürfen. Jeder Mensch, der in den vorgenannten Bereichen tätig ist, missachtet und übergeht seine innere Stimme und missachtet und übergeht göttliche Regeln.

Im fortschreitenden Wassermannzeitalter wird der Mensch noch weitergehende Forschungen und Handlungen vollziehen können. Tut er es tatsächlich, trifft ihn die göttliche, allmächtige Kraft mit ganzer Wucht. Es sind dies die Bilder, die im Evangelium des Johannes visionär erscheinen.

## Das morphogenetische Feld und das Klima

Das morphogenetische Feld hat, da es alles Leben durchdringt, erschafft, reinigt, energetisiert und auch in den Tod führt, eine allergrößte Bedeutung bezüglich des Klimas. Das morphogenetische Feld ist das Licht des Lebens. Es wird gespeist durch alles was lebt, erschaffen wird und verendet. Es wird von den Gedanken, Gefühlen und Handlungen des Menschen bestimmt, genauso wie von seiner Liebeskraft und seiner spirituellen Energie. Es wird besonders geprägt – zur jetzigen Zeit – durch die Atom- und Genforschung und das Experimentieren in diesen Bereichen, jedoch auch durch die Zunahme von Gewalt, und hier besonders jene der Terroranschläge. Wie wir haben verlauten lassen, bilden sich durch dieses Tun Nekrose- und Monsternekrosefelder im Kosmos, die nur unter größtem Einsatz der Gottes-Christus- und Menschenliebeskraft transformiert werden können. Ansatzweise transformiert, da ihre Potentiale so sehr im Zunehmen begriffen sind. Das von diesen Potentialen infizierte Licht wird ebenfalls nekrotisch oder monsternekrotisch, mindestens aber glanzlos, unelastisch und langsam. Auch dieses Licht nimmt mehr und mehr zu und belastet alles Leben äonenweit. Das Wasser, die Luft, die Erde, das Gestein, alles ist durchdrungen von Licht, auch von diesem Licht. Das Klima, das Teil der universellen Prozesse ist, wird durch das gesamte Lichtspektrum auf Erden geprägt und verändert.

### Wie führt der feinstoffliche Ablauf zu einer Veränderung und Prägung des Klimas?

Das Licht ist Transportmittel der Kräfte des morphogenetischen Feldes. Das Licht trägt in sich die Energiegebilde und Energieblöcke der Menschen, es trägt in sich als Lichtfrequenz das Nekroselicht und Monsternekroselicht, es trägt in sich die Inhalte der Akashachronik, des Landes Shambala und der 9. Stufe göttlich schöpferischer Gestalterkräfte, es trägt die Inhalte der Weltenseele in sich und alles, was an

Prozessen des Lebens und Sterbens äonenweit geschieht. Das Licht ist universell, ohne Anfang und Ende und ist als größte Schöpferkraft oder auch Gott zu bezeichnen. Daher wird gerade in der Botschaft des Christus die Ausrichtung am Licht und seine Bedeutung ständig hervorgehoben. Das Licht ist also Inhalt und Transportmittel und wird neben dem Menschen von allem was lebt und webt geprägt. Mindestens genauso geprägt wird das Licht von Sonnen-, Monden- und Sternenkräften. Das Licht der Himmelskörper wirkt allerstärkstens in das morphogenetische Feld hinein, da diese Lichtsubstanzen, die als goldenes (Sonne), silbernes (Mond), vielfarbiges (Sterne) Licht die Gestirne verlassen und hellsichtig gesehen werden können, das Licht des morphogenetischen Feldes durchdringen, aufladen, reinigen und prägen. Das heißt, dass das Klima symbiotisch verbunden ist mit feinstofflichen Energien, die auf Sonne, Mond und Sternen beheimatet sind. Ihr Menschen könnt Euch diese Zusammenhänge, dieses Zusammenspiel verschiedenster Kräfte kaum vorstellen. Denken könnt Ihr es nur, wenn Ihr die Inhalte dieses Buches versteht und in Euch Realität werden lasst.

So öffnet Euch, als Menschen des 3. Jahrtausends nach Christi Geburt, diesen revolutionären, Euch und das Leben stark verändernden Energien und seid sehr dankbar, dass Ihr dieses kostbare bisher geheime Wissen erfahren dürft.

Wie Ihr Euch denken könnt, hat also Euer Sein als Mensch eine größte Bedeutung für die Entwicklung des Klimas. Jeder positive Gedanke, jedes von Liebe getragene Gefühl, jede positiv ausgerichtete Handlung des Menschen, die Abstrahlungskraft gesunder Pflanzen und Tiere, das Licht des Universums, alles, alles, alles verbindet sich im morphogenetischen Feld des Lebens, wird bei Regen, Schnee, Hagel, Wind und Sturm, usw. aktiviert, regeneriert, gereinigt und strömt ständig hernieder und erhebt sich in lichteste Höhen des Universums.

Die zunehmende Veränderung des Klimas und die damit einhergehenden Katastrophen werden einerseits durch Raubbau an der Natur, Umweltverschmutzung und gezielte Veränderungen ganzer irdischer

Regionen herbeigeführt, andererseits sind es aber auch die Lichtpotentiale, die über menschliche Gedanken, Gefühle und Handlungen negativster Art entstehen und so das morphogenetische Feld „anreichern“ und belasten.

Es muss und kann hier ganz klar gesagt werden: der Mensch erschafft zu einem ganz großen Teil das Klima selbst, er hat davon allerdings nur sehr begrenzt eine Ahnung und will keine oder zu wenig Verantwortung übernehmen. So hat er unter den Auswirkungen von Dürre, Sintflut, Schneesturm und Erdrutsch und ihren immer schneller eintretenden Folgen zu leiden. Dies hängt mit Eurem Tun zusammen. Je mehr monsternekrotisches Licht erzeugt und je mehr die Erde ausgebeutet wird, desto mehr geraten das Klima und der Lichtzirkus aus dem Lot. Ihr erreicht durch Euer Tun Grenzbereiche von Kompatibilität. Das bedeutet, Naturkatastrophen werden häufiger und in größerem Umfang geschehen.

Tiere sind Teil des morphogenetischen Feldes und werden daraus ernährt. Tiere haben keine Einzelseele wie der Mensch, sondern Gruppenseelen, die jeweils zu einer Spezies von Tieren gehören.

Im Moment der Verbindung von Ei und Samen oder der eingeschlechtlichen Teilung inkarniert sich ein Lichtpunkt in das Ei-Samen Konglomerat oder in das neu entstehende Zellgewebe. Der Lichtpunkt bei Tieren trägt in sich das Äußere des Tieres, sein Wesen, seine besonderen Fähigkeiten und Begrenzungen sowie die Ernährungsbedürfnisse und die Bezogenheit des Tieres zum Tier, zur Pflanze, zum Menschen, zur Erde, zum Wasser und zur Luft.

Im Lichtpunkt sind demzufolge Kodierungen, die sich sofort beim Verschmelzen von Ei und Samen oder bei der eingeschlechtlichen Zellteilung bilden. Es sind dies Lichtkodierungen, die alles beinhalten, was das Leben jedes einzelnen Tieres ausmacht. Der Lichtpunkt verbindet sich in Lichtgeschwindigkeit mit der DNA des Tieres und steuert so alles weitere Leben. Der Lichtpunkt aller Tiere trägt im Gegensatz zu dem Lichtpunkt aller Menschen keine Inkarnationen alten Beschlüsse in sich, kein Hohes Selbst, kein Ich und keine Anlage zur Entwicklung von Bewusstsein. Während seines Lebens auf der Erde, im Wasser, in der Luft (als wesentliche Aggregatzustände) ist das Tier ständig über Lichtbänder mit seiner Gruppenseele verbunden, die es stärkt, wesensmäßig aufbaut und Evolution steuert. Bahnen sich Katastrophen an, egal welcher Art, ist das Gruppenseelenpotential als Teil des morphogenetischen Feldes „informiert" und lässt die dazugehörige Tierwelt lebenserhaltend handeln. Die Information wird über Lichtbänder transportiert.

Gerade bei Haustieren oder Tieren, die die Menschen zu ihren Gefährten gemacht haben, oder umgekehrt Menschen, die Tiere zu ihren Gefährten gemacht haben, prägt das beide verbindende Licht die Beziehung. Wie wir bereits haben verlauten lassen, bewirkt die sich immer weiter entwickelnde Genforschung, dass monsternekrotisches Licht entsteht und dieses Licht alles Leben beeinträchtigt und manches zerstört. Genforschung, Genmanipulation bei Tieren, Vermischen von menschlichen und tierischen genetischen Materialien bewirken ein Verdunkeln der Gruppenseelen der Tiere und verstärken Missbildungen bei Tieren und unerklärliches, aggressives Verhalten von Tieren gegenüber Menschen und anderen Tieren.

## Das Licht der Pflanzen

Auch die Pflanzen sind Teil des morphogenetischen Feldes. Sie sind es sogar in einem besonderen Maße, da sie Energien in das morphogenetische Feld einspeichern, die allem Leben auf der Erde dienen. Pflanzen „erwirtschaften" mit der ihnen eigenen Photosynthese Sauerstoff und eliminieren Kohlenmonoxyd. Es ist dies eine allergrößte Liebesleistung, die sie allem Leben gegenüber erbringen. Dies kann natürlich nur von ganz wenigen Menschen, die ein erhöhtes Bewusstsein und klare Möglichkeiten der Erfassung von Leben haben, so gesehen werden. Diese Liebesleistung kommt allem Leben zu Gute.

Pflanzen geben neben dem Sauerstoff noch etwas ab, was Ihr Menschen aber nicht wisst. Es ist eine Lichtabstrahlung im Rahmen der Photosynthese, die naturwissenschaftlich nicht festgestellt werden kann und auch nicht festgestellt werden soll – zumindest zum derzeitigen Zeitpunkt nicht. Diese Lichtabstrahlung enthält in sich kraftstrotzende Lebenspartikel, die sich sodann mit dem Licht des morphogenetischen Feldes verbinden. Jeder Baum, jede Pflanze energetisiert das morphogenetische Feld mit Lichtkräften, mit Ätherkräften, mit Nahrung für Mensch, Tier und Pflanze. Diese lichtvollen Energien der Bäume und Pflanzen verbinden sich im Lichtzirkus des morphogenetischen Feldes mit Lichtkräften, die abgestandene Lebensenergie transportieren und laden diese energetisch auf, so dass sie elastischer, energetischer, strahlender werden. Die Bäume und Pflanzen dienen so mit ihren starken Lebenskräften dem großen Ganzen und fördern so gesundes Leben.

Ganz besonders spürt dies der Mensch natürlich, wenn er sich erschöpft, überarbeitet bzw. müde in der Natur aufhält und alle Not und Pein loslässt. Das, was ihn dort aufbaut, ist neben der guten Luft das gute Licht mit seinen vieltausendfachen energetischen Impulsen der Ätherischen Kraft. Dort, wo wenige oder gar keine Pflanzen wachsen, fehlt diese energetisierende Substanz im Licht und Mensch und Tier erhalten bestimmte energetisierende Kräfte nicht über das sie umgebende Licht.

Bei der Entstehung pflanzlichen Lebens wirken starke Lichtkräfte, die den Urimpuls des erweiterten Wachstums in Form eines Lichtpunktes abgeben. Im Prozess der Entstehung neuen pflanzlichen Lebens implantiert sich der Lichtpunkt in die pflanzliche Ursubstanz und gibt ihr die äußere Form, die Farbe, die Bezogenheit zu Boden, Klima, Tier und Mensch mit. Das heißt, der Lichtpunkt der Pflanzen enthält keine Inkarnationen alten Beschlüsse bezüglich ihres Wachstums oder gar Impulse bezüglich Ich, Hohem Selbst und Bewusstsein. Das ist dem Menschen vorbehalten. Er enthält aber Lichtkodierungen, die der Urimpuls für die Blütezeit oder Fruchtfolge sind. Das heißt, die Kodierung trägt in sich die Qualität des Lichtes für den Beginn der Blüte und die entsprechende von außen kommende Lichtfrequenz setzt das Blütenwachstum in Gang. Wenn Pflanzen nach der Blüte absterben oder nie blühen, keine Früchte tragen, trägt dies der Lichtpunkt in sich, der sich mit der DNA der Pflanze oder des Baumes etc. verbindet.

Eine allerwichtigste Rolle spielt darüber hinaus die Erde, die Mutter Erde. Sie ist der Urgrund der meisten Pflanzen und Bäume und nährt diese mit ihrer Kraft und mit ihrem Licht, das den von Erde bedeckten Teil der Pflanze durchdringt und ernährt. Das Licht der Erde geht in Resonanz mit dem Licht des Lichtpunktes und verstärkt so die implantierten Kräfte bezüglich Form, Farbe, Blütezeit und Fruchtfolge.

Mit künstlichem Dünger gedüngte Böden können ihr Licht nicht mehr so klar entwickeln. Die Erde ist vergiftet und die Pflanzen können in Blüte und Frucht nicht mehr die natürliche Energie aufbauen. Diesen Sachverhalt stellt Ihr fest, wenn Ihr die Biophotonen (siehe hierzu die Forschungen von Prof. Dr. A.F. Popp) der Pflanze, Blüte, Wurzel, der Frucht, des Saftes bestimmt. Das Licht genmanipulierter Früchte und Gemüse ist nicht nur biophotonenreduziert, sondern es enthält Lichtkodierungen, die nicht klar und präzise die Form, die Farbe, die Bezogenheit zu Boden, Klima, Tier und Mensch in sich tragen, sondern verklebte, nicht glänzende Lichtpunkte und verzerrte Kodierungen.

Genmanipulation wird aus der geistigen Welt abgelehnt, da die heilige, göttliche Ordnung gestört, die Hierarchie der Pflanzen untergraben wird, monsternekrotisches Licht entsteht und alles Leben verseucht wird durch dieses verklebte, verzerrte, nicht glänzende Lichtpotential.

Pflanzen haben keine Seele. Sie reagieren aber aufgrund ihrer Zusammengehörigkeit mit allem Leben auf Liebe, Zuwendung, Achtung, genauso wie auf Hass, Ablehnung, Trauer etc.

Ihre Ätherkräfte dehnen sich zu den erstgenannten Gefühlen hin aus und ziehen sich bei letzteren zurück. Sie werden klein, verkümmern, verenden sogar, wie Ihr es bei Hauspflanzen feststellen könnt, die nicht liebevoll gepflegt und gehegt werden und in deren Umfeld Trauer, Not, Hass und Gleichgültigkeit dominieren. Werden Pflanzen und Bäume von liebenden Menschen angefasst, gar gestreichelt, so dehnen sie sich zu dem sie so behandelnden Menschen aus und werden ihrerseits energetischer, das heißt, kraftvoller, gesünder und strahlender.

Sonnen-, Monden-, und Sternenkräfte haben eine allerstärkste, lebenstragende Auswirkung auf Pflanzen und Bäume. Diese Kräfte energetisieren die Lichtpotentiale in der Pflanze, im Baum und stärken so den Lichtpunkt und die DNA, also die gesamte Pflanze.

Der Lichtpunkt der Pflanze inkarniert sich nicht wie bei Menschen mit der Geistseele in den Körper oder wie aus der Tiergruppenseele in das Tier. Er entsteht als heilige, göttliche Handlung jedesmal neu, wenn Pflanzen sich vermehren, verwurzeln, wie auch immer vervielfältigen. Jede Pflanze, jeder Baum ist somit ein Teil der aus der Einheit in die Vielheit gefallenen göttlichen Kraft

## Genmanipulation bei Pflanzen

Das Thema Genmanipulation ist ein großes Geschäft. Die genmanipulierende Industrie will sich mit allen ihr zur Verfügung stehenden Mitteln der Menschen, der Erde, des Marktes bedienen. Sie will bestimmen, besetzen und viel Geld verdienen. Da der Umgang mit diesen Inhalten auch den Menschen verseuchen kann, stehen ethische und Gott oder eine höchste Schöpferkraft verehrende oder achtende Kräfte nicht nur im Hintergrund, es gibt sie schlichtweg nicht. Denn sonst könnte der Weg mit genmanipulierenden Gedanken und Handlungen nicht beschritten werden. Er wird aber beschritten. Die genmanipulierende Industrie wird von vielen Menschen unterstützt und vorangetrieben. Es wird hier durch uns ausdrücklich öffentlich kundgetan, dass gerade Forscher und Forscherinnen, Politiker und Politikerinnen und Landwirte und Landwirtinnen mit großen Geldbeträgen oder anderen Privilegien „geködert" werden, um dieser Industrie zum Munde zu reden. Das ist die eine Seite.

Die andere Seite ist, dass genmanipulierte Pflanzen durch ihre verklebten, irritierten und verzerrten Kodierungen im Lichtpunkt ein ebensolches Licht abstrahlen, das die Monsternekrosefelder auflädt und aktiviert.

Der Mensch strahlt Licht ab über sein Denken, Fühlen und Handeln, das Tier durch sein wesensmäßiges Tun und Unterlassen und die gesunde Pflanze strahlt Licht über den Lichtpunkt ab. Dieses Licht trägt in sich Form und Farbe, sowie Bedeutung der Pflanze im Lichtzirkus des Lebens. Die ersteren Fakten könnt Ihr durch höchstsensible Fototechniken, die Ihr auch beim Fotografieren der Aura anwendet, feststellen. Sie werden auch bestätigt durch Fotoaufnahmen homöopathischer Globuli, z.B. Belladonna D200 (siehe Dr. Dieter Knapp, „Unser strahlender Körper"). Die Bedeutung der Pflanze im Lichtzirkus des Lebens bleibt Euch optisch verschlossen. Wenn Ihr aber die Heilkräfte der Pflanzen nutzt, seid Ihr mit dieser Kraft in Resonanz.

Genmanipulierte Pflanzen strahlen weder eine klare Form, noch eine klare Farbe, vor allem aber keine positive Kraft bezüglich der Bedeutung im Lichtzirkus des Lebens ab. Sie haben keine schöpfungsrelevanten Aufgaben. Es war ausdrücklich nicht vorgesehen, dass es genmanipulierte Pflanzen gibt.

Genmanipulierte Pflanzen strahlen niedrig schwingende Lichtfrequenzen ab, die alles Licht des Lebens belasten und vergiften. Die genmanipulierten Pflanzen haben Kontakt zur Erde, zum Wasser, zur Luft, zum Licht, zu Tieren, zu anderen Pflanzen und zum Menschen. All diese Bereiche sind Teil des göttlichen Planes und haben auf der Erde und über sie hinaus eine schöpfungsrelevante Aufgabe, die Ihr Menschen gar nicht oder nur anfänglich erfasst. Durch die Überbetonung einer wissenschaftlich orientierten Welt hat sich der spirituelle Zugang zum Leben reduziert oder ganz zurückgezogen und lässt so ein Denken und Handeln zu, das zuvor intuitiv abgelehnt wurde.

In diesem Dilemma steht Ihr heute als immer mehr willensorientierte Menschen, die ihr gleichzeitig mit den starken und verändernden Energien des beginnenden Wassermannzeitalters umgehen müsst. Ihr trefft bewusste Entscheidungen für Genmanipulation und wisst gar nicht, was es bedeutet. Jetzt nun dürft Ihr erfahren, was es bedeutet und Ihr werdet dadurch mehr denn je in die Verantwortung genommen, da Euch dieses Wissen über das hier veröffentlichte Buch zur Verfügung steht, aber auch in das morphogenetische Feld implantiert wird und so verstärkt die Gewissenskräfte attackiert, wenn ein Mensch in diesem Bereich, Gott oder eine höchste Schöpferkraft vernachlässigend, denkt, fühlt und handelt.

Genmanipulierte Pflanzen vergiften über das abgestrahlte Licht die Lichtkorridore des Lebens, sie vergiften dadurch die Luft, die von Lichtbändern durchzogen ist. Diese Pflanzen vergiften die Erde, da sie durch die Lichtabstrahlung von verzerrten, irritierten, verklebten Lichtstrahlen aus ihrem Lichtpunkt Mikroorganismen der Erde abtöten und den Boden geradezu verseuchen und ihm jede Regenerationsfähigkeit nehmen. Kommen die Pflanzen mit Flüssen, Seen, Bächen, Grundwasser usw. in Berührung, stirbt auch die lebenstragende Kraft des Wassers. Auch dies geschieht über die Abgabe des Lichtes aus dem Lichtpunkt der Pflanze. Im Umfeld genmanipulierter Pflanzen breitet sich Tod aus in einer bislang noch nicht bekannten Form.

Tiere nehmen das Licht ebenfalls auf und verenden oder sind eingeschränkt in ihrer Lebenskraft (siehe das Bienensterben in den USA).

Andere Pflanzen, werden über das abgestrahlte Licht oder über Fortpflanzungsmechanismen infiziert. Es sind dies biophotonenarme Pflanzen, die ein Licht abstrahlen, das die Monsternekrosefelder auflädt. Isst der Mensch genmanipulierte Früchte bzw. Gemüse, so nimmt er direkt das biophotonenarme, die Monsternekrosefelder aufladende Licht auf und baut seine Lebenskräfte ab.

Fressen Tiere genmanipulierte Pflanzen, so nehmen auch sie das biophotonenarme Licht auf, reduzieren ihre Lebenskräfte und geben reduzierte Lichtkräfte ab. Längerfristig führt diese Nahrung bei Mensch und Tier zur Erhöhung des Aggressionspotentials und zur Entstehung von Krankheiten.

Das Licht genmanipulierter Pflanzen zerstört die heilige Hierarchie der Pflanzen und beeinflusst evolutionäre Prozesse.

Aus geistiger Sicht gibt es nur eine Antwort auf die Genmanipulation von Pflanzen. *Ihr Menschen, lasst die Finger davon.* Höchste geistige Kräfte werden aktiviert, falls dies nicht geschieht und lassen Euch einen Blick in tiefste Abgründe des Lebens werfen.

## Formen von Befruchtung beim Menschen

Durch die Weiterentwicklung der Medizin, die Trennung zwischen Glauben und Verstehen und durch die Emanzipation der Frau sind gerade im Bereich der Fortpflanzung viele neue Methoden entwickelt worden, die ethischen Gesichtspunkten nicht standhalten. Da aber in vielen Ländern ethische Fragen Tabu sind und naturwissenschaftliche Möglichkeiten im Vordergrund stehen, wird gemacht was möglich ist. Der so tätige Mensch ist sich nicht bewusst, was sein Denken und Handeln bewirkt. Dies trifft für die Forscher und Mediziner zu, aber auch für die betroffenen Männer und Frauen, die mit höchstem Schöpfergut, nämlich Ei und Zelle, so umgehen, als seien es Güter aus der Tiefkühltruhe des Lebens, gemäß dem Motto: alles ist erlaubt was machbar ist. Der menschlichen Phantasie sind keine Grenzen gesetzt.

So ist es aber nicht, auch wenn die Folgen des Tuns und Denkens nicht sofort erkennbar sind.

Ei und Samen sind beim Menschen und bei vielen Tieren allerhöchste, auf eine Zelle reduzierte, komplexeste, einmalige und heiligste Schöpferkräfte. In jedem Ei und in jedem Samen ist die gesamte evolutionäre Entwicklung des Menschen implantiert, seine heilige Individualität und seine gottgleiche Fähigkeit der Vermehrung. Im Moment der Befruchtung, bei der Verbindung von Mann und Frau im Genitalbereich der Frau, werden höchste Schöpferkräfte freigesetzt, die sich in dem Moment mit dem Lichtpunkt der ungeborenen Seele verbinden. Es sind dies Kräfte, in denen Gott sich in seiner aus der Einheit gefallenen Vielheit zeigt und neues Leben möglich macht. Dieser Zeugungsakt ist aus geistiger Sicht bewusst in den Genitalbereich der Frau verlegt, damit im Schutz der Dunkelheit und Abgeschiedenheit sowie in der Nähe von Wurzel- und Sexualchakra Kräfte wirken können, die in der Öffentlichkeit oder in einem Reagenzglas nicht zur Wirkung kommen. Es sind dies für das Leben wichtige Kräfte der Erde, aber auch die über die Kundalinikraft wirkenden Kräfte der geistigen Welt, die das werdende Leben unmittelbar beeinflussen. Im Uterus der Frau findet nach dem

Verschmelzen von Ei und Samen ein Verschmelzen von Himmel, Erde, Vater, Mutter und Kind statt. Sofort bilden sich Lichtbänder, sofort wirken höchste geistige Schöpferkräfte und oden das ungeborene, winzig kleine Ei-Samen-Lichtpunktkonglomerat in seiner Einmaligkeit. Auch bei unerwünschten Schwangerschaften geschieht dies, auch bei Vergewaltigungen oder One-Night-Stands. Schicksalhafte Kräfte stehen hinter all diesen Prozessen und machen neues Leben möglich oder führen es in den Tod.

So ist Fortpflanzung nach der Geschlechtertrennung vorgesehen. Sie ist also kein Zufallsprodukt, keine lustige, lustvolle Variante des Lebens, sondern ein höchster göttlicher Wille, der sich auf diese Weise ausdrückt.

In diesem Kontext ist klar, dass nicht alle Frauen Kinder bekommen, die Kinder haben wollen, dass Fehlgeburten geschehen, Kinder und Frauen unter der Geburt sterben und Kinder von Anfang an unterschiedliche Lebensbedingungen anziehen, da der Mensch sich mit schicksalhaften Kräften verbunden fühlt.

Viele neue Formen der Zeugung neuen Lebens wurden durch die Weiterentwicklung der Medizin möglich und vor allem dadurch, dass weltweit die Verbundenheit mit dem Schicksalsgedanken abnahm.

## Wie kann der Mensch jetzt prüfen, was im Einklang mit der Gotteswelt steht und was nicht?

Der Idealfall von Zeugung neuen Lebens ist in der Jetztzeit, der Zeit des Wassermannzeitalters, wenn Mann und Frau sich lieben und bewusst ja sagen zur Geburt eines erwünschten Kindes. Das heißt auch, dass eine Empfängnisverhütung, die gar nicht erst neues Leben entstehen lässt, aus geistiger Sicht erwünscht ist, da es nicht mehr gut geheißen werden kann, wenn viele unerwünschte, gegebenenfalls ohne soziale Bindung gezeugte Wesen das Licht der Welt erblicken. Durch die Überbevölkerung, die u.a. durch viele unerwünschte Kinder entstanden ist, sind Minder-, Mangel-, Angst-, und Schuldpotentiale auf die Erde gekommen, die unter gar keinen Umständen erhöht werden dürfen. Daher ist eine würdevolle, der Frau und dem Mann angepasste Empfängnisverhütung wünschenswert.

Abtreibungen unerwünschten Lebens sind immer ein stärkster Eingriff in die Lebens-, Liebens- und Schicksalsprozesse der beteiligten Menschen. Eine hohe Prüfungsinstanz im Menschen sollte vor einer Abtreibung konsultiert werden. Wenn diese als unerlässlich beschlossen wird, ist eine hygienisch einwandfreie Abtreibung unter Einbindung gewichtiger Rituale und der Huld der geistigen Welt durchzuführen. Noch Jahre nach der Abtreibung ist es ratsam, dass Mann und Frau für die abgetriebene Seele beten. Im Herzen der Frau und des Mannes sollte ein Platz frei bleiben für die abgewiesene Seele. Die die Menschen verbindenden Lichtbänder sind durch gemeinsame Fürbitte und gemeinsames Beten zu lösen, zu durchlichten.

Bei der Zeugung neuen Lebens ist davon auszugehen, dass das genetische Material einer Frau und eines Mannes zur Befruchtung „genommen" wird und die Leibesfrucht von der Frau mit genau diesem genetischen Potential ausgetragen wird. Das heißt, Befruchtungen, die durch die Eier von fremden Frauen möglich werden, sind aus geistiger Sicht abzulehnen. Genauso ablehnenswert sind Befruchtungen, bei denen die Eier einer fremden Frau implantiert werden, die sodann die Leibesfrucht für eine andere Frau, ein anderes Paar, austrägt.

Diese Praktiken werden aus geistiger Sicht abgelehnt, da drei verschiedene genetische Potentiale aufeinander stoßen und sich verschmelzend verbinden. Diese hierbei entstehenden Lichtenergien laden die Monsternekrosefelder im Universum auf.

## Wie sind Zeugungen ausserhalb des weiblichen Körpers im Reagenzglas zu beurteilen?

Grundsätzlich ist dazu zu sagen, dass aufgrund der Evolution im Allgemeinen und des Schicksals des einzelnen Menschen im Besonderen nicht vorgesehen ist, dass jede Frau, jeder Mann mindestens ein Kind im Laufe ihres bzw. seines Lebens zeugen bzw. austragen, gebären, großziehen soll. Allergrößte schicksalhafte Kräfte wirken auch gerade über diesen Bereich des Zeugens von Kindern oder ihres Ausbleibens. Teilweise älteste, wichtige, Inkarnationen alte Beschlüsse wirken bei Unfruchtbarkeit von Mann und Frau oder dem Unvermögen, gemeinsam ein Kind zu zeugen.

Diese Kräfte wirken aber auch dann, wenn Kinder gezeugt werden, die nicht erwünscht sind. Es werden heilige Siegel der Unantastbarkeit erbrochen, wenn beliebig mit diesen heiligen Potentialen umgegangen und manipuliert wird.

So mag vielleicht bei einer Zeugung im Reagenzglas ein körperlich ausgereiftes Kind geboren werden, dem Zeugungsakt jedoch fehlt es an sozialer liebender Interaktion, an Schutz und Dunkelheit in der Gebärmutter und im übrigen Genitalbereich. Es fehlt die seelisch-geistige Wiege des Menschen. Es fehlen Geborgenheitspotentiale, die, das räumen wir ein, auch fehlen, wenn Menschen unerwünscht gezeugt werden. Trotzdem können sich gesunde Lichtbänder entwickeln.

### Was geschieht, wenn Männer ihren Samen ohne soziale und emotionale Beziehung zur Verfügung stellen?

Der Samen des Mannes ist höchste Schöpferkraft und ist in der Lage, neues Leben zu zeugen. Wenn jetzt ein Mann seinen Samen einer sogenannten Samenspenderzentrale oder dergleichen zur Verfügung stellt, vermischen sich dabei meist merkantile mit lebensgründenden Aspekten, ohne dass eine liebende soziale Beziehung zwischen Samenspender und der sich ein Kind wünschenden Frau besteht. Rationale Gründe spielen bei der Auswahl des Samengutes eine Rolle und verdrängen, was beim bewussten Zeugen eines erwünschten Kindes vorrangig ist. Die potentielle Mutter will sich nicht emotional mit dem Spender verbinden und will meistens auch keine emotionale Beziehung des Kindes zu diesem. Für den Spender ist das oft ebenso. Bei der Zeugung des Kindes schießen jetzt Lichtstrahlen zu einer Seele, die genau mit dieser Lichtqualität in Resonanz gehen kann. Das heißt, dass bei derartigen Befruchtungen Seelen angezogen werden, die karmisch verbunden sind mit der Mutter und dem Spender und die bereit sind, eine nicht vorhandene soziale Beziehung zwischen Mutter und Vater sowie eine nicht vorhandene Beziehung zwischen sich und dem Spender auf sich zu nehmen. Es sind natürlich starke Mangelpotentiale, die diese Seele mitbringt und transformieren will, um zu ihrem Seelenheil zu finden. Das, was von den Frauen und Spendern teilweise nur als geringfügiger Mangel angesehen wird, der tatsächliche liebende und anwesende Vater, wirkt sich in der Seele des Kindes als größter Schmerz aus. Bei diesen Formen von Befruchtung entstehen keine Monsternekroseenergien.

Aus geistiger Sicht wird aber der Umgang mit Samenflüssigkeit in dieser Form abgelehnt, da der alles durchdringende Aspekt der Liebe zwischen Mann und Frau fehlt.

Mit den hier aus höchsten geistigen Welten durchgegebenen Texten ist es erwünscht, bewusstseinsbildende Prozesse im vorgenannten Bereich zu fördern und klare Anhaltspunkte für betroffene Männer und Frauen, Forscherinnen und Forscher, Medizinerinnen und Mediziner, Priesterinnen und Priester und andere zu geben.

Im weiteren Verlauf des Wassermannzeitalters werden noch andere Formen der Befruchtung möglich sein. Diese hier durchgegebenen Maßstäbe sind auch dann gültig.

Ergänzend, klärend und mit großer Eindeutigkeit weisen wir auch für andere Bereiche des Lebens darauf hin, dass es höchst gefährlich und mit größten Auswirkungen negativster Art für die Menschheit verbunden ist, wenn drei verschiedene genetische Potentiale vermischt werden (z.B. bei Befruchtungen).

Das gilt auch, wenn menschliches und tierisches genetisches Potential vermischt wird oder Stammzellen von ungeborenem oder geborenem Leben manipulativ implantiert werden, um Krankheiten zu behandeln. Zu einem späteren Zeitpunkt werden wir hierzu weitergehendes Wissen zur Verfügung stellen.

Ebenso ist es auch nicht im Sinne der Schöpfung, dass befruchtete menschliche Eier tiefgefroren im Gefrierfach lagern und, sobald Menschen Interesse an einem Kind mit den Potentialen bestimmter Eltern haben, einer fremden Frau implantiert werden, die dann die Leibesfrucht austrägt und großzieht.

Auch hier vermischen sich genetische Potentiale von drei Menschen. Es entsteht Licht, das die Monsternekrosefelder auflädt.

Abgelehnt wird ebenfalls, auch wenn kein Licht im Monsternekrosefeld entsteht, wenn befruchtete Eier auf „Eis" gelegt und zu einem beliebigen Zeitpunkt der Frau (der leiblichen Mutter) implantiert werden.

## Forschung mit Stammzellen

Die Forschung mit Stammzellen ist bei Euch Menschen in vielen Ländern zu einer Alltäglichkeit geworden. Alles, was an genetischem Material erreichbar und verfügbar ist, wird mit allergrößtem Interesse in die medizinische und biochemische Forschung hineingezogen. Dabei ist aus geistiger Sicht feststellbar, dass ein bestimmter ehrgeiziger Menschentyp an dieser Forschung besonders interessiert ist. Wir wollen nicht abstreiten, dass es den beteiligten Menschen auch um das Heilen von Krankheiten, das Behandeln von Behinderungen und das Lindern von Leid geht. Aber bei fast allen Männern und Frauen ist dieser nach außen hin überwiegend vermittelte Wunsch gepaart mit Wesenszügen, die sich mit Ruhm, Ehre, Geld und Macht verbinden. Ihr wisst selbst, dass trotz eingebauter Kontrollsysteme „schwarze Schafe" lange und unbehelligt ihre Arbeit betreiben und Inhalte veröffentlichen konnten, die nicht der Wahrheit entsprachen. Sie wurden trotz ihres bewusst herbeigeführten Betrugs geschützt und weiter idealisiert, obwohl längst erkennbar war, welch negatives Gedankengut hier vorherrschte.

Der Mensch, das Tier, die Pflanze, sie waren auch bereits vor ewigen Urzeiten für den Menschen interessant, im Detail untersucht zu werden. Auch da ging man nicht immer behutsam und ethisch einwandfrei vor. Aber durch die neuen technischen Möglichkeiten und das fortgeschrittene Wissen dringt der Mensch in Bereiche vor, die ihm verschlossen bleiben sollten.

Schwer erkrankten Menschen werden in einigen Ländern, in bestimmten Kliniken, embryonale Stammzellen gespritzt.

Wie Ihr Menschen Euch denken könnt und nach dem Lesen dieses Buches wissen müsst, ist es aus geistiger Sicht nicht erwünscht, dass embryonale Stammzellen in andere Menschen gespritzt werden. Bei derartigem Handeln entsteht monsternekrotisches Licht, abgestrahlt durch die Forscher bzw. Mediziner und durch die Patienten. Auch wenn diese kurzfristig Erleichterung und neue Möglichkeiten der Daseinsbewältigung erfahren, ist ihr Lichtsystem verseucht. Siegel anderer Art werden gesetzt und machen ihnen das Leben schwer.

Jeder Forscher und jede Forscherin, jeder Mediziner und jede Medizinerin, jeder Patient und jede Patientin weiß über das eigene Hohe Selbst, dass Grenzen überschritten werden und hat sich bewusst dafür entschieden.

Aus geistiger Sicht gibt es keinen Unterschied zwischen embryonalen und adulten Stammzellen, die für forscherische und experimentelle Zwecke verwendet werden sollen. Es ist genetisches Potential, jener Bereich, der dem Menschen verschlossen bleiben sollte.

Beim Umgang mit diesen Potentialen entsteht immer monsternekrotisches Licht.

Wir raten und empfehlen Euch: Lasst die Finger davon.

# Klonen

Nach dem Lesen dieses Buches und im Kontakt mit Eurer inneren Stimme wisst Ihr, dass aus geistiger Sicht das Klonen von Tieren bzw. Menschen abgelehnt wird.

Während des Klon-Prozesses bildet sich bei den damit beschäftigten Menschen monsternekrotisches Licht und geklonte Tiere strahlen monsternekrotisches Licht ab.

Bisher habt Ihr nur Tiere geklont. Bei den Tieren wurde der Lichtpunkt, der das Wesen des Tieres, seine Vorlieben und Lebensgewohnheiten enthält, energetisch völlig verschmiert. Der Lichtpunkt strahlt verseuchtes, niedrigst schwingendes Licht ab und belastet die Gruppenseelenpotentiale aller Tiere. Nicht nur die Tiergruppenseele des geklonten Tieres wird verseucht. Auch die Tiergruppenseelen anderer Tiere.

Lasst die Finger davon und widmet Euch einer an der Ethik des Lebens orientierten Forschung. Klonen, das naturbedingt stattfindet, ist schöpfungskonform.

Chimären, also durch Verschmelzung von Embryonen erzeugte Individuen, lehnen wir ab.

Wir möchten an dieser Stelle nochmals ausdrücklich kundtun, dass die göttliche Welt alles Denken und Tun des Menschen, welches zum Ziel hat, menschliches und tierisches genetisches Material zu verbinden, in jeder Form ablehnt. Es hat schlimmste Folgen, wenn der Mensch sich in dieser Form mit Tieren und ihrem Zellmaterial verbindet.

Ihr Menschen der Jetztzeit durchschaut nicht, was dieses Tun bewirkt. Wir lassen es Euch durch das Niederschreiben dieser Texte wissen. Es entsteht monsternekrotisches Licht im Universum. Die Forscher, Mediziner und die Patienten, die diese Zellgebilde erstellen oder implantiert bekommen, produzieren monsternekrotisches Licht.

Die Lichtsubstanz im behandelten Menschen und bei den benutzten Tieren ist verschmutzt. Der Umfang von Missbildungen bei Mensch und Tier erhöht sich.

Wir verkünden es mit aller Schärfe: Ihr Menschen, lasst die Finger davon. Abgründe tun sich auf.

## Globalisierung

Die Globalisierung ist Ausdruck des Wassermannzeitalters auf der Erde. Seit ewigen Zeiten war es für die Entwicklung allen Lebens vorgesehen, dass zu Beginn des Wassermannzeitalters die hohen Kräfte der Verwandlung bewirken, dass aufgrund neuer Kommunikationsmittel, eines erweiterten Bewusstseins und eines tiefen Eindringens in die Materie, weltweites Geschehen neu gestaltet wird.

Wie Ihr aus der Quantenphysik und nach dem Lesen dieses Buches wisst, ist alles miteinander verbunden. Alles Leben wird impulsiert und nach einer individuellen Zeit des Seins wieder in Todesprozesse hineingeführt. Nichts ist ewig, alles ist der Veränderung, der Verwandlung unterworfen. Die Zeit, in der Ihr jetzt lebt, zeichnet sich besonders aus durch eine Abnahme gottgefälligen Denkens, Fühlens und Handelns, einer Zunahme von Gewalt, Egoismus, Habgier, Macht- und Ruhmespotentialen und ganz allgemein gesagt durch eine Abnahme der Liebeskräfte. Nach dem Lesen dieses Buches wisst Ihr, was dies bedeutet. Parallel dazu wachsen besonders die Bewusstseinskräfte und führen den für die genannten Bereiche anfälligen Menschen verstärkt in einen Wahn von Gottgleichheit. All dies geschieht in einer ungewollten, äußerst negativen, lebenszerstörenden Art. Was heißt das, bezogen auf die Globalisierung?

Aus geistiger Sicht ist erwünscht, dass die Menschen auf der Erde in ihrer Individualität, ihrer ethnischen, religiösen, spirituellen, sozialen, politischen und emotionalen Verschiedenheit auf einer hohen Bewusstseinsebene begreifen, dass sie alle auf einer Erde leben, eine Luft einatmen, ein Wasser trinken und eine Verantwortung für das Wohlergehen aller Menschen haben. Diesbezügliches Wissen ist anfänglich da, das hieraus folgende ethische, sozialaktive, spirituell respektvolle und vor allem unterstützende Handeln bezüglich aller Menschen ist jedoch geradezu rudimentär entwickelt. Das hat zur Folge, dass weltweit in großer Hast und Eile darüber nachgedacht wird, wie der einzelne Mensch, wie die Fabrik, das Unternehmen, das Land, die Nation möglichst schnell zu möglichst viel Reichtum kommt und so dem anderen, langsameren, dem weniger geschäftstüchtigen oder gescheiten und gerissenen Menschen meilenweit voraus ist. Dabei werden seit geraumer Zeit Fragen des Umweltschutzes missachtet, auch wenn jeder einigermaßen entwickelte, denkende Mensch sehen kann, dass dieses Denken und Handeln bei weiterer Praktizierung nicht nur in eine Klimakatastrophe, sondern in eine weltweite Katastrophe menschlichen, tierischen und pflanzlichen Lebens führt.

Wir begrüßen sehr, gerade an dieser Stelle, dass Politiker, private Männer und Frauen, aber auch Organisationen mit menschenwürdigen Ansprüchen an das Leben, sich stark machen für ein Umdenken, Umfühlen und Umhandeln. Die innere Haltung des Menschen muss sich verwandeln. Aus geistiger Sicht ist für diesen Paradigmenwechsel, der so oder so kommen wird, ein totales Loslassen von Atomforschung und ihrer Anwendung und ein Loslassen von Genforschung und Genmanipulation bei Menschen, Tieren und Pflanzen erforderlich.

Die kontinuierlich ansteigende Schwingung auf der Erde, im Menschen, in Tieren und Pflanzen und im Universum lässt dieses Tun nicht zu. Ihr wisst, dass durch diese Tätigkeiten Monsternekrosefelder entstehen und höchste Liebes-Friedenspotentiale im Universum „auffressen“.

Mit dem Niederschreiben dieser Inhalte und der Veröffentlichung dieses Buches ist die Schwingung weltweit um ein Erhebliches gestiegen, so dass die Menschen an ihrer inneren Stimme sehr frühzeitig spüren können, wie verhängnisvoll weiteres Forschen und Anwenden in den beiden vorgenannten Bereichen ist. Der sich von seiner inneren Stimme abwenden wollende Mensch wird jetzt und zukünftig verstärkt mit geistigen, seelischen, körperlichen, Kräften, die sich in seinem nahen Umfeld befinden, konfrontiert sein. Sie spiegeln ihm unmissverständlich, dass er sich auf dem falschen Weg befindet und dass er die volle Verantwortung für sein Denken, Fühlen und Handeln übernehmen muss.

Die positiven und negativen Kräfte der Globalisierung stehen sich wie zwei Waagschalen gegenüber. Ihr Menschen habt allergrößte Möglichkeiten, zu bestimmen, wie das Leben auf der Erde weiter verlaufen soll.

Wenn Ihr Menschen nicht einen radikalen Gesinnungswandel vollzieht und vorgenannte Auffassungen, Überzeugungen und Handlungen lasst, werden höchste geistige Gotteskräfte, die den Daseinsgrund allen Seins bilden, größte Katastrophen in Form von Umweltzerstörung, in Form von Klimakatastrophen und in Form von Armut, Krankheit und Leid über Euch hereinbrechen lassen.

Euch ist der freie Wille gegeben. Ihr dürft ihn aber nicht willkürlich in allen Bereichen ausleben. Ihr seid erwählte Geschöpfe mit einem besonderen Auftrag auf der Erde. Die evolutionsmäßige Entwicklung allen Lebens wird weitergehen, so oder so. Entscheidet Euch!

Der weltweite bedrohliche Terrorismus kann nur von der Wurzel her transformiert werden, wenn Atomforschung und ihre Anwendung, Genforschung und ihre Anwendung, eingestellt werden.

Prüft jetzt durch Eure innere Stimme, ob Ihr mit diesen Aussagen in Resonanz gehen könnt.

Wir segnen Euch und behüten Euch. Wir lassen unser Angesicht leuchten über Euch, wir heben unser Angesicht auf Euch und wir geben Euch Frieden. Amen.

# Weltwirtschaftskrise

Die Weltwirtschaftskrise in der jetzigen Form ist erforderlich, um eine neue Ordnung, eine neue Form des menschlichen Miteinanders, und ganz allgemein eine andere Haltung dem Leben und Sterben gegenüber zu realisieren. In den zurückliegenden Jahren haben sich auf der Erde und in den Menschen verhängnisvolle Ungleichgewichte entwickelt, die so stark waren, dass sie alles Leben hätten zerstören können. Nicht nur im Umgang mit Geld, auch im Umgang mit Ressourcen, im Umgang mit anderen Menschen, auch mit Tieren und Pflanzen haben sich immer mehr Wesenszüge bei den Menschen herausgebildet, die einer dringenden Korrektur bedurften. In gewissen Kreisen, die teilweise sehr angesehen sind, hatte und hat sich ein Denken breitgemacht, das nicht nur als respektlos, sondern als menschen- und lebensverachtend zu bezeichnen ist. Diese so genannte Weltwirtschaftskrise reißt ein, was einer dringenden Neugestaltung bedarf. Die Krise stellt aus geistiger Sicht eine Zäsur dar. Auf diese Weise wird das Bewusstsein erhöht. Die gigantischen, unrealistischen und jeder Grundlage entbehrenden Geldströme sollten gestoppt werden und der Mensch an dieser weltweit sich auswirkenden Störung mehr mit seinen Liebes-Friedens-Bewusstseinskräften in Kontakt kommen. Eine Verlangsamung der Prozesse ist eingetreten, eine Erhöhung des Bewusstseins nur in geringem Umfang. Bezüglich der größeren Liebes-Friedens-Bewusstseinskräfte wisst Ihr selbst, dass man nicht von einem wirklichen Erfolg sprechen kann. In so kurzer Zeit ist dies auch nicht möglich, aber ein Anfang ist getan.

Unverzichtbar gehört ein Umdenken im Atomanwendungs- und Atomforschungsbereich, im genmanipulierenden Bereich und bezüglich der Befruchtung mit drei genetischen Potentialen beim Menschen dazu. Es ist ein sehr komplexer Prozess, nicht nur aus wirtschaftlicher Sicht. Er muss aus komischer Sicht betrachtet werden und hängt mit den hohen Energien des beginnenden Wassermannzeitalters zusammen. Der immer mehr in die Individualisierung und Selbstüberhöhung gehende Mensch wird, egal an welchem Ort er sich befindet und wo er steht, in seiner sozialen Kompetenz hinterfragt. Er wird durch Leid, Not, Krankheit, Arbeitslosigkeit, Vereinsamung und ganz allgemein gesagt, Lieblosigkeit, sein Wesen allmählich mehr und mehr erkennen und verwandeln können. Kein Mensch auf der Erde wird sich in den nächsten Jahren und Jahrzehnten diesen Prozessen entziehen können, mögen sie auch noch so unterschiedlich und differenziert sein. So verbindet den naturverbunden lebenden Einsiedler und den an der Börse agierenden Investmentbanker das gleiche morphogenetische Feld mit der Herausforderung, mehr in die Liebe, in das Teilen und ins Unterstützen zu kommen. Auch die destruktiven Kräfte des weltweiten Terrorismusnetzes werden mit diesen Energien konfrontiert sein. Das Aufbäumen dieser Kräfte wird ein Zusammenrücken der gesamten Menschheit zur Folge haben und aus geistiger Sicht diesem Tun immer mehr den Boden entziehen. Das wird nicht von heute auf morgen gehen. Es wird nicht ohne eine große Anstrengung der Menschheit kommen. Es wird kommen, wenn Ihr Menschen Euren seit ewigen Zeiten vorgesehenen Beitrag leistet.

Nun ist die Frage, wie die Energien eingesetzt werden sollen, die zurzeit durch Forschung und Anwendung im Gen- und Atombereich gebunden werden, wenn die Menschen in diesen Bereichen nicht mehr tätig sein wollen.

Wie Ihr nach der Lektüre dieses Buches wisst, bildet sich monsternekrotisches Licht beim Umgang in den vorgenannten Bereichen. Es ist das entscheidende Kriterium, um dieses Tun des Menschen abzulehnen und so stabilisierende Kräfte für die Abnahme des Terrorismus und der Probleme im Klimabereich zu aktivieren und das ganz normale Leben auf der Erde mit seinen Ups and Downs zu erleichtern.

Die großen Hoffnungen, die von Forschern im Genforschungsbereich verkündet werden, sind unrealistisch, da sie die tatsächlichen Möglichkeiten der Lebensveränderung nicht berücksichtigen. Das Leben, beginnend mit der DNA, wird außerordentlich und besonders nachhaltig dadurch verändert, dass das genetische Material von Mensch, Tier und Pflanze massiv verunreinigt wird (siehe als Auswirkung der Aussaat von genmanipuliertem Mais das Bienensterben in den USA).

Der vermeintliche Schluss, durch die Forschungen schwerste Erkrankungen beim Menschen heilen zu können, ist unrealistisch, da bei dieser Art Forschung und Anwendung nicht das erforderliche Lichtpotential entsteht, das aber für Heil und Segen versprechende Behandlungen erforderlich ist.

Es wird revolutionäre Verbesserungen der Heilkunst geben. Sie werden sich aber nicht über Genmanipulation und das entsprechende Forschen, auch im Chimärenbereich, ergeben.

Revolutionäre Heilungschancen werden dem Menschen gnadenvoll geschenkt und entstehen überall dort wo er sein Verhalten zu mehr Liebe, Teilen Spiritualität hin verändert, Bewusstsein entwickelt und Verantwortung für das Leben weltweit übernimmt. Die erforderlichen Heilkräfte, durch fachkompetente Menschen übertragen, entstehen bei spirituell gegründeten Behandlungen. Sie können telepatisch übertragen oder über Gebet und Fürbitte erbeten werden.

Ihr schüttelt den Kopf, weil Ihr es Euch nicht vorstellen könnt oder meint, dass die Zeit dafür noch nicht reif sei? Ihr täuscht Euch! Es finden zurzeit und zukünftig allergrößte Lichtprozesse im Universum, auf der Erde und im Menschen statt, die ein anderes Denken, Fühlen und Handeln verstärken und bereits in der nächsten Generation all dies mit größter Selbstverständlichkeit leben lassen.

Die Veröffentlichungen in diesem Buch beschleunigen diese Prozesse. Richtig ist, dass im Augenblick noch wenig Neigung besteht, den in Atom- und Genforschung eingeschlagenen Weg abzubrechen, abzukürzen oder abzulehnen.

# HEILUNG UND HEILMETHODEN

## Für Heiler und Menschen, die heilerisch tätig sein möchten

Aus der jahrtausendealten Heilkunst aller Kulturen ist Euch bekannt, dass sich parallel zur Entwicklung der Menschen auch ihre Heilkunst weiterentwickelt hat. Jetzt ist wieder eine Zeit angebrochen, in der weitergehende Formen der Heilung entwickelt werden und schon vorhanden sind.

Dem Wesen des Wassermannzeitalters und dem Weg des Menschen hin zu immer mehr Bewusstsein entsprechend, entwickeln sich vor diesem Hintergrund Möglichkeiten der Heilung, die erst jetzt gedacht und ausgeführt werden können. Sie sind extrem feinstofflich, im Zweifel nicht anfassbar, nicht messbar, nicht sichtbar, nicht riechbar, nicht wägbar. Das heißt, dass der Heil und Segen suchende Mensch neue Vertrauenspotentiale aktivieren muss, um sich überhaupt in die Hände eines heilkundigen Menschen mit diesen Möglichkeiten begeben zu können. Gleichzeitig ist der Heiler durch einen viel anspruchsvolleren Ehrenkodex gehalten, seinen Möglichkeiten und Schwächen klar ins Auge zu sehen und mit größter Ehrlichkeit mit seinen Klienten umzugehen. Das heißt, dass die Lebensverhältnisse des Heilers, als der Spiegel seines Inneren im Außen so beschaffen sein müssen, dass sie in Resonanz gehen können mit dieser weiter- und sehr hoch entwickelten Heilkunst.

Wir bitten Euch, geht innerlich um mit diesen Aussagen und den folgenden Informationen und prüft Euch als Klienten und Heiler, inwieweit Ihr authentisch mit ihnen seid.

Es gibt Quellwasser, das besonders geeignet ist als Heilwasser.

Alle sauberen Quellwasser haben eine hohe Durchlichtungsqualität, sind also biophotonenreich und bilden unterschiedliche, aber immer harmonische und ästhetische Kristalle. Dieses normale Quellwasser ist immer ein gutes Trinkwasser und nährt Mensch, Tier und Pflanze und natürlich auch die Erde. Da es über das Licht von Mensch, Tier und Pflanze abgestrahlt wird, durchlichtet es in positiver Form das gesamte Universum und auch den Erdlogos.

Wie unterscheidet sich nun ein Lichtkristallwasser von einem Quellwasser, das erwiesenermaßen auch ein starkes Heilwasser ist?

Dr. Ciccolo, die italienische Biologin, hat festgestellt, dass die unterschiedlichen Lichtkristallwässer von heiligen Quellen bevorzugt mit einem der drei Keimblätter, also den ersten Strukturen menschlichen Lebens, in Resonanz gehen. Sie durchlichten jeweils den dem Keimblatt zugeordneten Bereich, reinigen und energetisieren ihn und erhöhen immer auch die Selbstheilungskräfte und stärken das Immunsystem.

Das Wasser sprudelt als qualifiziertes Heilwasser dort aus der Erde und dem Gestein, wo zuvor eine Lichtsäule oder Lichtverwirbelung über längere Zeit transformierend gewirkt hat. Die Lichtsäule oder Lichtverwirbelung hat abgestandene Energien ins Universum transformiert und gesunde, lichte, hoch frequente Energien auf die Erde geholt. Häufig haben dann die Menschen die Heilkraft des Wassers wahrgenommen, es geschöpft, in Dankbarkeit gebetet und Gott oder einer höchsten Schöpferkraft Ehrfurcht erwiesen. Dadurch wurde der Platz, die Quelle immer energetischer und hat diese Liebes-Friedenskräfte an das erdweit existierende Leyliniennetz abgegeben.

Häufig wurden und werden zu diesen Quellen Wallfahrten durchgeführt, so dass sie immer mehr im Bewusstsein der Menschen leben und sich um sie ein Mythos von Heil und Segen rankt. Der Heil und Heilung suchende Mensch geht in tiefer Devotion dorthin und erlebt bereits dadurch ein Anheben der Lichtkraft in seinem Körper. Quellen, Heilquellen und Wasserreservate in der Erde sind allesamt Plätze, die besonders geschützt und behutsam „gepflegt“ werden sollten.

Ganz allgemein gesagt ist Wasser ein höchstes, heiliges, Leben spendendes Gut, das allen Menschen, Tieren und Pflanzen zur Verfügung stehen soll und nicht kommerzialisiert werden sollte.

Schöpfungskristallwasser ist Wasser in allerhöchster Lichtfrequenz und kann nur von sehr wenigen Menschen hergestellt werden.

Dieses höchst durchlichtete Schöpfungskristallwasser darf auf die Erde geträufelt werden, um dort höchste Durchlichtung zu bewirken, allerdings nur von den Menschen, die es hergestellt haben.

Das Benetzen der Erde, des Wassers, der Gebäude, etc. sollte immer mit der Fürbitte um Liebe, um Frieden, um Heilung verbunden werden.

Was geschieht nun bei der Durchlichtung des Schöpfungskristallwassers?

Das gute Quellwasser wird durch das Gebet und die Fürbitte des Heilers mit höchstfrequentiertem Licht aufgeladen. Dieses Licht hat kristalline Anteile in sich. Das heißt, dem Heiler steht neben dem Licht der normalen Chakren bereits das Licht des 1. Erdchakras (braun/rot/schwarz), das Licht des 1. kosmischen Chakras (silbrig-gold) und das Licht des 2. kosmischen Chakras (kristallin) zur Verfügung. Er hat als so qualifizierter Heiler also die Möglichkeit, okkulteste „Orte" der geistigen Welt aufzusuchen und dieses dort gespeicherte Wissen anderen Menschen zugänglich zu machen.

Schöpfungskristallwasser beinhaltet neben dem ehemals normalen Quellwasser, allerhöchste Lichtanteile, die sich beim Beträufeln und beim Besprühen sofort mit dem Licht des morphogenetischen Feldes verbinden. Das Licht aus dem Wasser verbindet sich mit Lichtgeschwindigkeit mit dem Licht des Lebens. Dieses Licht durchströmt sodann die Erde, das Wasser, alles Gegenständliche und überträgt gleichzeitig kristalline Formen, die den Kristallen in einem guten gebräuchlichen Wasser ähneln, auf alles Leben.

Das heißt, alles was lebt und webt, was Lichtanteile in sich hat, wird energetisiert und lichter.

Schöpfungskristallwasser ist Teil der Instrumentarien der göttlichen Welt, um die Transformation von belastenden Sachverhalten zu ermöglichen, zu beschleunigen und Leben zu durchlichten.

Schöpfungskristallwasser kann nie maschinell oder von nicht höchst entwickelten Heilern hergestellt werden.

Die Homöopathie ist, wenn sie richtig angewandt wird, eine heilige und gottgewollte, gegenständlich irdische und spirituell heilende Form der Einflussnahme auf das Energiesystem von Mensch, Tier und Pflanze.

Ihr Begründer Samuel Hahnemann war medial und sehr spirituell. Dadurch war es ihm möglich, zur rechten Zeit und am rechten Platz seine Studien zu betreiben und eine neue, damals revolutionäre Heilkunst zu kreieren. Es ist der verfeinstofflichte Weg vorheriger priesterlich-schamanistischer Heilwege. Vorläufer waren Erkenntnisse in der Pflanzenheilkunde, Stein- und Metallheilkunde und ein Wissen bezüglich der Heilkraft von Tieren.

Hahnemann löste es aus seiner magischen Gebundenheit mit Medizinmann, Schamane, Hexe, Zauberer. Gleichzeitig erkannte er die beginnenden Irrwege des schulmedizinischen Erkenntnisweges und hatte erste naturwissenschaftliche Ansprüche und Vorgehensweisen. Er ist ein Vorreiter in die neue Zeit hinein und hat einen wichtigen Schritt geleistet zu einer von magischen Kräften befreiten Heilkunst, die sich dem Geist zuwendet und einer klaren intellektuellen Kraft der sich entwickeln wollenden Menschheit.

### Wie funktioniert Homöopathie auf der feinstofflichen Ebene?

Ihre Wirkungskraft ist mit der Heilkraft von Heilsteinen und Heilpflanzen vergleichbar. Alles ist Licht. Jede Pflanze, jedes Tier, jeder Stein, jeder Mensch ist Licht. Das Licht ist z.B. bei einer Pflanze sehr verschieden im Blatt, in der Blüte, der Wurzel, im Saft, und doch ist es zusammengenommen ein bestimmtes Licht, was alle Pflanzen einer Art gemeinsam haben.

Das bedeutet nicht, alle Nelken haben das gleiche Licht, aber alle Nelken der gleichen Art.

Bei Metallen und Steinen wird die Lichtkraft durch die Art, also

Eisen, Kupfer, Amethyst, Rubin, etc. bestimmt und durch den Entstehungsplatz. Die Erdenergie spiegelt sich wider im Metall und im Stein. Der Entstehungsplatz von Metall und Stein bringt die Höhe der Schwingung in einem bestimmten Lichtradius zum Ausdruck. Daher haben Heilsteine eine unterschiedliche Heilkraft. Bei Metallen ist es ebenso.

Auch bei der Pflanze ist der Standort von besonderer Bedeutung und bestimmt ihre Strahlkraft neben den individuellen Unterschieden in den Teilen der Pflanze oder des Baumes.

Bei Tieren wirkt sich der Platz, an dem das Tier lebt, nicht so gravierend aus. Das Tier ist insofern bereits ungebundener von der Erde als die Pflanze, der Baum, der Stein und das Metall. Alle Körperteile des Tieres haben unterschiedliche Lichtfrequenzen. Die Organe sind Zellhaufen, die als solche eine Lichtfrequenz haben.

Der Mensch hat einen Lichtkörper. Jede Zelle kommuniziert mit der anderen über Licht. Blut, Lymphe, Knochen, Haare, Nägel, Haut, Bindegewebe, Leber, Niere, Milz, Gebärmutter, etc. haben ihre eigene feinstoffliche Lichtfrequenz und alles zusammen ergibt das spezielle menscheneigene Licht, wobei jeder Mensch sein ganz eigenes spezifisches Licht hat.

Wenn jetzt homöopathische Heilmittel oder Metalle, Steine, Pflanzenteile, heilen sollen, so muss eine Lichtresonanz zwischen den Lichtanteilen der erkrankten menschlichen Zelle mit dem Heilmittel eintreten. Eine allergrößte Zahl von Möglichkeiten des Inresonanzgehens eröffnet sich jetzt. Da jeder Mensch sein eigenes Licht hat, ist es eine herausgehobene Aufgabe des Therapeuten, das genau richtige Heilmittel herauszufinden, welches in Resonanz gehen kann und Linderung, Gesundung oder gar Heilung bringt. Je feinstofflicher die Heilmittel, desto mehr wirken sie auf geistiger oder seelischer Ebene.

Einzelne homöopathische Mittel gehen in Resonanz mit unterschiedlichen Zelllichtfrequenzen, so dass sie bei unterschiedlichen Erkrankungen helfen können. Die durch die Erkrankung, den Unfall, die Störung reduzierte Lichtkraft in der Zelle, geht in Resonanz mit der speziellen Lichtkraft im Heilmittel und nährt sich daran, dockt sich an und bekommt Selbstheilungsimpulse auf geistiger Ebene. Die Homöopathie impulsiert, wenn sie richtig bestimmt und potenziert ist, die Selbstheilungsprozesse des Menschen. Sie stärkt das Immunsystem und durchlichtet, als wesentlichsten Punkt, den ganzen Menschen. Die niedrigen Potenzen wirken bevorzugt auf den Körper, höhere Potenzen auf Geist, Seele und Hohes Selbst des Menschen.

Jetzt, zu Beginn des Wassermannzeitalters, verändern sich auch die Behandlungsmöglichkeiten mit Homöopathie. Die zu verabreichenden Potenzen werden höher und die Vielfalt der erforderlichen Heilmittel größer. Das bedeutet: Die Homöopathie geht in Resonanz mit den Gegebenheiten des neuen Zeitalters. Homöopathie ist ideal geeignet, die Bewusstseinsentwicklung des Menschen zu fördern und dabei gleichzeitig seine Selbstheilungskräfte zu stärken. Die Homöopathie wird in diesem Zusammenhang ausdrücklich als aus geistiger Sicht erwünscht bezeichnet, was nicht ausschließt, dass in besonderen Situationen durchaus chemische Medikamente zu verwenden sind. Auch hier ist der freie Wille des Menschen entscheidend.

## Lichtkristallwasser und Homöopathie –

## Lichtkristallwasser und Chemie

Lichtkristallwasser und Homöopathie sind energetische Heilmittel, die in ihrer Wirkungsweise und Substanz naturwissenschaftlich nicht erfasst und nachgewiesen werden können. Es sind beides in erster Linie energetische Heil- und Transformationsmittel, die das Immunsystem des Menschen stärken und krankmachende, schöpfungsreduzierende, handlungshemmende Kräfte transformieren. Das heißt, sie wirken vor allem im Bereich zerstörerischer Gefühle, Empfindungen und Gedanken. Dadurch stärken sie das körperliche Wohlbefinden, stärken das Immunsystem, heilen tiefsten und ältesten Schmerz, führen in die Ganzheit von Körper, Geist und Seele. Sie ermöglichen dem Menschen, da seine Gefühls- und Gedankenwelt transformiert wird, ein Loslassen von Blockaden, die ihn von Gott und der Schöpfung entfernt haben. Das heißt, diese Substanzen, die vor allem Licht transportieren, sind Heilmittel, die in der Hand fähiger Heiler und veränderungswilliger Menschen Transformation in eine andere Lichtwelt bewirken.

Lichtkristallwasser und Homöopathie können zusammen eingenommen werden. Sie haben eine Wurzel und ein Ziel. Sie haben ihren Ursprung in der göttlichen Welt und wollen den Menschen in die göttliche Welt führen. Es sind beides hochenergetische Liebes-Friedens-Bewusstseinssubstanzen, die gerade in der jetzigen Zeit besonders wichtig sind und Heilung herbeiführen können.

Lichtkristallwasser kann auch im Verbund mit chemischen Medikamenten eingenommen werden. Es reduziert dann die sogenannten Nebenwirkungen, durchlichtet den Körper, die Seele, den Geist des Menschen und ist dabei ebenfalls liebes-friedens-bewusstseinsbildend, möglicherweise gar heilend, wenn der Mensch sein Leben spiritualisiert, sozialaktiver wird und Gott oder eine höchste Schöpferkraft verehrt.

Lichtkristallwasser lässt sich immer anwenden. Immer, wirklich immer, hebt es die Schwingung an und eliminiert dadurch niedrigste Lichtfrequenzen.

Lichtkristallwasser energetisiert auch die Erde, das Wasser, das gesamte Universum.

Das Lichtkristallwasser, von dem wir hier sprechen, kann nie maschinell abgefüllt werden. Es muss durch die Hände höchstentwickelter Heiler gehen und durch die Herzenskräfte eben dieser Menschen „genährt" sein.

Lichtkristallwasser kann man aber auch schon jenes Wasser nennen, das naturgegeben hoch frequentierter „strahlt", weil es von Menschen bebetet, mit harmonischer Musik beschallt oder liebend besungen wird (siehe hierzu auch die Bücher von Masaru Emoto). Da fängt bereits die heilende Wirkung des Lichtkristallwassers an.

Das Lichtkristallwasser, welches als Instrumentarium der göttlichen Welt zur Unterstützung der Menschen im Wassermannzeitalter angesehen wird, ist jedoch ein besonderes Heilwasser und mit den schicksalhaften, sehr individuellen Anteilen des Menschen verbunden, der das Wasser einnimmt.

## Bachblüten

Bachblüten sind ein feinstofflliches Heilmittel, das nicht nur auf die Seelenkräfte, sondern auch auf die Kräfte von Geist, Bewusstsein, Ich und Hohem Selbst wirkt. Bachblüten erhöhen die Schwingung im Menschen, in seiner Aura und energetisieren seine Ausstrahlung. Sie transformieren Gefühle und Empfindungen und haben also einen ähnlichen Wirkungsansatz wie die Homöopathie und das Lichtkristallwasser. Bachblüten sind demzufolge auch bei der Behandlung von Depressionen und flankierend bei der Gabe von allopathischer Medizin zu empfehlen. Das Entscheidende ist die richtige Auswahl der Essenzen und eine sich entwickelnde Hinwendung des Menschen zur geistigen Welt.

Bachblüten sind auch bei der Behandlung von Tieren sinnvoll. Da wirken sie bezüglich der Lebenskräfte und der Gruppenseelenkräfte. Sie reinigen „schleimige" Ablagerungen, die durch Umweltgifte und Genmanipulation entstehen. Diese Wirkung ist auch bezüglich des Menschen festzustellen. All das ist noch nicht naturwissenschaftlich zu erfassen. Zurzeit ist es wichtig, als Mensch Vertrauen zu entwickeln und sich selber zu betrachten, um die Auswirkungen der Bachblüten festzustellen. Tiere sollten ebenfalls von den Menschen beobachtet werden, wenn sie Bachblüten erhalten.

Das Herz ist in Verbindung mit dem Liquor und dem Gehirn das spirituelle Zentrum des Menschen. Das Herz ist energetisch mit allen Zellen verbunden, sowohl beim Menschen als auch bei den Tieren. Das Herz hat eine Pumpfunktion, wodurch Ihr der Einfachheit halber diesen heiligen Muskel Pumpe nennt. Wie Ihr euch vorstellen könnt, trifft das natürlich in keiner Weise den Kern der Sache, geschweige denn die herausgehobene Bedeutung des Herzens. „Man sieht nur mit dem Herzen gut", diese weise Aussage von Saint-Exupery lässt schon mehr vermuten, was das Herz ist.

In Symbiose mit dem Herzen befinden sich das Herzchakra und das Herznebenchakra. Dies sind die energetischen Lichträder, die das Herz unbedingt braucht, um gesund arbeiten zu können. Über die Chakren werden Lichtenergien aufgenommen, die das Herz erst zum Herzen machen. Das aufzunehmende Licht transportiert alle Informationen der nahen und weiten Umgebung zum Herzen und lässt es ruhig schlagen, aufgeregt hasten, vor Schreck erstarren oder langsam dahindämmern. Das Herzchakra und auch das Herznebenchakra nehmen also wichtigste Informationen aus der Umgebung auf und leiten diese über Nadis zum Herzen. Das Herz reagiert mit seinem der Sonne angepassten Rhythmus auf diese Nachrichten und zieht sich seinerseits vor Angst und Schrecken zusammen, bebt vor Furcht, hüpft vor Freude, erstrahlt vor Dankbarkeit. All diese Gefühle, Empfindungen aber auch Gedanken anderer Menschen nimmt das Herzchakra auf und gibt sie an das Herz weiter. Das Herz ist dadurch ein extrem nach außen gerichtetes Organ, das im Innern aber für den Menschen eine lebenstragende und wichtigste Rolle spielt.

Auf dieser Ebene „sieht" das Herz und es ist energetisch auch mit dem geistigen Auge (6. Chakra) und dem Ajnachakra (zwischen den Augenbrauen) verbunden.

Hellsichtigkeit verläuft daher auch nicht nur über hoch entwickelte Chakren im Kopf, sondern bedarf bei höchster Qualität und

Klarheit der Verbindung mit einem liebenden und gesunden Herzen. Alle Feinsinne wie Hellfühlen, Hellsehen, Hellhören, Hellwissen und Medialität sind basishaft auf den Herzkräften gegründet und werden von ihnen genährt.

Das Herzchakra hat, um diese Aufgabe überhaupt wahrnehmen zu können, eine besonders starke Wahrnehmungskraft gegenüber allem, was es umgibt. Die Lichtqualität des Herzchakras geht aufgrund seiner Herzensaufgabe besonders mit den vorhandenen liebes- und sozialaktiven Kräften anderer Menschen in Resonanz und „prüft" sekundenschnell diese Kräfte beim Gegenüber. Auch das rückwärtige Herzchakra hat eine extrem starke Wahrnehmungskraft bezüglich der Liebeskräfte anderer Menschen. Es kann aber auch Gedanken lesen und Angst und Not spüren, ohne dass der Mensch tatsächlich in diese Richtung schaut oder kommuniziert. Das Herz hat eine engste energetische Verbindung mit der Seele, dem Hohen Selbst und dem Geist, dem Bewusstsein des Menschen. Das Herz spielt als das materiellste all dieser Kräfte eine wichtigste Rolle bezüglich der Gesundheit und Krankheit von Menschen.

Da die Menschen in besonderem Maße soziale Wesen sind und sein sollen, leidet das Herz sofort, wenn es nicht genug lieben, teilen und unterstützen kann. Da die Egokräfte des Menschen keine vergleichbare Verbindung zum Herzen haben, können Menschen sehr lange und nachhaltig lieblos, sozialinaktiv, lebensverneinend sein, bevor sie tatsächlich leiden. Gerade die Menschen der Jetztzeit verfügen über sehr entwickelte Möglichkeiten, sich von ihren Herzenskräften abzuspalten und nach außen noch positiv zu wirken. Sensible Menschen spüren natürlich diese Diskrepanz.

Ein nicht richtig geöffnetes Herzchakra und Herznebenchakra ist Vorläufer vieler schwerer Erkrankungen. Daher ist bei allen Herzkrankheiten, bei Krebs, ALS, Neurodermitis, Schuppenflechte, Multiple Sklerose, Autoimmunerkrankungen verschiedenster Art immer auch das Herzchakra und Herznebenchakra zu behandeln. Sowie mehr positive Herzensenergie aufgenommen werden kann und der

Mensch mit seinem eigenen Liebesmangel sich selbst und anderen gegenüber konfrontiert wird, sind andere Heilmöglichkeiten gegeben. Affirmationen wie „Ich liebe mich, ich liebe die mich umgebenden Menschen, ich liebe die Menschheit" öffnen sein Herzchakra und Herznebenchakra und ziehen andere Lichtfrequenzen an.

Hochqualifizierte Heiler können ihr Herz dadurch schützen, dass sie sich einen Lichtkristall um das Herzchakra legen.

Abgestandene Energien werden über Herzchakra und Herznebenchakra aus dem Körper heraustransportiert.

## Lichtrhythmus des Herzens

Das Herz schlägt im Rhythmus der Sonne, weil es an die Pulsation der Sonne gekoppelt ist. Die Pulsation der Sonne ist eine Lichtabstrahlung, die wahrgenommen werden kann, wenn Ihr bei Abendsonneneinwirkung direkt in die Sonne schaut. Das, was Ihr dann seht, ist die Lichtpulsation, die immer, wirklich immer, über die Sonnenimplantate zu Eurem Herzen transportiert wird. Es ist nicht der Herzschlag, es ist die Energie, die sodann auch den Herzschlag impulsiert und trägt.

Bei lang anhaltendem bedecktem Wetter werden dem Menschen weniger kraftvolle Sonnenimplantate zugeführt, so dass das Herz weniger Sonnenkräfte aus dem Fundus der Sonnenimplantate erhält und „müder, energieloser" wird, obwohl medizinisch noch keine Fehlleistung festgestellt werden kann.

Gebete wirken sofort auch auf die Herzkräfte. Gebete, die die Christuskräfte anrufen, haben die Wirkung von Sonnenimplantaten, die den Lichtrhythmus des Herzens beleben, stabilisieren und harmonisieren. Ihre Wirkung auf Herzchakra und Herznebenchakra ist ebenfalls entsprechend.

Die Milz ist das okkulteste Organ im Körper. Sie ist für die harmonische Verteilung und Arbeit aller Flüssigkeiten im Körper verantwortlich. Die Milz ist energetisch engstens mit den Funktionen des Herzens verbunden und reagiert sofort auf Angst, Not, Leid oder Unzufriedenheit. Die Milz hat ähnlich wie das Herz Sensorien, die nach außen gerichtet sind und das Geschehen im nahen und fernen Umfeld registrieren. Dadurch wird auch die Balance der Flüssigkeiten unmittelbar berührt. Gleichzeitig übertragen sich diese Impulse auch so, dass die Immunabwehr als wesentliche Funktionskraft der Milz gestärkt oder geschwächt und beeinträchtigt wird.

Darüber hinaus gibt es einen engen Bezug der Milz zu Leber, Galle, Bauchspeicheldrüse und Darm. Die Milzenergien haben als feinstoffliche Kraft die Aufgabe, fortwährend die Flüssigkeiten des Körpers auszubalancieren. In den Flüssigkeiten des menschlichen Körpers drücken sich in starkem Maße die Gefühle des Menschen aus und so ist die Milz neben dem Herzen besonders an die Gefühlswelt des Menschen angebunden. Bei Herzerkrankungen, aber auch bei jeder seelischen Störung, bei allen psychosomatischen Krankheiten sollte die Milz flankierend behandelt werden, auch wenn vordergründig kein krankhafter Befund vorhanden ist.

Eine aus dem Heilsein herausgehende Milz ist nicht gleich als krankwerdende Milz zu erfassen, zumindest dann nicht, wenn lediglich schulmedizinische Wege beschritten werden. Mit Radionikgeräten ist der Energieabbau der Milz sofort festzustellen. Durch ihre nahe Verbundenheit mit dem Herzen reagiert die Milz sofort mit Stärkung des eigenen Energiefeldes, wenn der Mensch mehr liebt, zufriedener, freudvoller und dankbarer wird. Die Milz reagiert besonders stark auf ein spiritualisiertes Leben, da mit diesen Kräften die okkulten Abläufe in der Milz gestärkt werden.

Die Milz ist durch das Milzchakra und durch das Nabelchakra (beides sind sehr wichtige Nebenchakren), energetisch zu stärken.

Schon das liebevolle Berühren der Milz ist energiehebend für diese so wichtige Drüse.

Bei Menstruationsstörungen sollte immer auch die Milz energetisch behandelt werden, ebenso bei Tinnitus.

## Beschaffenheit des Blutes, der Lymphe und des Liquors

Das Blut aller gesunden Menschen hat in sich eine Rechtsrotation (vom eigenen Körper aus gesehen). Die Rechtsrotation, die schulmedizinisch weitgehend unbekannt ist, hat eine große Bedeutung für den Menschen. Bei psychischen Erkrankungen liegt auch immer eine Störung der Rechtsrotation vor. Viele schwere Erkrankungen, gerade auch chronische Erkrankungen, entstehen durch eine Störung in der Rotation des Blutes. Bei süchtigen und psychisch erkrankten Menschen kann davon ausgegangen werden, dass die Rechtsrotation des Blutes zumindest gestört, wenn nicht völlig irritiert ist oder falsch herum verläuft.

Stress, Angst, starke Schuld-, Mangel- und Mindergefühle, Gewalt und nicht verarbeitete Traumata können zur Störung der Rechtsrotation des Blutes führen.

Die technischen Geräte, die hier zur Diagnose erforderlich wären, gibt es noch nicht. Feinfühlige Menschen können diese Störungen feststellen und energetisch behandeln. Durch Lichtheilung ist eine wirkungsvolle und nachhaltige Behandlung möglich. Es bedarf dafür eines liebenden, betenden, Gott oder eine höchste Schöpferkraft verehrenden, Heilkräfte übertragenden Menschen.

Die Lymphe hat eine Linksrotation, zumindest dann, wenn sie gesund ist. Aufgabe der gesunden Lymphe ist es, Schadstoffe und Schlacken aus dem Körper herauszuleiten und für ein sauberes Milieu zu sorgen. Die Lymphe ist die Ergänzung und das Gegenüber des Blutes und muss daher über eine andere Rotation verfügen. Die Rechtsrotation des Blutes wird durch die Rotation der Erdachse aufgebaut, übertragen durch Licht. Die Linksrotation der Lymphe wird durch die Mondenkräfte aufgebaut. Unmittelbar nach der Geburt wird das Kind den universellen Kräften ausgesetzt und wird in einem von der Außenwelt meist nicht wahrgenommenen Akt durch die geistigen Kräfte des Universums geodet in seiner Einmaligkeit auf der Erde. Bei diesem Akt läuft blitzschnell das vorgeschaltete Lebenstableau ab und Lichtkräfte des Mondes oden die Lymphe in ihrer Linksrotation, Lichtkräfte der Erde oden das Blut in seiner Rechtsrotation und Lichtkräfte der Sonne oden den Liquor als von der Rotation her neutrale Flüssigkeit.

Bei vorgeburtlichen Störungen verschiedenster Art können die Rotationskräfte von Blut und Lymphe beschädigt werden und auch die an sich neutrale Ausrichtung des Liquors in eine Links- oder Rechtsdrehung verfallen. Armut, großes Leid, größere Ängste, Gewalt, Krieg, Not und vieles mehr, bewirken auch im Leben, dass die Rotationen, bzw. die Neutralität der Flüssigkeiten gestört werden. Langanhaltende bzw. schwere Krankheiten bewirken ebenfalls diese Veränderungen.

Da es sich bei Blut, Lymphe und Liquor um lebenstragende Säfte handelt, ist ihre gesunde Rotation von allergrößter Bedeutung.

## Welche Faktoren fördern eine gesunde Rotation?

Ein friedvoll und liebevoll ausgerichtetes Leben mit gesunder Ernährung, ausreichend Bewegung, einer positiven Lebenshaltung und einer gesunden Spiritualität sowie starken Liebeskräften ist die beste Voraussetzung für eine gesunde Rotation oder Neutralität der Säfte. Pausen der Ruhe und Reflektion stärken die Gesundheit der Säfte. Hohe Stresspotentiale, große Ängste, ungesunde Lebenseinstellungen sind dagegen schädlich. Negative Auswirkungen auf die Rotation der Säfte des Menschen und somit auf seine Gesundheit haben genmanipulierte Nahrung, Nahrung aus der Mikrowelle, strahlenverseuchte Gegenden durch Atomkraft und neue technische Errungenschaften wie Funkmasten, Elektrosmog, Abstrahlungen von Computern. Der regelmäßige, auch längere Aufenthalt in der Natur wirkt extrem positiv und das regelmäßige Pflegen einer zeitgemäßen Spiritualität heilend. Durch geistiges Heilen und immer durch Liebe und Spiritualität können die Rotationen und die mangelnde Neutralität geheilt werden.

Der Liquor verfügt über keine Rotation. Er ist neutral. Dazu passt, dass er im Rückenmarkskanal auf- und niedersteigt und die geistigen

Anteile des Hohen Selbst und der Seele in sich trägt. Der Liquor strömt, wenn er gesund ist, in einer göttlichen Ruhe und verkörpert im Menschen die göttliche Ruhe, ruft in ihm die Sehnsuchtspotentiale nach göttlicher Ruhe hervor.

Der Liquor ist dadurch eine heilige Flüssigkeit, die heiligste und am meisten herausgehobene Flüssigkeit von allen Sekreten und Säften und Flüssigkeiten im Menschen. Alles am und im Menschen hat göttliche Anteile, der Liquor aber in besonderem Maße.

Der Liquor „beheimatet", natürlich auf geistige Weise, den Geist, die Seele, das Hohe Selbst, und, wenn der Mensch der jetzigen Zeit dem Christus zugewandt lebt, der Gotteskraft huldigt und entsprechend handelt, auch die Kräfte des Ätherischen Christus. Der gesamte Körper, jede Zelle, ist mehr oder weniger von den zuerst genannten Kräften durchlichtet. Die irdische Heimat, der Platz, die Verwurzelung der geistigen Energien findet aber im Liquor statt. Das heißt, der Liquor ist nicht nur eine allerheiligste Flüssigkeit, er ist auf geistiger Ebene das Zentrum des Menschen und daher auf Erden natürlich auch. Darum spiegeln sich auch alle Krankheiten, ja alle Gefühle, Gedanken und Empfindungen im Liquor wider. Sie durchdringen energetisch auf der Lichtebene den Liquor und belasten oder heben ihn von der Lichtfrequenz her an. Weil der Liquor diese extreme Vielzahl an Quellen bezüglich seiner Flussrichtung und -kraft, seiner Schwere und Leichtigkeit, seines Heil- und Krankseins, also seiner Durchlichtungskräfte hat, ist er so besonders. Er muss in der Rotation neutral sein (bei gesundem Liquor) und Ihr Menschen solltet besonders kritisch sein, wenn Ihr den Liquor in Eure Behandlungssysteme integriert. Geistige, positive Heilimpulse bezüglich des Liquors und seiner Flussrichtung sind immer erlaubt. Punktionen und andere medizinische Eingriffe bedürfen eines großen Verantwortungsbewusstseins beim so Handelnden. Der Liquor ist an die Sonnenkräfte angebunden und wird durch sie energetisiert.

Spiritualität, Gebete, Gesänge mit heiligen Texten, OM-Gesang, ein ruhiges, nachhaltig werteorientiertes Leben, Lieben, Teilen, Unterstützen, das sind die Kräfte, die der Liquor braucht, um gesund im Rückenmarkskanal und Gehirn strömen zu können. Über den belasteten, nicht genügend durchlichteten Liquor (schon durch Stress und liebloses Leben) entwickeln sich Krankheiten im Leben.

Gerade Hass, der sich natürlich auch im Liquor niederschlägt, bewirkt vom Liquor ausgehend schwerste, besonders auch Autoimmunerkrankungen.

So liebt Euren Liquor, ehrt ihn, lebt ihm gemäß, habt gute schöpfungsrelevante Gedanken und freut Euch des Lebens. Ja, gerade Freude stabilisiert die Kräfte des Liquors und lässt Euer Leben in höhere Dimensionen aufsteigen. Die Kräfte des Ätherischen Christus heben die Biophotonenkraft des Liquors erheblich an und führen in mehr Bewusstsein, Lieben und Verstehen, Glauben und Hoffen.

# Liquor und Gehirn

Der Liquor umströmt das Gehirn. Da er die heiligste Flüssigkeit im menschlichen Körper ist, überträgt er auf energetischer Ebene höchste Heil- und Lebensenergien auf alles, womit er in Kontakt kommt. Das heißt, dass z.B. alle Teile des Rückenmarkskanals und die angedockten Nervenenden, aber auch das Gehirn, ständig aufgeladen und regeneriert werden vom Hohen Selbst des Menschen, seiner Seele und dem ihm entsprechenden Geist. Die Kräfte bewirken, dass das Gehirn überhaupt so arbeiten kann, wie es arbeitet, dass der Rückenmarkskanal mit allen Nerven, Knorpeln, Bandscheiben, Kernpunkten so lebenstragend für jeden Menschen sein kann. Über den Liquor werden dem Gehirn Kräfte zugeleitet, die es zu dem machen, was es ist.

Das Gehirn ist Materie und „Schaltstelle" für sehr komplexe Vorgänge im menschlichen Körper und bildet gemeinsam mit Liquor und Herz das spirituelle Zentrum im Menschen. Liquor, Gehirn und Herz bedingen und unterstützen einander und versorgen sich gegenseitig mit spiritueller Energie. Das Gehirn nimmt sofort über den Liquor Schwankungen im seelischen, geistigen Bereich des Menschen wahr, es empfängt die Impulse des Hohen Selbst, es ist über den Liquor an die Bewusstseinsentwicklungen angeschlossen und es ist die „Schaltstelle" zur Koordination aller Lichtprozesse im Menschen. Es ist noch viel mehr, was wir Euch später im 2. Buch zum morphogenetischen Feld wissen lassen werden. Wenn Ihr Menschen mit diesem Wissen arbeitet, öffnen sich neue Tore des Verstehens und Heilens.

## Bluttransfusion und Transplantation von Knochenmark

Eine Knochenmarkstransplantation ist etwas sehr Wesentliches in der Operations- und Transplantationskunst der Mediziner. Ja, aus schulmedizinischer Sicht ist es eine Kunst und man muss sagen, auch aus geistiger Sicht. Es bedarf eines hohen Wissens und Beherrschens chemischer Zusammenhänge und körperlicher Reaktionen, um überhaupt, auch nur ansatzweise, Reaktionen zu bewirken, die von den Ärzten als Genesung bezeichnet werden können. Dazu Grundsätzliches vorab:

Ihr Menschen seid die Schöpfung Gottes, Eure Individualität ist zum Teil über Jahrtausende und viele, viele Inkarnationen gewachsen und hat sich bis ins Detail so entwickelt, wie es für Euch richtig und wichtig ist. Euer Körper, Eure Seele, Euer Geist gehören zusammen und bilden Säfte, Zellen, Organe, Körperteile, bilden das Blut, ja die Blutgruppe, weil genau das so richtig ist, auch wenn aus menschlicher Sicht Störungen, Fehler, Makel sich so oder so ausdrücken.

Störungen, Fehler, Makel sind seit alters her ins Visier der Ärzte gekommen und haben sie zu immer neuen Gedanken, auch außerordentlichen Leistungen angeregt. In früherer Zeit war der Mensch sehr viel stärker mit der göttlichen Welt verbunden, wusste, dass es schicksalhafte Umstände gibt, Gnade im Prozess von Krankheit und Heilung und dass nicht zu jeder Zeit eingegriffen werden durfte in die inneren Prozesse des Menschen.

Dieses an einer Schöpferkraft orientierte Denken ist vielen im Gesundheitsbereich tätigen Menschen abhanden gekommen. Sie sehen im Leid des Erkrankten häufig genug die Möglichkeit, zu Geld, Ruhm oder Bekanntheit zu kommen. Auch wenn der Wunsch nach Hilfe im Gesundungsprozess besteht, so fehlt häufig eine ganzheitliche Sicht der Behandlung, die auch den Aspekt der Gnade im Tod in sich trägt.

Das Knochenmark produziert das Blut und gibt es weiter an den Körper. Das Knochenmark ist ein ganz besonderer Quell von Leben und insofern einmalig. In jeder Zelle des Knochenmarks sind natürlich die DNA und ein Lichtpunkt als Teil des Lichtfadens.

Das Knochenmark ist einmalig bei jedem Menschen und trägt in ganz besonderem Maße den individuellen Charakter des Menschen in sich, da es das Blut produziert, das Träger der Ich-Kraft ist. Im Blut sind die Blutgruppe und eine sehr individuelle Wirbelung des Blutes implantiert. Die Blutgruppenvielfalt wurde von Euren Forschern entdeckt und in das Behandlungssystem integriert, die Rechtsrotation des gesunden Blutes ebenfalls. Dass es in der Rechtsrotation jedoch millionenfach verschiedene Energiepotentiale gibt, ist nicht bekannt. Es gibt kleinste Lichtspiralen im Blut, die dem Blut die Eigendynamik geben und es zu dem Lebenssaft machen, der es ist. Die kleinsten, nur dem sehr hellsichtigen Auge erkennbaren Lichtspiralen im Blut tragen die Ich-Kraft-Entwicklungspotentiale des Menschen in sich und verströmen sich mit dem Blut im Körper des Menschen. Das Blut ist also ein völlig individualisierter Lebenssaft, der genau auf den einzelnen Menschen abgestimmt ist.

Bei Bluttransfusionen besteht trotz genauester Überprüfung der Blutgruppen immer wieder die Möglichkeit, dass Störungen nicht definierbarer Art auftauchen, die naturwissenschaftlich nicht zu verifizieren sind. Mit entsprechenden Medikamenten werden die Abstoßreaktionen des Körpers unterbunden. Die Störungen treten immer dann auf, wenn die Blutgruppen und weiteren chemischen Daten zusammenpassen, die Ich-Individualisierungskräfte des Empfängers und Spenders aber überhaupt nicht harmonieren. Und jetzt wird es besonders okkult: Im Blut sind über den Lebenslichtpunkt als Teil des Lebenslichtfadens natürlich auch die zu bearbeitenden Verstrickungspotentiale des Menschen implantiert. Über Bluttransfusionen kann auch insofern Schicksal geschehen, als seit ewigen Zeiten verstrickte

Seelen über eine Bluttransfusion energetisch in Kontakt kommen und so alte Verstrickungen auf Blutsebene „bearbeiten“ und „ausleben“. Es ist also etwas extrem Okkultes, was geschieht, wenn ihr Bluttransfusionen vornehmt oder gar das Knochenmark transplantiert.

## Wie steht die geistige Welt zu Knochenmarkstransplantationen?

Ihr wisst, dass bei allem Tun des Menschen von größter Bedeutung, ja entscheidend ist, welches Licht vom Menschen aufgebaut und abgestrahlt wird. Bei Bluttransfusionen entsteht, obwohl verschiedene genetische Potentiale zusammenkommen, kein nekrotisches oder monsternekrotisches Licht. Der Grund dafür ist, dass es von alters her blutsbrüderliche Rituale gab und von diesen Ritualen eine lebenstragende Gesinnung ausging, die im Verlauf des Lebens häufig genug größte menschliche Leistungen, Liebesleistungen, möglich gemacht hat. Dadurch steht also über diesem ärztlich begleiteten Tun meistens eine positive geistige Gesinnung der höchsten Schöpferkraft. Bei auftauchenden Schwierigkeiten sind die beteiligten Menschen aufgerufen, die Probleme zu erkennen und bestmögliche Lösungen zu finden. Aus geistiger Sicht wäre es natürlich wünschenswert, wenn Spender und Empfänger des Blutes vorab bebetet würden. In Krisensituationen geschieht dies schon eher, wodurch sich gnadevolle Eingriffsmöglichkeiten aus der geistigen Welt heraus ergeben.

## Was geschieht bei der Transplantation?

Bei der Transplantation von Knochenmark werden dem Spender Blut aufbauende Gewebe entnommen und dem Empfänger unter Verabreichung starker Medikamente implantiert. Der Körper hat immer, wirklich immer den Wunsch, das Gewebe abzustoßen und drückt hier die Kräfte von Seele, Geist und Hohem Selbst aus. Wenn Knochenmark transplantiert wird, werden Kräfte übertragen, die zu den individuellsten und insofern lichtspezifischsten des Menschen gehören.

Im Gegensatz zur Bluttransfusion wird hier das Zellmaterial übertragen, das immerfort Blut herstellt und es an den Körper weitergibt. Dort also, wo höchste heilige, einmalige Individualisierungskräfte des Menschen wirken, wird eine andere, im Zweifel völlig fremde Individualität in Form der Knochenmarkszellen implantiert. Es begegnen sich an der Wurzel des Menschseins völlig verschiedene Lichtpunkte und Lichtfäden, abgesehen von der DNA, und sollen jetzt gemeinsam neues menschliches Leben gestalten. Schon beim Lesen dieses Textes merkt Ihr Menschen, dass da etwas nicht stimmt und nicht stimmen kann. Welches Licht entsteht nun bei derartigen Eingriffen? Es entsteht kein monsternekrotisches Licht. Es entsteht nekrotisches Licht, mit allen Auswirkungen die entstehen, wenn nekrotisches Licht entsteht. Es gibt in diesem Fall eine Möglichkeit, die fatalen Folgen einzudämmen. Werden die beteiligten Menschen liebender, teilender, unterstützender, verehren sie die Gotteswelt und leben mehr Spiritualität, so sind die Kräfte, die sodann vom Karmischen Rat aktiviert werden, verzeihend und mittragend. Man könnte auch sagen, trotz größter Vorbehalte wird eine Entscheidung mitgetragen. Hier spiegelt sich natürlich auch der starke freie Wille des Menschen wider und gleichzeitig die Bereitschaft des Karmischen Rates, dieser herausgehobenen Kraft des Wassermannzeitalters Rechnung zu tragen. Aus geistiger Sicht kann nur in größten Ausnahmefällen diesem medizinischen Tun Zustimmung gezollt werden.

Ihr Menschen der Jetztzeit öffnet Euch diesem neuen Wissen, entwickelt Bewusstsein an den Sachverhalten und spiritualisiert Euer Leben, damit Ihr mehr verbunden seid mit Eurer inneren Stimme, die Euch mit weiterem Verlauf des Wassermannzeitalters bei Eurem Wollen immer mehr als richtungsweisende Instanz zur Verfügung steht.

## Verwurzelung und Entwurzelung bei Menschen

Dort wo der Mensch geboren wird, nimmt sein Körper über Lichtbänder Kontakt zur Erde auf. Die Erde sendet ihrerseits Lichtstrahlen zum Menschen und nährt ihn von der ersten Sekunde der Geburt an mit ihren Kräften. Vom ersten Augenblick an, wenn der Mensch den Mutterleib verlässt, findet eine Lichtdurchströmung statt, die vom Wurzelchakra ausgeht, in die Erde führt, Licht aus der Erde ins Wurzelchakra zieht und durch den Rückenmarkskanal hochziehend aus dem Scheitelchakra in die geistige Welt strahlt. Von dort aus strömt Licht durch das Scheitelchakra in den Körper, energetisiert alle Chakren, Meridiane, Zellen, strömt aus dem Wurzelchakra in die Erde und so wiederholt sich ständig ein extrem nährender Prozess. Natürlich wird auch Licht über den Körper abgestrahlt. Der Lichtstrahl, der von oben nach unten vertikal durch den Menschen verläuft, ist aber ein besonders wichtiger.

Da die Erde über verschiedenste Lichtfrequenzen verfügt, gewissermaßen überall ein anderes Licht strahlt, nimmt der Mensch an jedem Platz der Erde ein sehr spezielles Licht auf und gibt es ab. Das durch das Erdlicht aufgenommene energetische Potential ist extrem wichtig für das gesunde Wachstum von Menschen.

Bei erwünschten Kindern, die unter glücklichen Umständen gezeugt werden, von beiden Eltern gewollt sind, weder Hunger, Krieg noch Gewalt erleben, kann davon ausgegangen werden, dass das „Erdlicht“ sehr stark, glänzend und gerade ausgerichtet ist. Es erstarkt das Kind und führt das körpereigene Licht zur Reinigung und Aufladung ständig in den Kumarakristall, so dass Vitalität, Vertrauen zum Leben, wenig Angst, ein gutes Urteilsvermögen, ein gesundes Selbstwertgefühl und starke Liebeskräfte den Menschen stärken. Er ist lebenspräsent, eher selbstbewusst und positiv ausgerichtet und zieht somit auch günstige Lebensumstände an. Gute lebenstragende Rituale, ein liebevoller Umgang, gesunde Lebensverhältnisse, Frieden, Spiritualität, fördern diese Prozesse der positiven Verwurzelung. Dabei entsteht mehr Lebensqualität und Liebe, Wertschätzung, Respekt.

Unerwünschte Zeugungen von Kindern, Gewalt bei der Zeugung oder danach, Armut, Krieg, große Not, Versklavung und dergleichen lassen matte, schwache, glanzlose, gegebenenfalls poröse Lichtbänder entstehen und führen zu weniger Präsenz beim Menschen und zu keiner klaren Lichtausrichtung in ihm und zur Erde in den Kumarakristall. „Sein" Licht schießt am Kumarakristall vorbei und wird nicht so effektiv gereinigt und energetisiert. Er zieht eher unerfüllende Lebensumstände an, hat Minderwertigkeitsgefühle und einen schwachen Selbstwert.

Werden Menschen in ihrer Spiritualität so gestört, dass sie sie nicht mehr ausüben können, werden sie verschleppt oder misshandelt, können die Lichtbänder herausgerissen werden und hängen wie frei schwebend aus dem Wurzelchakra. Auch Aufenthalte im Ausland, in der Fremde, können diese Auswirkungen haben und führen zu einer Entwurzelung des Menschen. Es treten dann immer Störungen im Sozialen auf, die belastend für den Menschen und die ihn umgebenden Personen sind.

Ganz entscheidend ist, dass durch die Verbindung, die Lichtverbindung zur Erde, die Rechtsrotation des Blutes entsteht und ständig genährt wird. Bei Entwurzelungen ist also immer die Rechtsrotation des Blutes gestört, mehr oder weniger stark.

Die Rechtsrotation des Blutes sorgt für eine stabile, psychische Verfassung des Menschen und für eine gesunde Selbst- und Fremdwahrnehmung. Dies sind extrem wichtige Sachverhalte, die in dem hier dargelegten Zusammenhang bisher nicht bekannt sind.

Die gestörte Lichtaufnahme und Lichtabgabe bezüglich Erde und geistiger Welt sowie die Rechtsrotation des Blutes können u.a. durch geistiges Heilen, Spiritualität und Liebe geheilt werden. Psychopharmaka haben keinen heilenden Einfluss auf die Rechtsrotation des Blutes.

# Metalle im Körper

Der Körper stellt keine Metalle her, aber es sind von Geburt an und davor Metalle im Körper. Unmittelbar nach der Befruchtung beginnt die Zellteilung. Das beginnende Leben wächst im Uterus der Frau und wird durch sie genährt und geschützt. Gleichzeitig wird der Fötus von der ersten Sekunde an über Licht ernährt und durch Licht geschützt. In der „Nahrung" der Mutter befinden sich Metallanteile, wie es dem Wesen und Leben der Mutter entspricht. Im Licht, das zu dem Ei-Samen-Konglomerat strömt, befinden sich Metallanteile feinstofflichster energetischer Art. Das Licht, das so zum beginnenden Leben strömt, entspricht auf der Lichtebene dem Energiesystem des Fötus/Embryos. Bei störungsfreien, gewollten, unbelasteten Zeugungssituationen und einem ebensolchen Leben der Eltern, arbeiten die beiden Lichtpotentiale (von der Mutter und aus der geistigen Welt) störungsfrei zusammen. Ist es nicht so, beginnt der mütterliche Organismus gegen den kindlichen Organismus zu kämpfen und es entsteht zumindest Unruhe, auch im Lichtpotential.

Die Störung auf der Lichtebene korrespondiert also mit allem, was sich danach im Leben des Kindes ergibt. Da Störungspotentiale immer mit den Widderkräften (Anfang des Lebens) korrespondieren, sind im Lichtzirkus des Kindes häufig von Anfang an zu viele Eisenanteile, die für Unruhe, Durchsetzung und Kampf stehen.

Die andere Variante, dass das Kind antriebsarm, retardiert ist, bedeutet, dass der erhöhte Eisenanteil im Körper und Licht des heranwachsenden Menschen sich nach innen, auf ihn selbst richtet.

Prüft auch diese Aussagen, ob Ihr damit in Resonanz gehen könnt.

## Elementale und Entitäten

Im morphogenetischen Feld des Lebens bewegen sich Energiegebilde verschiedenster Ausprägung, die das Leben des Menschen entscheidend beeinflussen. Energien, die negativ wirken, sind Entitäten (Wesenheiten) und Elementale (Strukturen).

Sie können sich in folgenden Bereichen befinden und wirken:

### In den Chakren und Organen

In den Chakren und Organen von Menschen können sich Entitäten (z.B. der Bettler, der Kranke, der Säufer, das Opfer, Satan u.a.) bilden und einnisten. Diese Energien werden genauso wie Elementale (z.B. Maschendrahtstrukturen, Stifte, Verwerfungen, Gitter) durch den Menschen gebildet, wenn er große Not, großes Leid, Armut, Krankheit, Gewalt, Missbrauch, große Angst erleben muss, d. h. in seiner Göttlichkeit als Mensch verletzt wird.

Sie bilden sich auch, wenn über den ablaufenden Lebenslichtfaden durch Energien aus vorherigen Leben entsprechende Kräfte hochkommen, die nicht vom Menschen aufgelöst werden können oder wollen. Sie bilden ein isoliertes Dasein (Eigenleben) in den Chakren und Organen und ernähren sich von z.B. Wut, Angst, Verletzungen, satanischen Ritualen, Missbrauch, Gewalt. Sie führen zu verschiedensten Krankheiten, auch gerade auf der psychischen Ebene und sind mit den üblicherweise gebräuchlichen Vorgehensweisen der Ärzte und Therapeuten schwer erfassbar.

So kann es bezüglich der Entitäten und Elementale sein, dass bei der Geburt die Chakren völlig gesund und unbelastet sind, und erst wenn der Lichtfaden in seiner ablaufenden Form eine belastende Kodierung aus vorherigen Leben in sich trägt, sich z.B. im Wurzelchakra Stacheldrahtstrukturen bilden und in der entsprechenden Lebenssituation belastende, reduzierende Verhältnisse im Alltag eintreten.

Diese Prozesse stehen auch immer in Resonanz mit kosmischen Qualitäten, die astrologisch feststellbar sind.

Durch exorzistische Rituale waren Menschen zu allen Zeiten bemüht, diese Energien zu eliminieren. Christus hat sie bei seinen Heilungen aus dem Menschen „herausgeholt" und verbannt, jedoch nicht eliminiert. Diese Kräfte waren immer vorhanden und bewegen sich auch im morphogenetischen Feld des Lebens. Ihr Menschen seid ihnen bei einem nicht spiritualisierten Leben stärker ausgesetzt, als wenn gegründete positiv wirkende Rituale, der Schöpferkraft zugewandte Gebete in eurem Alltag Platz haben und ein grundsätzlich bewusstes von Liebe erfülltes Leben geführt wird.

## Auf den Lichtbändern

Ihr Menschen bildet Lichtbänder zu anderen Menschen, Tieren und Pflanzen, zu Lichtpunkten in der geistigen Welt (Verstorbene) und lasst Euer Licht überallhin strömen, durchs Universum, durch die Erde. Diese Lichtbänder können besetzt sein von geistigen Wesenheiten, die viel Liebe, Freude, Dankbarkeit verkörpern und somit den Menschen eine gute Ausstrahlung haben lassen. Sie können aber auch besetzt sein von Elementalen und Entitäten wie Maschendrahtstrukturen, Stiften, Rissen, Verhärtungen, satanischen Wesen, Kämpfern, Betrügern u.a.. Diese Energien manifestieren sich geistig auf bzw. in den Lichtbändern und machen sie „schwer", unelastisch, brüchig, glanzlos.

In diesen Fällen hat der Mensch möglicherweise eine Ausstrahlung, die andere abstößt und Widerwillen hervorruft, diesem Menschen näher zu begegnen.

Diese Entitäten und Elementale werden nicht nur durch Gewalt, Armut, Missbrauch, große Not, Krieg und dergleichen gebildet, sondern vom Menschen selber kreiert, wenn er neidisch, missgünstig, hasserfüllt und sozial inaktiv lebt.

Dieses belastete Licht strömt dann wie beschrieben über die Lichtkammer des Sphinx zur dunklen Seite des Kumarakristalls, wird dort eingelagert und hochtransformiert, und strömt zu den Energieblöcken des Universums (Angst, Hass, Missgunst). Gleichzeitig strömt das im Sphinx abgeglichene Licht zum Menschen zurück und lässt ihn Gewissensbisse, Unzufriedenheit und Schuldgefühle empfinden.

Entitäten und Elementale können durch ein schöpferkraftorientiertes Leben verwandelt werden. Besonders hartnäckige Strukturen wie Stacheldraht und Stifte, Ketten, Ringe oder besonders hartnäckige Entitäten wie der Satan, der Kämpfer, das verletzte Kind lassen sich durch hochqualifizierte Lichtarbeit von Heilern und Priestern transformieren.

Diese Form der Heilarbeit wird zukünftig zunehmen und neue anerkannte Therapien ins Leben rufen.

Das rosafarbene Licht der Liebe ist die am bestem geeignete Lichtfarbe, um Heilung in diesem Bereich zu vermitteln.

### In der Aura

Auch in der Aura des Menschen können sich Entitäten und Elementale einnisten. Ihr wisst, wie sie entstehen. Sie werden durch große Not, großes Leid, Gewalt, Missbrauch, Armut und dergleichen gebildet bzw. sichtbar und erlebbar gemacht.

Das Licht des Menschen bildet diese Strukturen und Wesenheiten und das Licht des Menschen verwandelt, transformiert sie. Auch in der Aura können der Krieger, der Säufer, können Stacheldrahtstrukturen, Stifte, Ringe, Messer, Schwerter und dergleichen ihren Platz haben und durch Lichtarbeit und durch höher frequente Lebensgewohnheiten, Gedanken und Gefühle transformiert werden.

### Im Lebensbereich des Menschen

Auch im Lebens- oder Arbeitsbereich des Menschen können sich Entitäten und Elementale aber auch schwarze Lichtfäden bilden. Die

Ursache ist immer dieselbe. Gegenständliche Kristalle und Lichtkristalle können hier neben Gebet, Meditation, Sauberkeit und Ordnung, Erleichterung bringen. Bei zu gravierenden Störungen ist es möglicherweise erforderlich, diese Plätze bzw. Räume aufzugeben.

# Gifte

Der Mensch produziert ständig Gifte, die aus seinem Körper heraus transformiert werden müssen. Es sind dies Gifte verschiedenster Art, die über den Atem, die Meridiane, die Chakren, Schweiß, Urin und Stuhlgang ausgeschieden werden. Große, emotionale Einbrüche bewirken eine Zunahme der Gifte. Vor allem Angst, Schuld, Mangel, Minder und besonders Hass erhöhen die Produktion von Giften im Körper. Das heißt, der belastete, emotional belastete, Mensch müsste ganz besonders viel dafür tun, dass die Gifte aus dem Körper herausgeleitet werden. Aber gerade bei eruptiven oder lang anhaltenden emotionalen Einbrüchen ist der Mensch häufig wie gelähmt und nicht in der Lage oder willens, sich energetisch auf allen Ebenen zu reinigen. Diese Gifte verbleiben also im Körper und treiben dort ihr Unwesen. Hierdurch werden die Stoffwechselprozesse noch mehr belastet, so dass sie als „Nebenprodukt" stärkere Gifte produzieren, die teilweise verheerende Auswirkungen für den Menschen haben.

Bei emotionalen Einbrüchen Angst, Schuld, Mangel, Minder, Wut, aber vor allem Hass ist das Licht, das der Mensch produziert, aber auch aufnimmt, sehr niedrig frequentiert. Die Zunahme des niedrig frequentierten Lichtes über eine längere Zeit oder eruptiv mit großen Angst-, Wut- und Hassexplosionen, bewirkt einen Lichtmangel in allen Zellen des Körpers. Gleichzeitig werden, da alles miteinander verbunden ist, über den Lebenslichtfaden Energien abgespult, die, energetisch belastet aus vorherigen Inkarnationen, die Situation verschärfen aber gleichzeitig auch klären. Klären in dem Sinne, dass der Mensch durch diese Umstände darauf hingewiesen wird, sich zu verändern, mehr zu lieben, zu teilen und zu unterstützen. Eine sofortige Lichtfrequenzerhöhung tritt ein durch Gebet und Meditation und die Hinwendung an eine große Gottes- bzw. Schöpferkraft.

Tut der Mensch in der ihn belastenden Situation all das nicht, so entstehen durch das niedrigfrequentierte Licht in Verbindung mit den Energien des ablaufenden Lebenslichtfadens z.B. Metallpotentiale im Körper, für die Ihr keine Erklärung habt. Die Metalle belasten das gesamte System so stark, dass der Mensch schwerste, häufig Autoimmunerkrankungen bekommt.

Autoimmunerkrankungen sind durchaus heilbar, wenn der Mensch sozialaktiver wird, göttliche Kräfte oder höchste Schöpferkräfte um Hilfe bittet, Bewusstsein bezüglich der Ursache der Erkrankung entwickelt und sein Leben zu mehr Lieben, Teilen und Unterstützen verwandelt.

Die belastenden emotionalen Kräfte müssen transformiert und abgeatmet, ausgeleitet werden. Geschieht dies jedoch nicht, wird das Verstrickungspotential des Erkrankten immer größer. Die Krankheitsauswirkungen werden heftiger und er immer unzufriedener, aggressiver, depressiver. Er befindet sich in einem Circulus vitiosus und „findet“ das Schlupfloch nur, wenn er in Ruhe, Liebe und Zuversicht bei sich ist. Ansonsten dreht sich die Spirale immer verengender zu und schickt größte Not und nötigenfalls den Tod als größten Transformator.

Süchte drücken das Suchen des Menschen nach seinem Seelenheil aus. Der nicht spirituell lebende Mensch, der von Termin zu Termin, von Aufgabe zu Aufgabe, von Mensch zu Mensch, von Attraktion zu Attraktion jagt, treibt ständig Raubbau an sich, seinem Körper, seiner Seele, seinem Hohen Selbst und an eben diesen Kräften in seinem sozialen Umfeld. Dieses Leben trennt ihn immer mehr von seiner inneren Stimme und seinen höchsten, ihn entwickeln wollenden Anteilen. Er treibt Raubbau. Den Spiegel dessen seht Ihr in der Natur, in der Arbeitswelt und in den vielfältigen sozialen Beziehungen, sowie in den Lichtgebilden, Lichtkonfigurationen in der geistigen Welt.

Süchte zerstören die Ich-Kräfte des Menschen, sein Willenspotential. Dieses Willenspotential soll ihm in seinem Erdenalltag als Werkzeug dienen, um seine sozialen, spirituellen, emotionalen Kräfte gut zu leiten und einzubinden.

Durch Süchte, gleich welcher Art, lockert sich die Verbindung des Menschen zur Erde. Seine Lichtbänder zur Erde hin werden brüchig, glanzlos, unelastisch und sie schießen nicht mehr durch den Kumarakristall, auch wenn sie es vorher taten. Dadurch wird der Mensch nicht genug gereinigt und entgiftet. Ihm wird nicht die Gnade lebensnotwendiger Transformation seiner Ablagerungen zuteil und so strömt auch kein allerkostbarstes Liebes-Friedens-Bewusstseinslicht zu ihm und zu seinem Lichtkörper, sondern Schuldgefühle und Ängste, Minder, Mangel und andere negative Gefühle.

Süchte nehmen in dem Umfang zu, wie das spiritualisierte Leben abnimmt.

Was kann man jetzt tun, um Süchte loszulassen und seinen tatsächlichen vorgesehenen und erwählten Weg zu gehen?

Der Lebensalltag sollte strukturiert werden. Wichtig sind Bewegungselemente, soziale Begegnungen, professionelle Gespräche mit spirituellen Therapeuten, mindestens ein Gebet pro Tag, Sprechen von Ich-Bin-Worten und Affirmationen, eine verstärkte körperliche

Hygiene, da alle aufgenommenen Suchtpotentiale aus dem Körper ausgeschieden werden sollten, tägliches Reinigen der Zunge von Pelz, unterstützendes Einnehmen von entgiftenden Säften, Tees, Homöopathie. Sehr gut und heilsam sind natürlich Meditationen und regelmäßiges sinnvolles Arbeiten.

Neben den Euch bekannten, sogenannten alternativen Heilformen und Heilmöglichkeiten habt Ihr als Menschen des 3. Jahrtausends weitergehende Möglichkeiten der Heilung, und zwar mit Hilfe von Lichtkristallen.

Lichtkristalle sind kristalline Energien, die unter anderem von entwickelten Menschen und Heilern zum Schutz und zur Unterstützung von Organen, Körperteilen und des ganzen Menschen errichtet werden können. Das bedeutet aber nicht, dass der Mensch, der dies tut, auch bereits an das 2. kosmische Chakra angeschlossen ist. Es bedeutet, dass er liebevoll und gegründet schöpferisch orientiert ist, um diese Kräfte zu aktivieren. Die kristalline Kraft des Lichtes legt sich, wenn sie z.B. mit den Worten: „Im Namen des Vaters, des Sohnes und des Heiligen Geistes" aktiviert wird dorthin, wo der behandelnde Mensch seinen Focus hinlegt. Das kristalline Licht hebt die Schwingung sofort im entsprechenden Organ-Körperteilbereich oder im ganzen Menschen an. Dadurch fühlt sich der behandelte Mensch sofort wohler, geschützter und mit sich mehr verbunden. Natürlich kann nicht jeder Mensch Kristalle legen. Aber versucht es, die Ihr davon hört und Euch angesprochen fühlt. Auch dieses Tun setzt die Bewegung des ganzen Menschen voraus und lässt ihn sich auf allen Ebenen entwickeln.

Da das Herz mit seinen Herzenskräften so besonders wichtig ist für jeden Menschen, aber auch für die gesamte Menschheit, werden beim Legen von Lichtkristallen immer auch das Herz, Herzchakra und Herznebenchakra eingebunden, energetisch aufgeladen und mit geschützt. Aber auch ein Lichtkristall allein für das Herz ist heilsam und stützt den ganzen Menschen. Durch Eure heutige Lebensweise werden Eure Herzenskräfte stark beansprucht, daher auch die hohe Herzinfarktrate. Bei hohem Entwicklungsstand des Heilers sind extrem weitgehende Möglichkeiten gegeben, dem geschwächten, Heil suchenden Menschen zu helfen. Es sind in diesem Bereich auch Spontanheilungen möglich. Immer aber sollte der am Herzen behandelte

Mensch sein spirituelles Leben und soziales Handeln erweitern und Möglichkeiten suchen, wie er mehr „ins Leben" kommen kann. Auch für die Behandlung des „ganzen Menschen" ist das Umlegen eines Lichtkristallkegels, einer Lichtkristallsäule oder Lichtkristallpyramide möglich. Diese Lichtkonfigurationen schützen den Menschen gegen Angriffe von außen und geben ihm innere Ruhe und Frieden. Jesus Christus hat mit Lichtkristallen geheilt, auch seine Jünger, jedoch ohne davon zu wissen.

Für Menschen, die starken Anforderungen in der Öffentlichkeit ausgesetzt sind oder bei öffentlichen Auftritten mehr bei sich bleiben wollen, ist dies ein probates Mittel, sich zu schützen.

Wenn belastete Organe mit Lichtkristallen geschützt werden, hat dies zur Folge, dass auch störende Entitäten und Elementale in ihrem Wirken „erstickt" werden.

Es sind höchstschwingende Lichtkräfte des Ätherischen Christus, die hier heilend wirken.

Lichtkristalle haben auch eine positive Auswirkung auf das Wasser. Es wird gereinigt, grob- und feinstofflich, und in seiner Wasserlebenskraft aufgebaut.

Dadurch hat die Errichtung von Lichtkristallen eine positive Auswirkung auf die Kristallbildung des Wassers.

Da das gereinigte Wasser Teil des weltweiten Klimasystems ist, wirken vom Menschen gebildete Lichtkristalle sich auch positiv auf das Klima aus.

Lichtkristalle können ebenfalls sehr positiv auf die Erde wirken. Überall dort, wo durch menschliches Tun und Unterlassen die Erde besonders belastet wird, können Menschen Lichtkristalle legen und so positiv auf die einzelnen Regionen der Erde und auf die Erdaufhängung der Erde einwirken. Kraftvolle Lichtkristalle balancieren Ausbeutungen der Erde aus oder dämmen die negativen Auswirkungen von durch Genmanipulation verseuchten Flächen ein.

# Die grüne Lichtheilpaste

Ein wirksames Instrument des Heilers ist heilendes grünes Licht in verschiedener Form.

Die Form der „grünen Lichtheilpaste" ist bestens geeignet, um über Körperteile, Organe oder über den ganzen Menschen gelegt zu werden. Sie zieht mit ihrem Licht Krankheitskeime, Viren, Parasiten oder andere Störfaktoren heraus. Sie energetisiert die mit ihr belegten Flächen und bewirkt so Harmonisierung, Reinigung und bestenfalls Heilung. Sie kann auf gelähmte, verletzte, verbrannte und wunde Stellen und Flächen gelegt werden und so sehr viel bewirken. Sie kann auch verwendet werden, wenn Sehstörungen, Hörstörungen oder Schielen vorliegen.

Süchte jeder Art, z.B. Drogen, Alkohol, Nikotin und Zucker, lassen sich durch das Auftragen der grünen Lichtheilpaste transformieren. Sprecht klar mit den Betroffenen und tragt die Paste ganzkörperlich auf. Legt um das Herz des Süchtigen einen Lichtkristall und energetisiert ihn immer wieder.

Erprobt es und seid positiv.

Ihr könnt die grüne Lichtheilpaste auch in flüssiger Konsistenz übertragen. Sie wirkt besonders gut bei der Behandlung von Warzen und ulzerierten Tumoren. Sie dringt mit ihren hohen Lichtfrequenzen tief ein in das Gewebe und kann von extrem hoch entwickelten Heilern/Heilerinnen sehr tief in die Leiblichkeit des Menschen geträufelt werden. Dort wirken die Kräfte störfaktoreliminierend und bauen das gesunde Gewebe auf. Die Flüssigkeit (geistige Flüssigkeit) ist auch geeignet zum Transformieren von Viren und Bakterien. Nehmt dann das Blut, die Lymphe und den Liquor ins Bewusstsein, träufelt dieses Liquid geistig hinein und bittet um Heilung.

Intuitiv sollten die Lichtkräfte immer wieder impulsiert werden.

Bei Rückenverletzungen und -störungen sollte sie auf die ganze Wirbelsäule und ihre Nervenverbindungen gelegt bzw. geträufelt werden.

Es gibt noch eine weitere Form und Anwendungsmöglichkeit der grünen Lichtheilpaste: dies ist die kristalline Form. Sie ist besonders gut anwendbar bei septischen, hoch eitrigen Erkrankungen. Auch hohes Fieber kann durch die Übertragung dieser Paste behandelt werden. Ebenso können alle Autoimmunerkrankungen mit dieser Form der Paste behandelt werden.

Bei Autoimmunerkrankungen ist eine Störung in der DNA vorhanden. Diese Störung befindet sich als Kodierung in der DNA und wird über deren Mechanismen an den Körper weitergegeben. Über die grüne Lichtheilpaste in kristalliner Form strömt kristallines Licht vom behandelnden Heiler in die DNA und kann so transformierend wirken, die Störung auflösen und Heilenergie übertragen. Diese Heilungsformen können nur von sehr fähigen, aufrechten und mit hohen geistigen Kräften verbundenen Heilern vorgenommen und erfolgreich praktiziert werden.

Etwaige Ansprüche des Klienten wie „jetzt werde ich gefälligst gesund" oder ein Anspruch des Heilers „Ich bin allmächtig, gottgleich und vollkommen" haben hier keinen Platz. Immer spielen Entwicklungsstufe von Heiler und Klient, der schicksalhafte Hintergrund und die Zeit eine wesentliche Rolle. Gerade bei diesen Formen von Behandlung, gar Heilung, geht es um Gnade. Die Gnade, wieder energetischer mit den Lebenskräften verbunden zu werden und so am Heilstrom der Schöpfung teilnehmen zu dürfen.

Wir segnen die Menschen, die diese neuen Möglichkeiten des Behandelns in Respekt, Ehrlichkeit und Klarheit erproben und anwenden oder es aus vielfältigsten Gründen lassen. Amen.

## Meditationsempfehlung

Immer mehr Menschen meditieren weltweit, um mehr in ihrer Mitte, in ihrer Freude und in ihrer Kraft zu sein. Meditationen erfreuen sich auch im Westen zunehmender Beliebtheit, weil man nicht Mitglied einer Kirche, einer Vereinigung, einer Sekte oder eines Vereins sein muss, um wirkungsvoll etwas für sich und sein Wohlergehen und für den Weltfrieden tun zu können. So empfehlen wir Euch Menschen des 21. Jahrhunderts Meditationen, die Euch zentrieren, Euch mit der geistigen Welt in Kontakt bringen und Euch mit den reinigenden Erdkräften verbinden.

So meditiert auf das Licht, rosa-, lila-, goldfarben.

Erbittet, soweit es für Euch richtig ist, die Kräfte des Christus oder des Ätherischen Christus, dass sie Euren Körper, Geist und Seele, Eure Gedanken, Gefühle, Euer Empfinden, Eure Handlungen, Eure Chakren und Meridiane, den Atem, Euer Blut, Eure Lymphe und Euren Liquor reinigen und auch alle Körperzellen und alle Organe.

Nun möge das mit Schlacken aufgeladene Licht in den Kumarakristall strömen, um gereinigt zu werden.

Das gereinigte Licht strömt dorthin zurück, wo es bereits war, lädt alles energetisch auf, stärkt das Blut in der Rechtsrotation, die Lymphe in der Linksrotation und den Liquor in seiner Neutralität.

Abschließend fließt das Licht immer zum Herzen, macht es liebend, teilend, unterstützend und strömt sodann ins Universum, zu allem was lebt und webt.

So erweiterte Lichtanteile strömen zum Herzen zurück und machen es und den Menschen zu einem kosmischen Organ der Liebe!

# Krankheitsbilder

Die Durchsagen zu den Krankheitsbildern sind besonders für Heiler interessant und für Menschen, die sich für Geistheilung interessieren. Es sind dies teilweise sehr kurze Botschaften und präzise Antworten aus geistiger Sicht, die wenig Erklärendes zum allgemeinen Krankheitsbild enthalten und keinen Anspruch auf vollständige Betrachtung des jeweiligen Phänomens erheben.

## ADHS

Dies ist ein Erscheinungsbild Eurer Zeit. Immer gab es unruhige Kinder. Deren Weg war häufig bestimmt durch Lieblosigkeit bei Zeugung, Geburt und während des Aufwachsens. Viele unerwünschte Kinder hatten von Anfang an keine Chance in Ruhe, Geborgenheit und Liebe aufzuwachsen. Bei ADHS kommt aber noch ein anderer Faktor hinzu. Sie sind eben die Kinder dieser Zeit und in ihren nicht kodierten Anteilen der DNA sind Bewusstseinspotentiale, die eigentlich noch schlummern sollten, aber durch die Umwelt, die die Kinder umgibt, bereits aktiviert sind. Unruhige, unglückliche, ängstliche, nicht bereite Eltern, Eure Technik, die Medien, die Lautstärke des Alltags, einfach gesagt die Schnelllebigkeit Eurer Zeit begünstigen ein Aufbrechen dieser erst für spätere Jahre vorgesehenen Kräfte, die als Lichtkräfte von der DNA abgestrahlt werden, sich in jeder Zelle befinden, aber nicht in eine erwünschte und wichtigste Resonanz gehen können mit dem übrigen vom Menschen abgestrahlten Licht.

Stellt es Euch so vor, dass da etwas ins Leben tritt, was noch in Ruhe schlummern sollte, wie herausgezerrt wird und nicht weiß, wohin es soll. Das Licht strahlt vom Menschen ab und verliert sich im Universum. Es bindet keine Lichtkräfte, es wirkt immer wie ein energetisches Loch, das nicht oder nur schwer aufgefüllt werden kann. Wichtig ist darüber hinaus zu wissen, dass bei ADHS das Wurzelchakra extrem schnell und unruhig rotiert, so dass auch im Menschen die erforderliche Ruhe für sein Leben fehlt.

Eure Schulmediziner und Psychologen wissen alle, dass „Ritalin" nicht wirklich hilft, sondern nur künstlich ruhig stellt, da der junge Mensch schlicht und einfach alle und auch sich selbst überfordert. Hinzu kommt, dass „Ritalin" süchtig macht und Schäden im Denk- und Erlebnis-Gefühlsbereich verursachen kann.

Was hilft nachhaltig ohne negative Folgen? Es hilft das, was immer hilft. Ein ruhiges, an guten Werten orientiertes Leben. Gesang, Spiel (keine elektronischen Geräte), ruhige Lektüre, gute Bücher und vor allem die Liebe der Menschen, die für das ADHS-Kind verantwortlich sind. Sie sollten für das Kind beten und einen gesunden körperlichen Kontakt pflegen. Ihre eigene Ruhe, ihr Vertrauen, ihre Spiritualität und Liebe sind beste heilende Faktoren. Alle Naturheilverfahren, Homöopathie, Lichtkristallwasser und Geistiges Heilen fördern diese Prozesse. Die vorgenannten Heilmöglichkeiten helfen die bei ADHS isolierten Lichtkräfte in das Energiesystem zu integrieren.

Diese Kinder sagen unausgesprochen: „Liebe mich."

Als Behandlung empfiehlt es sich das Wurzelchakra zu stärken, einen Lichtkristall um das Herzchakra und die grüne Lichtpaste über den Kopfbereich zu legen.

# AIDS

Aids entsteht durch Entwurzelung.

Weltweit entsteht Aids dort, wo die Menschen ihre Verbindung zur Erde, zu ihren sozialen Bezügen, zu ihrer Spiritualität und zu sich verlieren.

In Afrika wurde der Boden für Aids durch die Kolonialherrschaft der Europäer, den Sklavenhandel, die Bürgerkriege, das Flüchten ganzer Völker, Hunger, Armut und größte Verletzungen im Sozialen sowie eine teilweise herzlose Christianisierung verursacht. Dadurch wurden über Generationen die Lichtbänder der einzelnen Menschen aus ihrer Erdverankerung gerissen.

Das Herausreißen oder anderweitiges Verkümmern der Lichtbänder bedeutet, dass der Mensch einerseits seine feinstofflichen, im Körper entstehenden und befindlichen Schlacken nicht ausleiten und andererseits höchstes Liebes-Friedenslicht aus dem Erdlogos nicht aufnehmen kann. Das Liebes-Friedenslicht entsteht durch die Lichtprozesse im Erdlogos, verstärkt aber im Kumarakristall.

Belastete Zeugungen und Geburten, mangelnde Liebe, Armut und Not bewirken bereits, dass sich die vom Wurzelchakra ausgehenden Lichtbänder nicht direkt mit den Energien des Kumarakristalls verbinden können, sondern links und rechts vorbeischießen. Bereits so ist die Transformation in und über die Lichtbänder gestört. Bei Entwurzelung in größter Angst und Not werden die Lichtbänder sogar aus der Erde herausgerissen und hängen ohne Bodenhaftung aus dem Wurzelchakra.

Dieser Mangel an Erdung führt in unterschiedlich starker Ausprägung zu einem mangelnden Urteilsvermögen, zu noch stärkeren Ängsten und spürbarer Heimatlosigkeit. Diese Gefühle und Empfindungen führen zu falschen Entscheidungen und Verstärkung der Notsituation. Verbunden mit wahllos und beliebig praktizierter Sexualität bricht die Immunabwehr immer mehr zusammen und ermöglicht so das Eintreten von Energien, die den Menschen HIV positiv sein lassen. Es ist Geist, purer Geist, der die HIV-Disposition erschafft.

Der außerhalb von Afrika besonders für Aids disponierte Menschenkreis von Homosexuellen, Prostituierten, Drogen- und Alkoholsüchtigen ist ebenfalls oftmals entwurzelt und insofern geschwächt.

Parallel zu jeder Aidsbehandlung müsste eine Verwurzelung des Menschen erfolgen. Diese müsste durch Spiritualität, Musik, Rituale, gesunde soziale Beziehungen, gesicherte Lebensverhältnisse, Bewusstseinsentwicklung und Erstarken der Liebeskräfte erfolgen. So könnten sich die Lichtbänder zur Erde hin langsam entwickeln, stabilisieren und verbinden.

Bei jeder Aidserkrankung schreit die Seele nach der verloren gegangenen Erde.

Die Ansteckung mit dem Aidsvirus erfolgt tatsächlich nur bei entsprechender Disposition, auch wenn Kinder HIV positiv geboren werden.

Aids behandelnde Ärzte, Schwestern, Pfleger, Heiler etc. müssen extrem geerdet und gegründet leben, um diese Kraft weitergeben und die eigenen Lichtbänder zur Erde hin gesund erhalten zu können.

## Autismus

Autismus ist ein menschliches Erscheinungsbild, das es immer gab, aber erst in neuerer Zeit erforscht wurde.

Die Ursache von Autismus liegt in einer oder mehreren vorherigen Inkarnationen. Diese Menschen konnten im Sozialen nicht aktiv liebend, teilend, unterstützend genug sein. Eine große „Starre" im Sozialen prägte ein oder mehrere Leben und trotz mannigfacher Hinweise trat keine Veränderung ein. Auch wenn zu damaliger Zeit die Bewusstseinskräfte nicht helfend zur Verfügung standen, so war es den Menschen doch erkennbar, dass sie sich verfehlten. Die uralte, sich nach Liebe sehnende Seele beschloss nachtodlich, eine spätere Inkarnation in fast völliger Isolation zu verbringen, um an dem damit verbundenen Leid zu wachsen und eine große Sehnsucht nach sozialem Miteinander, nach Teilen, Unterstützung und Liebe zu entwickeln. Dies alles geschieht im Wissen, dass in dieser Inkarnation lediglich die Sehnsucht, der Wunsch nach sozialer Nähe entsteht, aber nicht befriedigt werden kann. Ganz egal ob der autistische Mensch intelligent oder in diesem Bereich eingeschränkt ist, der soziale, liebende Durchstoß wird ihm trotz größter Unterstützung und Hilfe in diesem Leben nicht zuteil. Er bleibt isoliert in seiner Welt der Eigenbezogenheit. Für Therapeuten und Lehrer, besonders aber für Eltern und Geschwister ist es wichtig zu wissen, dass ihr Tun trotzdem nicht ohne Auswirkungen bleibt. Es ist sogar sehr, sehr wichtig und wirkt sich sowohl bei den unterstützenden Menschen selbst als auch beim autistischen Menschen extrem positiv aus. Die Menschen erleben eine Stärkung ihres Energiesystems, beim Autisten wirkt sich die Unterstützung im nächsten Leben aus, das dann nicht so vereinsamend gelebt werden muss.

Beim Autisten ist der Lichtfaden natürlich auch kodiert mit Impulsen aus vorherigen Leben. Diese Lichtimpulse treten aber nicht aus dem Körper heraus ins soziale Umfeld, d.h. das Licht verbindet sich nicht mit dem vom Menschen kreierten Licht, sondern schießt isoliert zum Kristall unter dem Sphinx und zum Kumarakristall, schießt zurück zum

Energiegebilde des Menschen und lädt entsprechende Energieblöcke auf. Es ist verständlicherweise ein „dünnes" Licht, das hier entsteht und seinen Weg nimmt. Es ist kein Inkarnationen altes Licht, das alte und neue Beschlüsse sättigt und nährt. Das heißt, auch das Energiegebilde des Autisten ist schwach, gerade im Sozialen, da „altes" Licht nicht beteiligt ist und neue Leistungen im Sozialen nicht anstehen. Seine eigene Ausstrahlung ist deshalb ebenfalls „dünn".

Da es sehr viele verschiedene Grade von Autismus gibt, gibt es auch verschiedene Ausdrucksformen. Allen gemeinsam ist eine abgekoppelte Wahrnehmung der äußeren Lebensverhältnisse, die sich nicht mit dem Licht des Menschen folgerichtig verbinden. Es können daher auch nicht die richtigen Schlüsse daraus gezogen und späteres Verhalten kann nicht angepasst werden.

Erst im Moment des Todes geschieht das, was sich während des Lebens nicht ereignete. Das Licht des Lebenslichtfadens verbindet sich mit dem übrigen Licht des Menschen. Es schießt gebündelt aus dem Scheitelchakra und wird vom Körper ebenfalls gebündelt abgestrahlt.

Im Augenblick des Todes findet dieses Leben seine Erfüllung durch das Verschmelzen der Lichtstrahlen. Es ist höchste Gnade, Erlösung und größtes Heil, da jetzt eine nächste Inkarnation vorbereitet werden kann, die die Erfahrungen des autistischen Lebens integriert.

# Borreliose

Borreliose ist eine entzündliche Erkrankung, die durch die Umweltverschmutzung zunimmt, weltweit. Sie wird ausgelöst durch einen Zeckenbiss. Der für diese Krankheit disponierte Mensch hat in seinem Wesen Züge, die zeit- oder phasenweise dem Wesen der Zecke entsprechen. Er dockt sich gerne an andere Menschen an und hat Schwierigkeiten loszulassen. Dies läuft meistens sehr unbewusst ab uns wird somit ständig wiederholt.

Die Zecke fühlt sich energetisch von einem geschwächten Immunsystem angezogen, welches sie über ihre Sensorien als extrem schwache Lichtstrahlung wahrnimmt. So finden sich Wirt und Gast wie automatisch.

Eine starke Angst vor Zeckenbissen reduziert die Lichtstrahlung des Menschen und zieht so diese Tiere besonders an.

Bei der schulmedizinischen Behandlung mit Antibiotikum erstarren diese Parasiten für geraume Zeit und werden wieder aktiv, wenn die Zeit reif ist. Das heißt, wenn der Mensch seine Lektion von Loslassen über eine längere Zeit nicht gelernt hat.

Für Geistheiler bestehen gute Möglichkeiten der Behandlung.

Neben der Chakrenbehandlung sollte der Fokus auf die Borrelien gelegt werden. Imaginiert sollten die Parasiten in gleißendes weißes Licht gehüllt und mit einem „Laserstrahl" zerstört werden. Homöopathie kann ebenfalls heilen.

Kolliodales Silber und Olivenblattextrakt sind probate Mittel bei der Behandlung. Eine Reflexion des eigenen Wesens ist trotz der Behandlung auf der körperlichen Ebene unerlässlich.

Magersucht hat ihre Ursache immer in einer vorherigen Inkarnation und reflektiert eine Form von Mangel. Auslöser ist immer eine Not im Sozialen. Meistens sind Mädchen und junge Frauen betroffen, zunehmend auch junge Männer. Der die Sucht auslösende Faktor muss aufgedeckt, mitgeteilt und losgelassen werden. Ansonsten ist jede Hilfe nur ein Herumlaborieren, ohne dass die Sucht aufgelöst wird. Der auslösende Faktor ist energetisch mit dem Ursachenpotential verbunden. Zum Beispiel kann der Tod der Mutter in einer vorherigen Inkarnation ursächlich sein für Not- und Mangelpotenziale, die in diesem Leben beispielsweise durch eine Trennung von der Mutter ausgelöst werden. Der Mensch muss den Zusammenhang verstehen, die Not der Seele akzeptieren und sein Leben spiritualisieren. Häufig sind von Magersucht sehr ehrgeizige und egozentrisch orientierte Charaktere betroffen. Ihr Ehrgeiz muss transformiert werden, sonst ziehen sie immer wieder diese Potentiale an. Bei Magersucht sollte täglich der Pelz von der Zunge entfernt werden.

Esssucht und Bulimie sind ebenfalls auf größten sozialen, emotionalen oder materiellen Mangel zurückzuführen. Der Esssüchtige ist nicht getrennt von seiner Umwelt, fühlt sich mit allem und jedem verbunden, so dass er auch sonst die Grenzen im Leben überschreitet.

Auch bei diesen Süchten muss der auslösende Sachverhalt aufgedeckt, reflektiert und in die Transformation geschickt werden. Positive Affirmationen, Gebete und Ich-bin-Worte stützen die Heilungspotenziale.

Auch hier sollte die Zunge täglich sowie bei Gierschüben vom Pelz gereinigt werden.

Bei Magersucht, Esssucht und Bulimie ist immer auch eine Störung des Säure-Basen-Haushalts gegeben.

## Osteoporose

Osteoporose ist eine Erkrankung des Skeletts und der Wirbelsäule. Grobstofflich ist bei Osteoporose feststellbar, dass die Knochendichte beim Menschen nicht stimmt. Die Knochen und die Wirbelsäule werden über Jahre porös, unelastisch, sie sklerotisieren, verhärten, verknöchern, werden leblos im noch lebenden Körper. Osteoporose tritt dort auf, wo der Mensch in seinem tiefsten Wesen nicht ehrlich und aufrecht am Leben teilnimmt, sich nicht genügend liebend im Sozialen betätigt und stattdessen eine Art Mauer von Zynismus, Eitelkeit, Ignoranz und Respektlosigkeit aufbaut. Oft hatten Menschen mit diesem Krankheitsbild schon in vorherigen Leben Züge von Lebensverachtung und Verneinung in sich und wiederholen dieses alte Muster.

Die Erkrankung zeigt dem Menschen, dass er wie in einem Panzer lebt.

Der Mensch sollte sich mit seinem Wesen konfrontieren und bewusst an sich arbeiten, ehrliche Beziehungen aufbauen, regelmäßig beten, meditieren und singen. Gerade der Gesang ist heilend für Menschen mit dieser Erkrankung. Durch wachsendes Bewusstsein träufeln Heilenergien in seinen Körper.

# Pilzerkrankungen

Die Pilzerkrankungen nehmen weltweit zu und erschweren so das Leben der Menschen auf der Erde. Pilze siedeln sich auch verstärkt auf Pflanzen und Bäumen an, auf Steinen und in der Erde, sowie in und auf Tieren.

Die Ursache der weltweit zunehmenden Pilzerkrankungen liegt in der grobstofflichen und feinstofflichen Verschmutzung des Universums, der Erde und des Menschen. Wie Ihr wisst, hat der Mensch eine ganz besondere Aufgabe im Alles-in-Allem zu erfüllen. Das Universum, alles Leben, braucht die sozialaktiven, liebenden, teilenden, betenden und verzeihenden Kräfte des Menschen. Doch das Ungleichgewicht, das zwischen diesen stärkenden und den egoistischen, Gott verachtenden und somit schöpfungsverletzenden Kräften des Menschen herrscht, verursacht eine feinstoffliche Verschmutzung des morphogenetischen Feldes, die mit einer grobstofflichen Verschmutzung einhergeht. Die Folgen dieses Ungleichgewichts sind u.a. in der Zunahme der Pilzerkrankungen zu erkennen. Pilze drücken eine niedrige Lichtfrequenz aus und gleichzeitig einen Zustand von Vermischung, Verstrickung, Verschmutzung, Chaos, Unklarheit. Der einzelne Mensch hat also verstärkt mit Pilzerkrankungen zu tun, wenn in seinem sozialen Milieu, in seinem sozialaktiven Tun, wesentliche Aspekte nicht stimmen und er sie ignoriert, verschweigt und verdunkelt. Er ist verpilzt, weil er „unsauber" ist in seinem sozialen Leben. Eine erfolgreiche Behandlung ist nur möglich, wenn der Mensch reflektiert, erkennt, verändert und ein gottgefälligeres Leben führt.

## Spontanheilung

Die von Euch als Spontanheilungen benannten Vorgänge im Körper beruhen immer auf mehreren Faktoren. Dies sind meistens Sachverhalte, die Ihr nicht durchschaut oder wahrnehmen könnt.

Auch Krankheit entsteht, weil viele Euch häufig nicht erkennbare Faktoren zusammentreffen. Schwere Krankheiten oder Unfälle haben immer mit dem Schicksal des Menschen zu tun. Das Schicksal, ein in der Schulmedizin nicht wirklich tief verankerter Begriff, führt den Menschen mit Sachverhalten in Kontakt, die ihn das erleben lassen, was andere Kräfte in ihm für erforderlich halten.

Das Schicksal wird bestimmt durch

- die Inkarnationen alten Leben der Seele und deren Beschlüsse
- die Kräfte, die über den Lebenslichtfaden ablaufen
- das Lichtniveau, das der Mensch gerade hat
- schicksalhafte Beschlüsse und Tätigkeiten anderer Menschen,
- hinzu kommen die seit ewigen Zeiten vorgesehenen und sich verändernden Beschlüsse
- Kräfte der Planeten und der Erde als Teil des Universums.

Angst, Leid, Hass, Not, Krankheit usw. haben eine niedrige Lichtfrequenz, die sich jeder Zelle im Körper mitteilt und die gesamte Befindlichkeit des Menschen prägen. Sobald sich mehr Freude, Liebe, Hoffnung, Zuversicht einstellen und ausbreiten, erhöht sich sofort die Schwingung und veränderte Abläufe in jeder Zelle des Körpers sind möglich, da das produzierte Licht eine höhere Frequenz hat.

In einer Zeit, in der der freie Wille in ganz erheblichem Maße gelebt werden will, erhöht die Übernahme von Verantwortung die Lichtfrequenz. Gebete, Fürbitten, Heilen mit geistigen Kräften energetisieren sofort den Erkrankten bzw. Verunfallten, entlasten sein Energiesystem und bauen lichtere „Plätze“ in jeder Zelle auf. Ganz besonders heilungsintensiv wirkt eine Korrespondenz von lebensbejahenden

Impulsen des Lebenslichtfadens und des ständig vom Menschen produzierten Lichtes, wenn auch dies hohe Lichtanteile in sich trägt.

In der heutigen Zeit sind daher Heilmethoden sehr erfolgreich, die die Bewusstseinskräfte aktivieren, das Eingebundensein des Menschen in ein universales Netz von Kräften fördern und von stark liebenden Menschen praktiziert werden. Auch Mitteilungen aus der Akashachronik können stark lebensaktivierend wirken und größte Heilenergien transportieren. Das Anrufen höchster Geisteskräfte (Gott, Buddha, Christus, Mohammed) hebt ebenfalls die Lichtfrequenz an.

Immer ist auch die persönliche Beziehung zwischen Erkranktem und der die Heilung vermittelnden Person wichtig. Egal ob es Mediziner, Therapeuten, Heiler, Betende usw. sind.

Ihr seht, Spontanheilungen sind Gnade. Es gibt keinen Anspruch darauf und keine passende Rezeptur, die immer hilft. Es gibt aber die Freude, die Dankbarkeit und das Berührtsein, wenn es denn geschieht.

Das Wissen aus der geistigen Welt zum Thema Heilen
ist als impulsgebend zu verstehen.
Die Heilempfehlungen und Anregungen zu geistigen Heilweisen
erheben keinen Anspruch auf Vollständigkeit
und garantieren keinerlei Wirkungserfolg.
Das bedeutet, wir das Medium, die bearbeitenden Autoren und der
Verlag übernehmen keinerlei Verantwortung
für die Anwendung dieses übermittelten Wissens
bezüglich Heilweisen und Heilmethoden.

# Danksagung

Ich danke meiner geistigen Führung für die Durchgabe dieses heiligen Wissens, für diesen Fundus an großen und kleinen weiterführenden Impulsen und die Möglichkeit, all das an andere Menschen weiterzugeben.

Ganz irdisch und dabei manchmal „himmlisch“ trug mein Ehemann Antonius Jeiler dieses Projekt mit seiner Liebe und Kraft, seiner Offenheit und seinem Humor für das Leben und unser menschliches Sein.

All unsere Kinder, Enkel, Schwiegerkinder gründeten mit ihrer zeitnahen Zurückhaltung und lebensnahen Vermehrung das Vorhaben, ein Buch für die Zeit jetzt und später zu schreiben.

Begleitet wurde der Prozess des Schreibens von Anfang an durch Sonia Guardo-Tropea. Ihr Anteil erstreckte sich nicht nur auf das Übertragen der Texte in den Computer. Als hinterfragende, spirituell wissende und menschlich aufgeschlossene Frau und Heilerin war sie auch in schwierigen Zeiten in höchstem Maße impulsierend und reflektierend beteiligt.

Auch wenn die meisten Texte gleichsam druckreif aus der geistigen Welt übermittelt wurden, war doch der fachkundige Blick erforderlich, um Exposé und Manuskript für eine Veröffentlichung vorzubereiten. Anita Horn-Lingk bringt hier seit 2007 ihren großen Erfahrungsschatz als Drehbuchautorin und Heilerin ein strukturierte und intonierte mit geübter Hand das Gesamtkunstwerk „Der Weg des Lichts“.

Das Redigieren der Texte zu der vorliegenden Buchform übernahm Leonie See. Ihre wissende, aus Kultur und Journalismus resultierende Kraft und Intelligenz haben das Vorhaben soweit abgerundet.

Ihnen allen danke ich aus tiefstem Herzen und freue mich über unser Tun am zweiten Buch zum morphogenetischen Feld des Lebens, das jetzt in der Erstellungsphase ist.

Nun stand die Veröffentlichung in einem dem Buch entsprechenden Verlag an. Wie alles, wurde auch das geführt, aber auch tatkräftig danach gesucht und gefunden. So danke ich Dr. Jens Heisterkamp vom Info3 Verlag für sein vorauseilendes Vertrauen und die Möglichkeit, dem Buch die nötige Plattform zu geben.

*Clara Jeiler-Heitmann, 21. Januar 2010*

**Akashachronik:** Die Akashachronik ist materiell gesehen der Sphinx. Ihre Energien sind im immateriellen Kristall unter dem Sphinx gespeichert. Alles Tun und Unterlassen jedes einzelnen Menschen wird hier gespeichert.

**Atem:** Der Atem ist Teil des morphogenetischen Feldes und ernährt den Menschen mit kosmischen Kräften. Über den Atem werden Schlacken nach außen transportiert.

**Ätherischer Christus:** Gemeint ist die Wiedergeburt des Christus in der feinstofflichen Welt des morphogenetischen Feldes. Weiteres dazu folgt im 2. Buch der Autorin zum morphogenetischen Feld des Lebens.

**Avatare:** Avatare sind Menscheninkarnationen, die allerhöchste göttliche Anteile mit auf die Erde bringen, um hier das Leben, Entwickeln und Sterben gottgefällig zu unterstützen. Sie verfügen über besondere Fähigkeiten im Heilerischen, Sozialen und Emotionalen. Besondere Fähigkeiten bezüglich Materie sind nicht mehr vonnöten.

**Bundeslade:** Energiestab im alten Ägypten sowie goldene Truhe, in der Moses die Gesetzestafeln mit den Zehn Geboten aufbewahrte.

**Chakren:** Chakren sind Lichträder, die etwas außerhalb des Körpers (auch bei Tieren) befindlich sind und kosmische Energie aufnehmen und in den Körper weiterleiten. Abgestandene Energien werden über Chakren herausgeleitet.

**Chakren der Erde:** Die Erde hat, da sie ein lebender Organismus ist, Chakren. Ein- und Ausstrudelungsplätze, die von alters her als heilige Plätze genutzt oder als Naturheilplätze verehrt werden.

**Dematerialisation:** Es gab und gibt Menschen, die aufgrund größter Konzentration Materie auflösen können.

**5. Dimension:** Die im Verlauf des Wassermannzeitalters entstehende Anhebung des Lichtlevels auf der Erde und die damit verbundene Veränderung allen Lebens in eine höhere Schwingung.

**Durchlichtung der Erde:** Die Erde wurde und wird von Licht durchströmt. Je höher die Entwicklung der Menschen ist, je liebender, sozialer, teilender ihr Tun, desto mehr hoch frequentiertes Licht strömt durch die Erde und belebt den absterbenden Planeten.

**Energieblöcke:** Energieblöcke sind geistige Areale, wo sich gleiche und ähnliche Energien sammeln wie Liebe, Freude, Dankbarkeit, oder Hass, Neid, Wut.

**Energiegebilde:** Energiegebilde werden im Menschen und in der geistigen Welt gebildet, ebensolche Energiegebilde docken sich an und spiegeln das Lebensszenarium des Menschen wider.

**Entitäten und Elementale:** Entitäten und Elementale sind negative Energien verschiedenster Ausprägung, die sich in den Chakren, den Organen, auf den Lichtbändern, in der Aura des Menschen oder auch in Räumen befinden können.

**Erdlogos:** Der Erdlogos ist die Erde mit ihren materiellen, geistigen und ätherischen Anteilen.

**Weiße Bruderschaft:** Die Weiße Bruderschaft ist ein höchster geistiger Rat aufgestiegener Meister, der als Lenker das Erd-, Welt- und Kosmosgeschehen lenkt und führt.

**Geist-Seele:** Die Geist-Seele inkarniert sich als Lichtpunkt unter der Geburt in den menschlichen Körper. In der Seele befinden sich Inkarnationen alte Beschlüsse. Der Geist ist Gott in seiner aus der Einheit gefallenen Vielheit.

**Geschlechtertrennung:** In weit zurückliegender Zeit lebten androgyne (gleichgeschlechtliche) Wesen auf Erden. Sie vermehrten sich aufgrund ihres Wunsches und der göttlichen Kräfte. Durch die Geschlechtertrennung verwandelte sich nach und nach die Vermehrung des Menschen.

**Hierophant:** Hierophant ist ein Hohepriester, der Einweihungsrituale durchführen darf und kann. Er begleitet den Einweihungsschüler vor, bei und nach dessen Einweihung.

**Hohes Selbst:** Das Hohe Selbst ist die aus Seele und Geist gebildete höchste Instanz im Menschen.

**Karma:** Karma ist die Kraft, die über viele Leben das Schicksal des Menschen bestimmt.

**Karmischer Rat:** Der Karmische Rat ist eine geistige Energie, die als schicksalhafte Urteilskraft das Tun und Unterlassen des Menschen prüft.

**Keimblätter:** Keimblätter sind erste Strukturen menschlichen, tierischen und pflanzlichen Lebens.

**Königskammer:** Die Königskammer in der Cheopspyramide ist der heiligste Platz dieses Gebäudes. Hier fanden über viele Jahrhunderte Einweihungen von Pharaonen statt. Jesus Christus wurde hier ebenfalls eingeweiht.

**Kumarakristall:** Im Erdmittelpunkt befindet sich ein großer immaterieller Kristall, der alle Lichtbewegungen in der Erde registriert, das Licht reinigt, hoch transformiert und in den Erdlogos und ins Universum schickt. Der Kumarakristall balanciert auf energetischer Ebene die Erdaufhängung aus.

**Land Shambala:** Das Land Shambala ist eine geistige Region, in der die Gesetze des Lebens gespeichert werden.

**Lebenstableau:** Zu Beginn des Lebens und am Ende des Lebens läuft auf geistiger Ebene im Menschen ein „Film“ ab, der wesentlichste, zukünftige und gelebte Lebensinhalte in sich trägt. Er läuft blitzschnell ab, ohne den Menschen in seinem Bewusstsein zu erreichen.

**Lemniskate:** Die Lemniskate ist eine liegende Acht, das Unendlichkeitszeichen. Sie ist auch ein heiliges Symbol.

**Leylines:** Leylines sind energetische Bahnen, die im oberen Bereich der Erde verlaufen und spirituelle, soziale und heilende Energien der Menschen aufnehmen und weltweit, zu allen großen und kleinen Heiligtümern der Erde verströmen lassen. Sie nehmen auch die Energie heiliger Plätze in der Natur auf und diejenige Energie, die durch Kirchen, Tempel, Pagoden, Moscheen etc. entsteht. Wird an diesen Plätzen gebetet, meditiert, gesungen, gottgefällig gelebt, steigt sofort die Energiezufuhr an, die das Leylinesystem speist.

**Lichtbänder:** Lichtbänder sind Lichtkonfigurationen, die sich zwischen Menschen und Menschen, Menschen und Tieren, Menschen und Gegenständen sowie Menschen und den Lichtpunkten der Verstorbenen in der geistigen Welt bilden. Lichtbänder entstehen auch im Augenblick der Zeugung neuen Lebens, zwischen den Eltern und dem Lichtpunkt der Seele des zukünftigen Kindes.

**Lichtfaden:** Der Lichtfaden bildet sich aus dem Lichtpunkt und durchströmt jede Zelle, den ganzen Körper. Er spult sich nach der Geburt des Menschen im Körper ab und enthält Inkarnationen alte Beschlüsse im Sozialen, Spirituellen und Emotionalen. Er durchdringt jede Zelle und ist Bestandteil der DNA. Auch Tiere haben einen Lichtfaden, der sich nach und nach abspult. In ihm sind keine Inkarnationen alten Beschlüsse inkarniert, sondern Wesen und Aussehen des Tieres, seine Gebundenheit an die Elemente und seine Rolle im großen Szenarium allen Lebens. Pflanzen haben nur einen Lichtpunkt und keinen Lichtfaden. Er ist Bestandteil der DNA der Pflanze.

**Lichtpunkt:** Der Lichtpunkt mit Seele und Geist strömt zu Beginn des Lebens, unter der Geburt in den Körper des Menschen. Zum Ende des Lebens schießt er mit der Lichtfontäne aus dem Scheitelchakra und wirkt nun außerhalb des Körpers

**Lichtratsmitglieder:** Lichtratsmitglieder sind auf der Erde lebende Menschen, die aufgrund ihres Entwicklungsstandes im Sozialen, Emotionalen, Mentalen und aufgrund ihrer spirituellen Ausrichtung und Reife die Wirkungsweise der Weißen Bruderschaft auf der Erde sicherstellen.

**Lichtscheiben:** Lichtscheiben sind Teil des morphogenetischen Feldes, die durch Pluto, Uranus, Mars und Saturn gebildet werden.

**Lichtstäbe:** Lichtstäbe sind Teil des morphogenetischen Feldes, die durch die Mondenkräfte, durch Venus, Jupiter und Neptun, gebildet werden.

**Liquor:** Als Liquor bezeichnet man die Flüssigkeit des Gehirns, die sich im Rückenmarkskanal bewegt.

**Materialisation:** Es gab und gibt Menschen, die aufgrund größter Konzentration Materie erschaffen können.

**Meridiane:** Meridiane sind energetische Bahnen, die sich im Körper befinden. Sie transportieren die kosmische Energie zu allen Zellen des Körpers. Über die Meridiane wird die abgestandene Energie herausgeleitet.

**Monsternekrosefelder:** Monsternekrosefelder sind Energiefelder, die das Lichtfeld des Lebens belasten und teilweise zerstören.

**Morphogenetisches Feld:** Das morphogenetische Feld ist das sich ständig in Bewegung befindliche Lichtfeld des Lebens.

**Nadis:** Nadis sind Energiestränge zwischen den Chakren und dem menschlichen Organismus. Sie leiten die kosmische Energie in den Körper.

**Nekrosefelder:** Nekrosefelder sind belastete geistige Areale, die durch ein extrem intellektuelles Denken und entsprechend ausgerichtetes Handeln entstehen.

**Neophyt:** Der Neophyt ist der Einweihungsschüler, der nach einer Vorbereitungszeit und Schulungsphase als Pharao, Heiler, Astrologe, Alchimist oder Priester eingeweiht wird in sein späteres berufliches und menschliches Tun.

**Oden:** Oden bedeutet, dass eine spezielle, möglichst hochstehende Energie geistig übertragen wird und auf diese Weise Informationen auf den fokussierten Gegenstand (z.B. Wasser) überträgt. Bei Schmuck kann es z.B. ratsam sein, ihn zu ent-oden, wenn er zuvor von anderen Menschen getragen wurde.

**Re:** Re ist die im alten Ägypten verehrte Sonnengottkraft.

**Reinkarnation:** Die Seele des Menschen inkarniert sich über große Zeitspannen immer wieder in andere Körper. Bei der Geburt inkarniert sich die Seele mit dem Geist als Lichtpunkt in den Körper und „steuert" so alles Leben und Sterben. Im Augenblick des Todes verströmt sich alles Licht des Menschen über seinen Körper nach außen. Der wesentlichste Lichtanteil schießt im Moment des Todes aus dem Scheitelchakra ins Universum. In dem Licht befindet sich die Geist-Seele als Lichtpunkt.

**Seelenbeschluss:** Während des Lebens und nach dem Leben auf der Erde kann die Seele bestimmte in der Zukunft liegende Sachverhalte im Sozialen, Spirituellen, Emotionalen, Künstlerischen und Materiellen beschließen.

**Sonnenimplantate:** Sonnenimplantate sind

Teil des morphogenetischen Feldes und werden durch die feinstofflichen Lichtpotentiale der Sonne gebildet.

**Stammzellen:** Stammzellen sind Körperzellen, die sich in verschiedene Zelltypen oder Gewebe ausdifferenzieren können.

**9. Stufe göttlich schöpferischer Gestalterkräfte:** In diesem geistigen Bereich werden die Inkarnationen alten und neuen Visionen jedes Menschen gespeichert.

**Transformation:** Transformation ist die Umwandlung von Energien, Kräften, auch Gefühlen und Empfindungen.

**Wassermannzeitalter:** Ca. alle 2000 Jahre wandert der Frühlingspunkt rückläufig in ein anderes Tierkreiszeichen. Wir befinden uns jetzt zu Beginn des Wassermannzeitalters. Davor war die Fischezeit, davor die Widderzeit, die Stierzeit usw.. Das Leben auf der Erde wird so durch die unterschiedlichen geistigen Kräfte geprägt.

**Weltenseele:** Die Weltenseele ist ein Konglomerat allen menschlichen Verhaltens, von einem gewissen hohen Lichtlevel an. Will man die Weltenseele auf der Erde lokalisieren, ist es der Sphinx.

## Literaturempfehlungen:

**Marco Bischof:** Biophotonen. Das Licht in unseren Zellen

**Dr. Wolfgang Bittscheid**: Geistiges Heilen

**Barbara Ann Brennan**: Lichtarbeit, Lichtheilung

**Dr. Deepak Chopra**: Das Quantenbewusstsein

**Paulo Coelho**: Der Alchemist und weitere Bücher

**Diana Cooper**: Der spirituelle Lebensratgeber

**Masaru Emoto**: Die Antwort des Wassers

**Clarissa Pinkola Estes**: Die Wolfsfrau

**Joachim Faulstich**: Das heilende Bewusstsein

**Debbie Ford**: Die dunkle Seite der Lichtjäger

**Marianne Fredriksson**: Eva, Abels Bruder, Noreas Geschichten, Maria Magdalena

**V. Hasselmann, F. Schmolke**: Archetypen der Seele und weitere Bücher

**Dr. D. Knapp**: Unser strahlender Körper

**E.B. Nash**: Leitsymptome in der homöopathischen Therapie

**Markolf H. Niemz**: Lucy mit C: Mit Lichtgeschwindigkeit ins Jenseits

**Dr. A.F. Popp**: Biophotonen – neue Horizonte in der Medizin

**Fritz Riemann**: Lebenshilfe Astrologie

**Karl O. Schmidt**: Seneca. Der Lebensmeister

**Albert Schweitzer**: Ehrfurcht vor dem Leben

**Jean Philipp Sendker**: Das Herzenhören

**Rupert Sheldrake**: Das schöpferische Universum und weitere Bücher

**Choa Kok Sui**: Grundlagen der Prana-Psychologie

**Arthur Zajonc:** Lichtfänger. Die gemeinsame Geschichte von Licht und Bewusstsein

## Medium und Erstbearbeitung

**Waltraud Clara Jeiler-Heitmann,** geb. 1948
Diplomverwaltungswirtin, Heilerin, mediale Autorin, Astrologin, Medium

E-Mail: der-weg-des-lichts@web.de

www.der-weg-des-lichts.de

## Redaktionelle Mitarbeit

**Sonia Guardo-Tropea**, geb. 1968
Werbekauffrau, Heilerin
E-Mail: s.guardo-tropea@gmx.de

**Anita Horn-Lingk**, geb. 1963
Dipl. Foto-/Film-Designerin, Autorin, Beraterin/Coach für berufliche Orientierung und Persönlichkeitsentwicklung. Heilerin

E-Mail: info@anita-horn-lingk.de

http://www. anita-horn-lingk.de

**Leonie See**, geb. 1950
Kulturarbeiterin, Lektorin und Autorin

E-Mail: leosee@web.de

## Für heilerische Tätigkeiten stehen auf Anfrage zur Verfügung

**Clara Jeiler-Heitmann**

**Sonia Guardo-Tropea**

**Anita Horn-Lingk**

## Für Lektoratstätigkeiten im spirituellen Bereich steht zur Verfügung

**Leonie See**

# Der Weg des Lichts

## Hörbuch

Gelesen von der Autorin
Waltraud Clara Jeiler-Heitmann.

ca. acht CDs, in Vorbereitung.

In Vorbereitung

## Der Weg des Lichts – Themen des 2. Buches

Nanotechnologie · Die Lichtkappe über dem Gehirn · Gewalttaten in Form von Amokläufen und Selbstmordattentaten · Praktische Durchführung von Lichtheilungsprozessen · Auflösung und Transformationen von Traumata und Verstrickungen · Das Unbewusste · Hormone, Arthrose, Migräne, Rheuma · Depression und ihre Ursachen · Die Erdachse und Monsterwellen · Sexualität und Spiritualität · Sexualität in zölibatären Strukturen /Nichteheliche Kinder von Priestern · Missbrauch und das Energiesystem des Menschen · Erzengelkräfte und ihre Aufgaben heute in Bezug zu den Buchtexten · Mayakalender und Ätherischer Christus · Ätherischer Christus und Antichrist · Wer oder was leitet den Vogelflug · Geld und Erdachse · Heilige Plätze · Organtransplantation und ihre Auswirkungen · Bioplasmatische Masse · Gravitationskraft der Erde

INFO3-VERLAG, FRANKFURT AM MAIN